建立 解决相对贫困的 长效机制研究

JIANLI JIEJUE XIANGDUI PINKUN DE
CHANGXIAO JIZHI YANJIU

夏成 滕飞 等 著

中国财经出版传媒集团
经济科学出版社
Economic Science Press

图书在版编目（CIP）数据

建立解决相对贫困的长效机制研究/夏成等著. --

北京：经济科学出版社，2021.11

ISBN 978 - 7 - 5218 - 3168 - 9

Ⅰ.①建…　Ⅱ.①夏…　Ⅲ.①扶贫模式 - 研究 - 中国

Ⅳ.①F126

中国版本图书馆 CIP 数据核字（2021）第 251527 号

责任编辑：刘战兵
责任校对：齐　杰
责任印制：范　艳

建立解决相对贫困的长效机制研究

夏　成　滕　飞　等著

经济科学出版社出版、发行　新华书店经销

社址：北京市海淀区阜成路甲 28 号　邮编：100142

总编部电话：010 - 88191217　发行部电话：010 - 88191522

网址：www. esp. com. cn

电子邮箱：esp@ esp. com. cn

天猫网店：经济科学出版社旗舰店

网址：http：//jjkxcbs. tmall. com

北京季蜂印刷有限公司印装

710 × 1000　16 开　15.25 印张　250000 字

2022 年 11 月第 1 版　2022 年 11 月第 1 次印刷

ISBN 978 - 7 - 5218 - 3168 - 9　定价：62.00 元

（图书出现印装问题，本社负责调换。电话：010 - 88191510）

（版权所有　侵权必究　打击盗版　举报热线：010 - 88191661

QQ：2242791300　营销中心电话：010 - 88191537

电子邮箱：dbts@ esp. com. cn）

前　言

　　2020 年我国打赢脱贫攻坚战后，进入缓解相对贫困、促进共同富裕的新阶段。党的十九届四中全会通过的《中共中央关于坚持和完善中国特色社会主义制度 推进国家治理体系和治理能力现代化若干重大问题的决定》提出，要"坚决打赢脱贫攻坚战，巩固脱贫攻坚成果，建立解决相对贫困的长效机制"，这意味着我国扶贫工作重心开始转向标准更高、涉及人群范围更广的相对贫困问题。

　　为此，构建科学、可持续的相对贫困治理长效机制有着重大现实与历史意义。从绝对贫困迈向相对贫困的减贫阶段，需要全面认识贫困治理面临的长期性问题和阶段性挑战，准确把握减贫治理的"变"与"不变"特点，构建"择人群、选地区、统城乡、分时段"相结合的相对贫困扶持政策框架体系，以识别相对贫困人口和相对贫困地区为基础，建立解决相对贫困的五大长效机制——以四种收入为主体的增收机制、包容普惠共享的城乡联动发展机制、分层分类城乡统筹的社会保障兜底机制、以增强可持续生计为核心的生态产品价值实现机制，以及互惠互利的区域援助和协作减贫机制，充分发挥外在帮扶与内生发展并重的合力，多路径增强相对贫困地区和相对贫困人口减贫的稳定性和可持续性，推动我国减贫治理不断取得新成就。

　　本书依托国家发改委宏观经济研究院重点课题"建立解决相对贫困的长效机制研究"（课题编号：A2019051005），课题负责人为国家发展改革委国土开发与地区经济研究所夏成副所长和滕飞副研究员。各章节分工如下：总报告由夏成、滕飞及课题组其他成员共同完成；专题研究报告一"国内外减贫的经验和规律研究"由郑国楠博士执笔完成；专题研究报告二"相对贫困地区的识别研究"由赵斌博士、滕飞副研究员执笔完成；专题研究报告三"相对贫困人口的长效增收机制研究"由潘彪博士、黄征学研究员执笔完成；专题研究报告四"相对贫困地区推进新型城镇化研究"由王继源副研究员执笔完成；专题研究报告五"区域援助和区域协作减贫机制研究"由赵斌博士执笔完成；专题研究报告六"建立有利于解决相对贫困的生态产品价值实现机制研究"由郑国楠博士执笔完成；专题研究报告七"相对贫困地区社会保障兜底机制问题研究"由侯胜东博士、谭永生研究员执笔完成；调查研究报告一"如何做好易地扶贫搬迁'后半篇文章'——贵州省黔西南州'新市民'计划的经验与启示"由潘彪博士执笔完成；调查研究报告二"以优势互补、互利共赢、多维提升推动东西部协作帮扶——基于京张扶贫协作的调研"由赵斌博士执笔完成。

目　　录

总报告

建立解决相对贫困的
长效机制研究

内容提要： 2020 年我国打赢脱贫攻坚战后，进入了缓解相对贫困、促进共同富裕的新阶段。党的十九届四中全会提出，"坚决打赢脱贫攻坚战，巩固脱贫攻坚成果，建立解决相对贫困的长效机制"，这意味着我国扶贫工作重心开始转向标准更高、人群范围更广的相对贫困问题。为此，构建科学、可持续的相对贫困治理长效机制有着重大现实与历史意义。从绝对贫困迈向相对贫困的减贫阶段，需要全面认识贫困治理面临的长期性问题和阶段性挑战，准确把握减贫治理的"变"与"不变"特点，构建"择人群、选地区、统城乡、分时段"相结合的相对贫困扶持政策框架体系，以识别相对贫困人口和相对贫困地区为基础，建立解决相对贫困的五大长效机制——以四种收入为主体的增收机制、包容普惠共享的城乡联动发展机制、分层分类城乡统筹的社会保障兜底机制、以增强可持续生计为核心生态产品价值实现机制及互惠互利的区域援助和区域协作减贫机制，充分发挥外在帮扶与内生发展并重的合力，多路径增强相对贫困地区和相对贫困人口减贫的稳定性和可持续性，推动我国减贫治理不断取得新成就。

习近平总书记早在 2016 年全国两会期间就曾经指出，脱贫和高标准的小康是两码事，我们不是一劳永逸，毕其功于一役，相对贫困、相对落后、相对差距将长期存在。随着脱贫攻坚的持续深入，2020 年我国历史性地全面解决农村人口的绝对贫困问题，打赢脱贫攻坚战，只是消除了绝对贫困，并不意味着贫困问题的终结，相对贫困将成为贫困治理的主战场。为此，党的十九届四中全会首次正式提出要"建立解决相对贫困的长效机制"。2020年中央"一号文件"进一步指出我国的脱贫攻坚工作重心将转向解决相对贫困，要研究建立解决相对贫困的长效机制，提出治理相对贫困的总要求。习近平总书记主持召开中央财经委员会第十次会议强调"共同富裕是社会主义的本质要求"，党的十九届五中全会审议通过的《中共中央关于制定国民经济和社会发展第十四个五年规划和二〇三五年远景目标的建议》明确，在2035年基本实现社会主义现代化远景目标中提出"全体人民共同富裕取得更为明显的实质性进展"，在改善人民生活品质部分突出强调了"扎实推动共同富裕"。这意味着我国扶贫工作转向标准更高、维度更宽的"相对贫困"阶段，如何建立解决相对贫困的长效机制对国家贫困治理体系和治理能力提出了新的要求，事关实现中国特色社会主义现代化，事关促进全体人民共同富裕。

一、我国减贫经验及问题分析

（一）取得巨大成就

中国减贫成就举世瞩目，主要表现在：第一，贫困人口大幅度减少，收入大幅度提高。据统计，贫困人口由1978年的7.7亿人减少到2019年底的551万人（见表1），到2020年底所有贫困人口已经全部退出。同期人均纯收入由133.6元增长到9808元，2019年贫困地区农村居民人均可支配收入是全国农村平均水平的72.2%，差距进一步缩小。第二，贫困地区的经济社会快速发展，社会公共服务水平显著提升（见表2）。第三，贫困治理进入现代化进程。《社会救助暂行办法》等社会保障法律体系逐步健全，多地出台扶贫开发条例。

表 1　　　　现行贫困线标准下我国贫困变化状况（1978～2019 年）

年份	当年贫困标准（元）	贫困发生率（%）	贫困人口（万人）	年份	当年贫困标准（元）	贫困发生率（%）	贫困人口（万人）
1978	366	97.5	77039	2012	2625	10.2	9899
1980	403	96.2	76542	2013	2736	8.5	8249
1985	482	78.3	66101	2014	2800	7.2	7017
1990	807	73.5	65849	2015	2855	5.7	5575
1995	1511	60.5	55463	2016	2952	4.5	4335
2000	1528	49.8	46224	2017	2952	3.1	3046
2005	1742	30.2	28662	2018	3535	1.7	1660
2010	2300	17.2	16567	2019	3747	0.6	551
2011	2536	12.7	12238				

资料来源：国家统计局。

表 2　　　贫困地区农村基础设施和公共服务情况（2013～2019 年）　　　　单位：%

指标	2013 年	2014 年	2015 年	2016 年	2017 年	2018 年	2019 年
所在自然村通公路的农户比重	97.8	99.1	99.7	99.8	99.9	100.0	100.0
所在自然村通电话的农户比重	98.3	99.2	99.7	99.9	99.8	99.9	100.0
所在自然村能接收有线电视信号的农户比重	79.6	88.7	92.2	94.2	96.9	98.3	99.1
所在自然村进村主干道路硬化的农户比重	88.9	90.8	94.1	96.0	97.6	98.3	99.5
所在自然村能便利乘坐公共汽车的农户比重	56.1	58.5	60.9	63.9	67.5	71.6	76.5
所在自然村通宽带的农户比重	—	—	71.8	79.8	87.4	94.4	97.3
所在自然村垃圾能集中处理的农户比重	29.9	35.2	43.3	50.9	61.4	78.9	86.4

指标	2013 年	2014 年	2015 年	2016 年	2017 年	2018 年	2019 年
所在自然村有卫生站的农户比重	84.4	86.8	90.4	91.4	92.2	93.2	96.1
所在自然村上幼儿园便利的农户比重	71.4	74.5	76.1	79.7	84.7	87.1	89.8
所在自然村上小学便利的农户比重	79.8	81.2	81.7	84.9	88.0	89.8	91.9

资料来源：国家统计局。

（二）扶贫政策演变

在我国经济社会发展的不同阶段，扶贫任务存在较大差异，扶贫政策也呈现典型的阶段性特征，大体分为 4 个阶段。

1. 1949～1977 年：计划经济下的救济保障

扶贫政策主要体现为保障贫困农民"耕者有其田"、推行"五保"供养政策、初步建立基本医疗保障政策、优抚安置军人军属等。

2. 1978～1991 年：改革开放初期初步建立开发扶贫方针

农村推行家庭联产承包责任制。经济快速发展为农村创造了大规模减贫的宏观环境，国家大力推行以工代赈、"三西"农业工程建设计划，专门成立国务院贫困地区经济开发领导小组，明确针对贫困地区的优惠政策，为扶贫开发奠定了坚实基础。

3. 1992～2012 年：市场经济下的区域瞄准开发扶贫

经济高速增长背景下，东西发展差距日益加大，西部等欠发达地区的贫困现象突出，初步确定瞄准贫困县的扶贫机制，创建东西协作扶贫、党政机关定点扶贫等。中西部民族地区、革命老区、边疆地区和特困地区的重点县成为扶贫开发的重点区域。

4. 2013~2020 年：发展与保障并重的精准扶贫

集中连片特困地区成为扶贫主战场，精准扶贫成为主要方式，重点群体成为重点帮扶对象，实现扶贫从片状向点状演进。扶贫开发进入脱贫攻坚阶段后，我国形成精准扶贫精准脱贫的基本方略，逐步建立起脱贫攻坚的责任体系、政策体系、投入体系、帮扶体系、监督体系、考核体系等，为如期全面建成小康社会、顺利实现第一个百年目标提供了坚强的政策制度保障。

(三) 减贫经验

一是将以人民为中心作为反贫政策指导思想。消除贫困是近代以来中国人民的共同心愿，也是中国共产党的重要使命。引领国家走上发达富裕的道路，这是中国共产党执政的目标，也是各级政府政绩的最大体现。新中国成立后，实现了社会主义三大改造，中国人民迈出了摆脱贫穷的第一步。改革开放确立了以经济建设为中心的发展战略，发展生产力和提高人民生活水平成为党和国家的首要任务。共同富裕是社会主义的本质要求，是人民群众的共同期盼。我们推动经济社会发展，归根结底是要实现全体人民共同富裕。随着我国全面建成小康社会、开启全面建设社会主义现代化国家新征程，我们必须把促进全体人民共同富裕摆在更加重要的位置。

二是以促进落后地区发展与提升人的发展能力作为反贫政策目标。首先，向贫困地区倾斜的经济政策提升了贫困地区经济条件，增加了贫困人口的发展机会。通过设立不发达地区发展资金、扶贫专项贴息贷款、农村企业贷款、中央扶贫专项基金、小额信贷等财政金融政策，对贫困地区和贫困人口进行定向扶持。在不同时期，政府视情出台了不同的特殊扶持政策。其次，基础设施和社会公共服务的完善提升了经济条件和人口素质。历次扶贫开发规划均将交通、水利、电力、通信、社会公共服务作为核心目标，硬化路逐步向村级的"最后一公里"延伸。在持续的扶贫资金投入和政策帮扶下，贫困地区基础设施、生产条件得到明显改善。最后，通过技能培训和产业发展提升贫困人口素质和就业能力，增加其就业机会。

三是以提升效率、促进公平为反贫政策主要内容。中国特色社会主义新时代要求实现发展成果由人民共享，在坚持效率和公平兼顾的基础上，更加注重公平，促进共同富裕。我们推动经济社会发展，归根结底是要实现全体人民共同富裕。随着我国全面建成小康社会、开启全面建设社会主义现代化国家新征程，我们必须把促进全体人民共同富裕摆在更加重要的位置。

（四）我国减贫面临的瓶颈制约分析

2020 年 11 月 23 日，贵州省宣布剩余的 9 个贫困县退出贫困县序列。至此，我国 832 个贫困县已全部脱贫摘帽，剩余的贫困人口正在履行退出程序。当前，稳脱贫越来越成为各地扶贫工作重心，在巩固脱贫成果的基础上，扶贫工作重心将逐步转向解决相对贫困，推动减贫战略和工作体系平稳转型仍面临很多瓶颈制约。

1. 内生支撑能力不足

受区位条件、发展基础、资源禀赋等多方面所限，贫困地区还存在一些不利条件：一方面，人口和人才流失严重。在一些已脱贫摘帽的地区，农村的"三留守"人员生产能力较弱，当地人口就业不稳定，青壮年人口大量外流，更谈不上吸引外来人口，这在很大程度上制约了内生能力的提升。另一方面，本地产业薄弱。主导产业不明显、特色产业不鲜明、产业现代化程度低。农产品产业链条短，仍然局限在卖原料或粗加工状态，农业资源开发与现代工业和服务业的结合、农业生产经营模式的现代化尚在探索和起步阶段。工业总体上以资源能源型产业为主，劳动密集型产业规模不大，先进制造在近几年有较快发展但尚未形成规模。旅游资源丰富，但开发方式粗放，旅游产品单一，文旅产业链尚未形成。

2. 重大交通、公共服务瓶颈制约没有完全打破

基础设施、公共服务存在瓶颈制约，存在负的外部性，不利于吸引资源要素特别是人才引进。与经济社会发展及区域合作需求相比，基础设施特别是快速交通基础设施不足，很多地区处于"交通末梢"，没有充分融入国家"八纵八横"铁路网，存在高铁覆盖的短板，内外互联互通尚未实现。教育、医疗、养老等高品质的公共服务设施不足、覆盖范围小、服务水平低，缺少医师、教师等专业技术人才，与人民群众的期待还有不少差距。

3. 城市对乡村的带动能力不足

贫困地区城镇化发展水平普遍低于全国，城市普遍综合承载能力不足，集聚人口和产业功能比较弱，整体处于人口净流出状态，城市与乡村资源要素双向传导不足，基础设施和公共服务向乡村延伸不够，对乡村发展带动能力弱，存在"小马拉大车"现象。

4. 社保兜底尚未精准和牢固

现阶段我国社会保障兜底机制仍然面临一些问题。如扶贫与兜底瞄准不精准，大量农民工、非户籍城镇贫困者，一部分拥有城镇户籍的低收入人口由于各种原因也无法得到低保补助。救助社会化水平不高，多元主体供给发展不足。兜底保障激励功能不足，福利依赖风险叠加，增加了社会保障制度兜底的制度成本。

5. 贫困地区生态优势转化机制不健全

相对贫困地区生态优势转化机制不健全。生态补偿方面，补偿标准与生态产品供给能力不匹配，"输血型"生态补偿方式少，资金使用效率低。市场交易方面，资源环境产权制度尚不健全；资源环境权益市场主体尚未培育，市场交易体系建设尚待探索。向生态产业转化方面，缺乏有效的供需对接手段，缺乏统一的绿色产品认证体系和质量追溯体系，缺乏有力的绿色金融支持。

二、相对贫困的概念和识别

贫困是人类社会发展中的一种客观现象，绝对贫困是基于人们生存的基本需要出发，与之相比，相对贫困的内涵界定和测度都有很大不同。

（一）相对贫困的概念和标准

1. 概念

贫困治理可以分为绝对贫困和相对贫困两大阶段。绝对贫困指的是当人们的基本生活需要无法得到有效满足时的一种生存状态，突出表现为物质生活资料极度匮乏，因此，绝对贫困是基于基本需求（生存需求）所界定的。与绝对贫困相比，相对贫困是一种通过比较得出的状态判断，是指个体所拥有的资源明显低于所在社会家庭或个人所平均支配的资源水平，通常不仅取决于个人的实际生活状况，还与参照群体状况紧密关联。本研究认为相对贫困是通过人与人之间的比较得出的一种相对状态，是以收入为主，综合表现在消费、教育、健康等多个方面的贫困表现形式。

2. 测度标准

"绝对贫困"中"基本生活所需"涵盖食物支出和非食物支出。世界银行在1990年提出著名的"1天1美元"即是从绝对贫困的角度提出的贫困标准。2015年10月按照购买力平价标准，这一标准上调为每人每天1.9美元。

相对贫困的测度是多维度的，但以收入或者消费形式进行体现也是客观的和现实必要的。很多学者研究提出相对贫困线应该以居民平均收入或者收入中位数为基础按照特定系数来计量，并且应以一定年限作为调整周期。并且一些发达国家和国际组织的通行做法也是将相对贫困的标准设定为社会中位数收入或者平均收入的一定比例。

国际上对相对贫困线的划定主要有两种方式：

一是基于生活需求测算的相对贫困线标准。基于需求测算的贫困线划定是指估计一个给定的生存标准或基本需求所花费的费用，以此为贫困线。美国和澳大利亚是其典型代表。美国现行贫困线来自奥珊斯基基于营养需求测算的贫困门槛，并考虑了家庭类型的差异，根据年龄、家庭规模和未成年孩子数量进行了详细的划分。从1965年开始，以此方法制定的贫困门槛，被采用为官方贫困线。

二是基于收入比例法的相对贫困线制定标准。这是由英国经济学家汤森提出，将一个国家或地区的平均收入或收入中位数乘以某个比例，可以反映收入分配的平等情况。这种方法被发达国家和国际机构普遍采用，如世界银行将收入低于社会平均收入1/3的社会成员视为相对贫困人口，经合组织国家大都采用收入中位数的50%为相对贫困线，欧盟将收入水平位于中位收入60%之下（大致相当于平均收入的50%）的人口归入相对贫困人口。还有一些国家将低于平均收入 40% 的人口归为相对贫困人口。英国以家庭收入中位数的 60% 作为官方贫困线，并区分了住房成本，官方贫困救助目标的识别采用包括住房成本的贫困线。

（二）我国相对贫困人口的识别标准

从收入的角度来测度相对贫困，一般是以社会平均收入的比较作为测量工具界定出来的。邢成举和李小云（2019）、叶兴庆和殷浩栋（2019）提出以收入中位数的 40% 作为相对贫困线；吕方（2020）提出将收入最低的 20% 农户纳入相对贫困范畴；孙久文和夏添（2019）提出采取两区域、两阶段方法，即非沿海地区实施绝对贫困线相对化、沿海地区实施基于居民可支配收入的相对贫困线，在 2035 年中国进入城镇化后期，相对贫困标准整体进入以全民可支配收入为识别基础的阶段。

根据《中华人民共和国 2019 年国民经济和社会发展统计公报》（以下简称《国家统计公报》），按全国居民五等份收入分组，2019 年，低收入组人均可支配收入 7380 元，中间偏下收入组人均可支配收入 15777 元，中间收入组人均可支配收入 25035 元，中间偏上收入组人均可支配收入 39230 元，高收入组人均可支配收入 76401 元。另外，参考 2019 年全国居民人均可支配收入 30733 元，全国居民人均可支配收入中位数是 26523 元。按常住地分，城镇居民人均可支配收入 42359 元，城镇居民人均可支配收入中位数 39244 元。农村居民人均可支配收入 16021 元，农村居民人均可支配收入中位数 14389 元。

本研究分别采用收入中位数的 30%、40% 和 50% 作为我国的相对贫困线，根据《国家统计公报》的收入分组数据估算，分别估算出我国相对贫困人口约为 2.0 亿、3.2 亿和 4.2 亿。根据中国家庭追踪调查（CFPS）数据计算，2018 年样本中位数收入的 30% 为 6262 元，2018 年样本中，一共有 8515 个样本户、29853 人，而相对贫困收入标准为家庭人均纯收入低于 6262 元的家庭，共 1047 个样本家庭，涉及 4341 人，即相对贫困发生率为 14.5%。城镇地区相对贫困发生率为 7.7%，农村地区相对贫困发生率为 22.9%。基于样本调查得出的相对贫困发生率，可以结合全国城乡人口数据对全国相对贫困人口规模做出推算，2018 年全国相对贫困人口总规模为 1.93 亿人。综合这两个数据。本研究认为可按照收入中位数的 30% 作为我国相对贫困线，我国相对贫困人口约为 2 亿人，这一数据同我国 1978 年绝对贫困人口规模相当。

（三） 我国相对贫困的区域瞄准

随着我国"五个一批""六个精准"等系列扶贫政策的实施，"两不愁三保障"问题的解决，我国如期全面打赢了脱贫攻坚战，现行标准下农村贫困人口全部脱贫，贫困县全部摘帽，全面消除了区域整体性贫困。我国已转入促进相对贫困地区发展的新阶段，扶贫工作也从解决贫困人口和家庭的温饱问题，转为解决欠发达地区的区域发展问题。

1. 基于地市级数据的相对贫困地区识别

（1）识别单元。立足国内外发展环境变化，深刻把握东西部、南北方、群（城市群）内外城市分化趋势，聚焦大尺度区域性发展短板问题，研究以地级市为单元识别一批相对贫困地区，支持其加快发展，更具有区域针对性。

（2）指标选取。综合考虑应用性和可操作性，遵循科学性、可获得性、简洁性、可接受性、可比性和动态性。选取反映经济发展总体水平的人均GDP、反映政府财力的人均财政收入和反映居民生活水平的城镇居民可支配收入、农村居民可支配收入共计四项指标。

（3）识别方法。参考欧盟以人均国民收入低于均值 75% 的区域为相对贫困地区的标准，本研究以各指标全国平均水平作为参考，选取不同阈值，划分相对贫困地区，这种划分方法简单、阈值明确、动态调整简便。本报告分别以各指标全国平均值、全国平均值的 75%、全国平均值的80% 作为阈值，并通过适当搭配，共组成五种组合来识别相对贫困地区：四项指标均低于全国平均水平、收入指标低于全国平均且经济指标在全国平均水平的 75% 以下、收入指标在全国平均水平的 75% 以下且经济指标低于全国平均、各项指标均在全国平均的 75% 以下、各项指标均在全国平均的 80% 以下。

（4）识别结果。通过对上述五种组合筛选比较，采用更合理、更准确的第五种组合，即各项指标均在全国平均的 80% 以下。识别出相对贫困地区 55 个地级市单元，面积 233.49 万平方公里，占国土面积的 24.32%，常住人口 1.52 亿人，GDP 4.14 万亿元，分别占全国的 10.9% 和 4.6% 。通过与原有 832 个贫困县范围的叠加分析显示，相对贫困地市基本上全部位于原有贫困县范围内，主要分布在甘肃、西藏、青海、山西、陕西、云南、贵州、新疆、宁夏、湖南、河北、河南、内蒙古 12 个省份，从地理分布看，均分布于我国一二级阶梯的高原地区（青藏高原、黄土高原、云贵高原、内蒙古高原）。

2. 基于县（市旗）级数据的相对贫困地区识别

（1）识别单元。仍以地级市作为相对贫困地区的识别单元。但是，所用数据下沉到县（市旗），即以辖区所有县（市旗）数据作为判别地级市是否为相对贫困地区的标准。这样处理有四大优势。一是进一步聚焦和落地，更好反映地级市实际情况。二是能更好体现县（市旗）之间的差异。一般来说，一个城市内部县（市旗）发展水平弱于市辖区，使用县（市旗）数据能更好体现地级市发展的短板，一定程度上弱化县（市旗）"被向上平均"带来的数据失真，而识别相对贫困地区恰好是识别出发展水平相对较低的地区。三是增大样本量，弱化极端值的影响，例如避免一个城市内少数区（县市旗）收入水平畸高而大幅拉升城市整体收入水平，导致即使余下大部分县（市旗）收入水平低，但该城市仍无法被识别为相对贫困地区。四是强化城市内部各区（县市旗）协调发展的激励，因为一个城市若要摘掉相对贫困地区的帽子，则内部发展差距不能过大。

（2）指标选取。以县（市旗）"农村居民人均可支配收入"作为唯一指标。主要有三点考虑。一是我国居民整体收入水平不高、收入差距较大，收入低是贫困的集中体现和本质特征之一，2020 年之后提高居民收入依然是减贫的重中之重，农村居民的收入更是短板中的短板；二是以美国为代表的诸多发达国家也以居民收入水平作为识别相对贫困的唯一标准；三是数据可得性。

（3）识别方法。采用上一小节中提到的阈值法（双阈值法），即以该地级区划内县（市旗）农村居（牧）民人均可支配收入低于全国平均水平某一比例的数量占全部县（市旗）数量的比例，作为评判该地级区划是否为相对贫困地区的标准。

具体来说，分为四种情况：①农村居民人均可支配收入低于全国平均水平的县（市旗）数量占全部县（市旗）数量的比例超过90%；②农村居民人均可支配收入低于全国平均水平的75%的县（市旗）数量占全部县（市旗）数量的比例超过70%；③农村居民人均可支配收入低于全国平均水平的60%的县（市旗）数量占全部县（市旗）数量的比例超过25%；④农村居民人均可支配收入低于全国平均水平的60%的县（市旗）数量占全部县（市旗）数量的比例超过50%。

（4）识别结果。通过筛选比较，上述四种情况中，第②种情况更为可取，即农村居民人均可支配收入低于全国平均水平的75%的县（市旗）数量占全部县（市旗）数量的比例超过70%。该种方法共识别出相对贫困地区59个地级市单元，面积262.60万平方公里，占国土面积的27.4%，常住人口共计1.51亿人，GDP共计4.27万亿元，分别占全国的10.8%和5.2%。

3. 相对贫困地区识别结果

上述基于地市级数据和基于县（市旗）数据的两种相对贫困地区识别方法各有优劣势，本报告以基于地市级数据的相对贫困地区识别结果为基础，并将基于县（市旗）数据识别出的相对贫困地区但未在基于地市级数据识别为相对贫困地区的城市补充进来。① 理由主要有：一是基于地市级数据的相对贫困地区识别考虑了居民收入、人均GDP和财力等指标，更为全面，且包括城镇居民人均可支配收入，考虑了相对贫困阶段的城市贫困问题，所以以此结果作为基础。二是基于县（市旗）级数据的相对贫困地区识别方法具有前面描述的四大优势，且相对贫困阶段的初期应体现应帮尽帮原则，所以可将两种识别结果进行综合汇总，这样也有助于巩固脱贫攻坚成果。三是识别出的相对贫困地区覆盖的人口占全国总人口的比重为13.9%，基本还在国家整体层面可承受的帮扶范围之内。

共识别出相对贫困地区68个地级市单元，面积317.90万平方公里，占国土面积的33.1%，常住人口共计1.92亿人，GDP共计5.41万亿元，分别占全国的13.9%和6.5%。如表3所示。

---

① 不包括省会城市兰州和直辖市重庆的县。

表3　　基于地市级和县（市旗）级数据识别的68个相对贫困地区名单

省份	相对贫困地市名称	数量	省份	相对贫困地市名称	数量
甘肃省	白银市	9	青海省	海东市	4
	定西市			海南藏族自治州	
	甘南藏族自治州			黄南藏族自治州	
	临夏回族自治州			玉树藏族自治州	
	陇南市		陕西省	安康市	4
	平凉市			汉中市	
	庆阳市			商洛市	
	天水市			铜川市	
	武威市		西藏自治区	阿里地区	4
云南省	德宏傣族景颇族自治州	11		昌都市	
	红河哈尼族彝族自治州			那曲市	
	临沧市			日喀则市	
	怒江傈僳族自治州		新疆维吾尔自治区	和田地区	3
	普洱市			喀什地区	
	文山壮族苗族自治州			克孜勒苏柯尔克孜自治州	
	昭通市		广西壮族自治区	河池市	2
	迪庆藏族自治州			贺州市	
	大理市		河北省	承德市	2
	保山市			张家口市	
	楚雄彝族自治州		河南省	商丘市	2
贵州省	安顺市	7		周口市	
	毕节市		湖北省	恩施土家族苗族自治州	3
	六盘水市			神农架林区	
	黔南布依族苗族自治州			十堰市	
	黔西南布依族苗族自治州		内蒙古自治区	乌兰察布市	2
	黔东南苗族侗族自治州			兴安盟	
	铜仁市		宁夏回族自治区	固原市	2
山西省	大同市	5		中卫市	
	临汾市		湖南省	怀化市	5
	吕梁市			娄底市	
	忻州市			湘西土家族苗族自治州	
	运城市			张家界市	
吉林省	白城市	1		邵阳市	
黑龙江省	佳木斯市	1	江西省	赣州市	1

通过对比分析发现，上述识别出的相对贫困地区，大多同时也是民族地区、跨省交界地区、生态地区、革命老区、资源型地区、中西部边界地区、偏远高原和交通闭塞地区；相对贫困地区均存在发展动力不足等一些共性问题，如人口流出较多、生态环境约束较强、远离中心城市、交通通达条件较差、运输成本较高、远离消费市场、产业层次比较低等。

三、我国相对贫困的特征

由消除绝对贫困到关注相对贫困，体现的是社会主要矛盾的转化。从本质上讲，显性的绝对贫困反映的是物质层面的贫穷，而隐性的相对贫困则是由不平衡不充分的发展造成的，对多层次、多体系的资源支撑有更高的要求。我国减贫工作正处于从集中解决绝对贫困向常态化减缓相对贫困迈进、促进共同富裕的转换阶段，需要准确把握相对贫困治理进程中长期面临的"四个常态"，以及与绝对贫困相比出现的"四个变化"，全面认识贫困治理面临的长期性问题和阶段性挑战。

（一）相对贫困治理面临的四个常态

1. 相对贫困人口以农村和中西部地区为主

一直以来，贫困人口主要集中在农村，特别是广大的中西部地区的农村。2012 年中西部地区贫困人口占全国贫困人口的比例高达 86.2%。尽管近年来精准扶贫的重心转向中西部农村地区，但受限于区域发展水平，2019 年中西部贫困人口的占比依然上升至 91.4%。在现行标准下全部脱贫的农村绝对贫困人口，收入水平较低，抗风险的能力较弱，将会成为相对贫困的主体。中国收入分配研究院 CHIP 数据也显示，月收入不足 1090 元的低收入人群中，农村人口占 75.62%，中西部地区人口占 70.94%。

2. 致贫原因以区域条件差异和个体能力缺陷为主

多数山区、农区和牧区都远离经济增长中心，自然条件相对恶劣，基础设施落后，是贫困人口高度集中的地区。党的十八大以来，尽管国家把精准扶贫的主战场放在"11+3"集中连片特困地区,但这些区域贫困人口占比始终超过50%。这些贫困地区内生动力不足、创新能力弱,部分地区还存在生态环境脆弱、市场发育迟缓等问题,对资金、人才、技术等优质发展要素的吸引力弱。在区域经济发展分化态势明显、发展动力极化现象日益突出的背景下,这些贫困地区的传统优势在削弱,新优势尚未形成,在新技术、新产业、新业态、新模式发展上与发达地区的"马太效应"可能会愈发明显,将面临日益严峻的要素供给约束问题。脱贫难、脱贫成本高,巩固脱贫成果更难,这些区域也将是相对贫困人口集中区域。

从个体层面看,致贫原因主要包括因病、因残、因学、因灾、因婚等,尽管近些年来国家加快社会安全网构建防范贫困人口返贫,但并不能保证贫困人口收入持续稳定增长。贫困群体往往也是弱势群体,在农村以留守的妇女、老人和儿童为主。我国农村最低生活保障兜底的人口和性别结构也显示,"三留守"人员中妇女和老人领取低保的比例较高,各省农村低保人口中,老年人占比超过40%的省份有16个,妇女占比超过40%的省份有23个。对于已经脱贫的人口而言,因自身发展能力弱、抗风险能力不强,重大疾病、失业、突发性事故等各种不确定性因素的增多使得致贫因素更加复杂化,从"脱贫"到"致富"的蝶变仍是长期过程,多数绝对贫困人口仍将是相对贫困人口的重要组成部分。

3. 收入水平低是相对贫困最典型最显性的表现形式

贫困有收入贫困、支出贫困、多维贫困和空间贫困等多种表现形式,其中收入水平是其中最典型、最显性的衡量标准。2020年现行标准下农村贫困人口全部实现脱贫后,尽管相对贫困是人与人之间比较得出的状态,但仍然以收入作为重要的衡量标准。例如,欧盟选取收入水平位于中位收入60%之下来衡量、美国以及其他很多发达国家以收入低于中位数50%来衡量,这对我国同样具有借鉴意义。

4. 相对贫困治理任务贯穿现代化建设新征程

解决温饱问题、消除绝对贫困通常是在一定时期内可以实现的目标,但解决相对贫困问题则具有长期性、艰巨性及复杂性。2020年后,我国进入工业化城镇化后半场的深化推进期,受经济结构转型、收入分配状况和人口结构变化等多方面的综合影响，贫困治理的外部社会环境更加复杂，对我国减贫工作提出了更多新要求。现代化建设新征程全面开局，相对贫困地区和相对贫困人口作为现代化建设不充分不平衡的重要表现，不容忽视。经济增长下行压力持续加大，部分地区财政收支吃紧，加上新冠肺炎疫情影响，结构性失业问题长期不同程度存在，进一步加大了贫困治理的难度。区域经济格局优化重塑，发展要素进一步向优势地区聚集，这对相对贫困地区发展带来了新的竞争压力。

（二）相对贫困治理发生的四个转变

1. 贫困衡量标准发生转变

贫困标准是衡量贫困人口规模和贫困程度的重要基础和工具。改革开放以来，我国共采用过三个绝对贫困线标准：1978 年标准（1978 年价格每人每年 100 元）、2008 年标准（2000 年价格每人每年 865 元）、2010 年标准（2010 年价格每人每年 2300 元），对应的保障水平实现了从"勉强果腹"到"有吃、有穿、基本满足温饱"再到"两不愁、三保障"的跨越。进入相对贫困阶段，贫困标准有望从此前单一、明确、绝对的收入标准转变为动态、相对、多维的衡量标准，给贫困的识别和监测带来一定挑战。

2. 减贫对象特征发生转变

随着贫困衡量标准的调整，减贫对象的数量和分布特征也将发生显著改变。从数量上看，如果以城乡最低生活保障标准作为相对贫困线，2018 年全国相对贫困人口有 4526 万人（贫困发生率 3.2%），比当年绝对贫困人口的规模高出 2866 万人；如果按照农村人均收入中位数的 40% 和城镇最低生活保障线测算，相对贫困人口 7007 万人；如果城乡人均收入均按中位数的 40% 测算，相对贫困人口有 13000 万人左右[①]。从城乡分布来看，随着城镇化的推进，大量农村人口涌向城市，处于城乡夹层的农民工和城市低收入者被纳入城市贫困范围。特别是随着我国经济进入新常态，加之新冠肺炎疫情

---

① 沈扬扬，李实. 如何确定相对贫困标准？——兼论"城乡统筹"相对贫困的可行方案 [J].华南师范大学学报（社会科学版），2020（2）：91 - 101.

下全球产业链收缩影响，产业结构调整使得劳动力市场和就业环境发生了深刻变革，城镇劳动力市场需求增速放缓，多数就业岗位对知识、技能的要求不断增加，就业形式、就业方式、就业模式的多元化和弹性化增加了城镇低端岗位劳动者就业的不稳定性。相对贫困将由农村贫困和城市贫困两部分构成，按照城乡最低生活保障水平的相对贫困标准，农村相对贫困人口3519万人（贫困发生率6.2%），城镇相对贫困人口1007万人（贫困发生率1.2%）。

3. 减贫理念和目标发生转变

从绝对贫困到相对贫困，除贫困标准变化外，对贫困的认知和理念也在转变。绝对贫困威胁生存权，强调要完全消除，基本理念是通过强有力的扶贫干预措施，改善贫困地区发展面貌，解决贫困群体的生活困难。相对贫困制约发展权，是一种收入和生活水平的相对差距，很难实现整体消除，只能缩小和减轻，与"治贫"相比更侧重于强调"防贫"，即防止返贫和新的贫困发生；与"脱贫"相比更侧重于用市场化手段"增收"和"发展"，需要通过合理的制度设计，加快提高相对贫困群体收入和生活水平，从脱贫向致富迈进，进而形成更加合理的收入分配格局。

4. 减贫动力发生转变

在打赢脱贫攻坚战的过程中，我国实施了大规模扶贫开发，依靠扶贫资金的大量投入，采取对口帮扶、第一书记、扶贫工作队、扶贫车间等"超常规"的办法，汇聚强大减贫动力。2015～2019年，中央财政补助地方资金规模达到4305亿元，连续四年保持每年200亿元增量；全国共派出25.5万个驻村工作队、累计选派290多万名第一书记或驻村干部。但外在帮扶不具有可持续性，进入解决相对贫困阶段，专项扶贫资金投入强度、人才帮扶规模、对口帮扶力度等外力将逐步减弱，而相对贫困群体的规模明显提升、分布更加广泛，亟须从改善社会收入结构、营造更加公平的发展环境入手，完善社会"安全网"建设，推动区域发展和乡村振兴，激发相对贫困人口和贫困地区内生动力，实现"要我脱贫"向"我要脱贫""我要发展""我要致富"转变。

四、建立解决相对贫困长效机制的思路

（一）建立"择人群、选地区、统城乡、分时段"相结合的相对贫困扶持政策框架体系

从人群及区域入手，建立科学评价方法，识别相对贫困人口和相对贫困地区，建立分人群、分地区、分城乡、分时段的相对贫困扶持政策框架体系（见图1）。

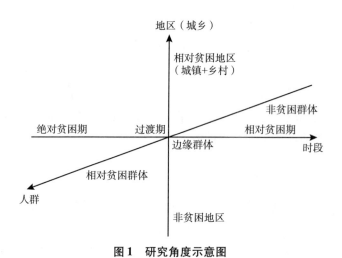

图1　研究角度示意图

第一，择人群，保持中低收入相对贫困人口规模总体动态稳定。参考国际相对贫困标准，结合我国的国情，以社会平均收入为基本标准合理确定我国相对贫困标准，识别出相对贫困人口，瞄准中低收入者等主要人群，保持相对贫困人口总规模总体稳定，规范相对贫困人口动态调整。

第二，选地区，构建重点扶持地区和常态化减贫协同发展。不同地区相对贫困的程度不同，要识别出相对贫困地区，聚焦中西部地区，特别是三区三州等地区。相对贫困地区可持续发展面临"地理制约""资本制约""收入制约""能力制约"等现实困境（刘可和庞敏，2018），应激活和重构贫

困地区内生资源，增强其参与发展、共享发展的能力，构建起外部支撑和内生动力相结合的可持续发展机制。我国相对贫困地区发展难题将成为我国减贫的重点，相对贫困地区在人均地区生产总值、人均财政收入、城乡居民可支配收入等指标上处于全国的底部，是现代化建设新征程中促进区域协调发展的短板，既要中央加大扶持力度，也要发达地区给予援助，更要培育形成自我发展能力，按照促进实现基本公共服务均等化、基础设施通达程度比较均衡、人民生活水平大体相当的标准要求，确保在现代化建设新征程中不掉队、能赶上队。同时，调整长期持续减贫工作机制，把减贫纳入各地政府部门日常工作，逐步实现常态化治理。

第三，统城乡，发挥相对贫困地区中心城区辐射带动能力。我国的城镇化还在继续，农村相对贫困是主体，但相对贫困阶段的城市相对贫困问题也日益突出，要兼顾考虑。要发挥相对贫困地区地级市经济规模、人口规模和市场规模较大的优势，增强中心城区对农村地区的辐射带动能力，进一步重塑城乡关系，打破城乡二元结构，促进要素有序自由流动，加快城市基础设施、基本公共服务、基本社会保障等向农村延伸。同时，要统筹推进新型城镇化战略、乡村振兴战略，在扎实推进易地扶贫搬迁后续扶持工程的基础上，对生态环境脆弱地区、人口较少且分散的自然村庄等，继续研究推动实施宜居搬迁工程，引导人口向重点镇、县城、中心城市集聚。

第四，分时段，兼顾近期政策延续性和远期常态化相结合。考虑到我国财力有限，建议采取分阶段推动减贫，不同时间段设定不同的标准。建议以"十四五"时期为巩固脱贫攻坚过渡期，参考国务院扶贫开发领导小组《关于建立防止返贫监测和帮扶机制的指导意见》，按照人均可支配收入低于国家扶贫标准1.5倍左右的家庭为重点监测和扶持对象，贯彻在过渡期内继续实行"四个不摘"的政策，即摘帽不摘责任、摘帽不摘政策、摘帽不摘帮扶、摘帽不摘监管。在此基础上，逐步促进扶贫工作重心转向解决相对贫困。

（二）建立以"六位一体"长效机制为主体的减贫内生发展路径

瞄准相对贫困地区和相对贫困人群，在扶持手段上延续中突出创新，在扶持力度、扶持方式、扶持内容、扶持政策工具组合上强化创新。构建相对贫困的"识别—动力—保障—反馈"的闭环，以增收为重点、教育医疗等社会多维减贫为辅建立解决相对贫困五大长效机制，增强相对贫困地区和人群的内生动力（见图2），包括：

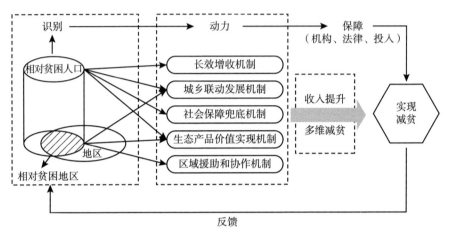

图2　研究逻辑框架示意图

第一，激活动力：四种收入为主体的长效增收机制。着眼于持续提升相对贫困群体的整体收入水平，进一步优化收入结构，加快提高工资性收入和转移性收入，持续提升经营性收入和财产性收入规模，在发挥政府作用的同时，用更加市场化的手段增强内生发展动力。

第二，保障底线：建立分层分类城乡统筹的社会保障长效兜底机制。重点关注无劳动能力的群体和留守儿童、独居老人、失业者、因病因灾人群等脆弱群体，建立物质与精神层面的兜底和援助保障。

第三，城乡互动：包容普惠共享的城乡联动发展机制。增强城乡发展的协同性、联动性、整体性，增强城市辐射带动力，打通城乡资源要素双向传导，支持易地搬迁后续发展，未雨绸缪城市新贫困。

第四，盘活资源：以增强可持续生计为核心生态产品价值实现机制。盘活生态资源，提升经济效率。

第五，外部协力：互惠互利的区域援助和协作减贫机制。优化和完善体现社会主义制度优越性的东西部扶贫协作和对口支持等减贫扶贫机制，应优化完善帮扶中的行政力量及其作用发挥的机制，积极引导和鼓励企事业单位、社会组织、慈善机构等市场和社会力量参与，拓宽帮扶手段和帮扶内容，注重相对贫困地区和相对贫困人群的内生发展和全面发展，并以优势互补、互利共赢为方向，提升区域减贫帮扶的"合作"属性。

五、建立解决相对贫困的五大长效机制

（一）建立以四种收入为主体的持续增收机制

长效增收机制是建立解决相对贫困长效机制中最关键、最根本的组成部分。与非贫困群体相比，相对贫困群体就业机会偏少，就业技能欠缺，从事农业和非农经营的能力差，占有的收益性资产不足，转移性收入来源单一，各类收入普遍偏低。相对贫困群体与非相对贫困群体在收入水平上存在巨大差距，未来需要着眼于持续提升相对贫困群体的整体收入水平，同时进一步优化收入结构。对此，需要谋划实施相对贫困群体收入倍增计划，加快提高工资性收入和转移性收入，持续提升经营性收入和财产性收入规模，在发挥政府作用的同时，用更加市场化的手段增强内生发展动力，谋划建立相对贫困人口的长效增收机制。一是要聚焦于通过增加本地就业和鼓励外出务工提升工资性收入，缩小工资性收入方面存在的巨大差距；二是要在保持农业经营性收入稳定增长的同时，支持鼓励从事个体经营活动，在非农经营领域寻求新的收入增长点；三是打通资源、资产变资本的渠道，拓展资产性收益来源，让更多相对贫困群众分享扶贫资产收益；四是要完善收入分配调节机制，稳步做大政府和社会转移支付。

1. 以产业和就业为主攻方向，提高工资性收入

工资性收入是相对贫困群体的最大收入组成部分，也是与非相对贫困群体收入绝对收入差距最大的部分。根据居民收入构成的变化趋势和规律，未来需要以发展产业和提升就业为主攻方向，聚焦增加就业机会、改善就业环境，重点提升相对贫困人口的就业意愿和能力，增强其内生发展动力，提高工资性收入。一是聚焦产业发展增加本地就业机会。结合地区资源禀赋优势，通过本地培育与招商引资，加快发展适宜产业，延伸产业链条，创造充

足就业岗位。选择有助于吸纳相对贫困群体就业或增加其收入的产业项目，优先解决相对贫困群体的就业问题，完善减贫产业与相对贫困群体之间的利益联结机制，在支撑区域经济增长的同时，使贫困群体获得更多收益。二是支持鼓励相对贫困人口外出务工就业。支持中西部地区相对贫困群体外出到本地中小城镇、区域中心城市以及东部沿海地区寻求工作机会，借助东西部协作扶贫和对口支援等政策及平台，支持相对贫困群体到支援方就业，通过异地就业增加收入。三是营造良好的就业创业环境。加强就业信息服务，提高劳动力供求匹配效率。构建城乡一体的劳动力市场和就业服务体系，推动就业咨询、就业援助、就业补贴等扶持措施向相对贫困群体倾斜，创造平等、公平的就业环境。健全完善就业保障机制和劳动保障体系，鼓励劳动和就业，坚持按劳分配和同工同酬，保障贫困群体享有平等参与就业的机会和获得相应报酬的权利，保障外出务工人员权益，确保贫困群体能够靠自己的努力摆脱贫困状态。四是通过志智双扶提高就业意愿和就业能力。瞄准提升就业意愿和能力，通过宣传教育和正向引导激励，激发贫困群体内生脱贫动力。实施相对贫困群体人力资本提升计划，强化教育投入，办好基础教育、职业教育和劳动技能培训，提高针对性、适用性劳动技能培训的覆盖面。深入实施国民营养计划，全面改善医疗卫生服务能力，改善相对贫困群体的健康状况。

2. 以财税和信贷支持为关键抓手，提高经营性收入

提升相对贫困群体经营性收入，切入点在于保持农业经营收入平稳增长，着重发挥非农经营的增收效应。对此，需要以财税政策和信贷支持为关键抓手，加快改善市场经营环境，提升小微经营主体抗风险能力，保障收入的稳定和增长。首先，加快制定财税支持政策，为从事农业及非农经营的相对贫困群体提供财政补贴、税收减免等支持，减轻经营压力，提高盈利能力，营造鼓励相对贫困群体自主经营的社会环境；对相对贫困地区达到一定规模限度的投资或一定规模就业岗位的企业，在现行税收基础上给予一定幅度的减免优惠。其次，进一步创新金融扶贫开发机制，完善相对贫困地区金融生态环境，不断加大金融扶贫的支持力度，为相对贫困地区产业发展提供充裕资金；重点强化金融信贷服务，增强各类金融机构服务个体经营者和中小微企业的能力，优化信贷服务，提升相对贫困群体的信贷资金可获得性，

解决经营过程中的资金短缺问题。最后，聚焦提升风险应对能力，鼓励相对贫困群体内部及其与非贫困群体之间开展合作互助，提高经营活动的组织化程度，增强抗风险能力；通过商业保险、政策性保险以及设立风险基金等措施，建立健全风险分担机制，避免经营者因经营失败而陷入贫困境地，减轻相对贫困群体从事经营活动的顾虑。

3. 以资产和产权制度改革为重点领域，提高财产性收入

相对贫困群体占有动产和不动产都比较少，财产性收入水平偏低，在收入构成中的占比只有 1.6% 左右，是增收的突出短板。提高财产性收入，需要结合城乡居民财产性收入来源差异，重点推动资本、自然资源资产、农村土地、农村集体产权等领域的改革，盘活闲置资产，释放资源要素活力，同时健全完善法律制度体系，保障相对贫困群体的财产性权益。一是加快发展多层次资本市场，拓宽城镇相对贫困居民资产性收益来源。鼓励传统金融机构创新产品和服务方式，开发适合相对贫困群体特点的金融产品，增加利息、股息、红利、租金、保险等财产性收益；充分发挥网络金融产品销售平台门槛低、变现快的特点，搭建具有针对性的投资产品体系，满足相对贫困群体通过小额投资实现稳妥增值的投资理财需求；大力发展投资顾问行业，为相对贫困群体的资产管理提供更有针对性的服务。二是深化农村产权制度改革，打通资源变资产、资金变股金、农民变股东渠道。稳妥有序推动承包土地出租和流转，推进宅基地流转、置换方式创新，充分释放农村土地的财产功能，让农村相对贫困居民合理分享土地升值收益；瞄准建立健全城乡统一的建设用地市场，加快修改完善《土地管理法实施条例》，制定出台农村集体经营性建设用地入市指导意见，建立公平合理的入市增值收益分配制度，确保相对贫困群体从中获益；加快推进农村集体产权制度改革，明晰产权归属，建立符合市场经济要求的集体经济运行新机制，不断发展壮大村级集体经济。三是健全完善扶贫资产运营与监管机制，深化资产收益长期减贫作用。在加强扶贫资产核查登记管理的基础上，加快健全扶贫资产经营管理机制，加强扶贫资产运营监督，充分发挥扶贫资产运作的长期效应；把扶贫资产管理制度改革与集体产权制度改革、土地制度改革相统筹，增强资产收益对相对贫困群体的扶持效能。

4. 以纵向和横向转移支付为重要补充，提高转移性收入

对相对贫困群体而言，转移性收入的规模还不够大，且主要依赖于政府支付。与此同时，相对贫困群体规模远大于绝对贫困群体规模，转移支付对象范围的扩大也意味着人均支付水平有下降的风险。提高相对贫困群体的转移性收入，需要综合使用纵向和横向转移支付，更加注重区域公平，统筹全面发挥政府和市场作用。第一，探索建立收入分配调节机制。瞄准优化收入分配格局，合理发挥政府收入调节作用，设立地方收入分配基金，将企业和个人所得税地方留成的一定比例，专项用于相对贫困地区和相对贫困群体的资助帮扶。第二，把对相对贫困群体的财政帮扶措施制度化。稳定中央财政对特殊群体的救助资金规模，对有劳动能力的相对贫困群体，完善以"鼓励劳动"为核心的正向激励机制；对无劳动能力、缺乏发展能力的相对贫困群体，完善以"低保"为基础的"无条件转移支付"机制。第三，加快构建覆盖全民、城乡统一的社会保障制度体系。综合运用社会保险、社会救助、社会福利、社会优抚多种手段，重点完善基本养老、基本医疗和最低生活保障，进一步整合低保线和贫困线，增加对相对贫困群体的常态化转移支付。第四，建立基于区域公平和区域协调发展的横向转移支付机制。结合横向生态补偿、粮食主产区与主销区之间利益补偿、资源输出地与输入地之间利益补偿等区际利益补偿机制，扩大地方政府间横向转移支付规模，补偿资金优先用于改善地区发展基础和社会民生，惠及更多相对贫困群体。第五，构建社会公众广泛参与的多元化转移支付体系。发挥商业保险和民间慈善的补充作用，拓宽相对贫困群体转移性收入来源。鼓励商业保险机构丰富保险品种和档次，满足相对贫困群体通过参加商业养老、人寿、财产等保险的需求；鼓励社会组织和个人通过捐赠、赠与等方式参与，结对帮扶相对贫困群体。

（二）建立包容普惠共享的城乡联动发展机制

立足城乡区域比较优势、现代产业分工要求、区域优势互补原则、合作共赢理念，增强欠发达地区有发展条件城市的辐射带动力，全面推进乡村振兴，聚焦易地搬迁、产业、公共服务、基础设施等领域，强化以工补农、以城带乡，增强城乡发展的协同性、联动性、整体性，推动形成工农互促、城

乡互补、协调发展、共同繁荣的新型工农城乡关系，带动欠发达地区整体发展，逐步实现共同富裕。

1. 立足资源要素综合承载力，增强欠发达地区有发展条件城市的辐射带动力

第一，集中优势资源做大做强中心城区，提升相对贫困地区人口集聚度和发展机会。推动中心城区实现高质量高水平发展，把中心城区规模做大、经济做强、交通做畅、功能做优、环境做美。提升中心城区综合承载能力，完善基础设施。推动市区教育跨越式发展，加大优质卫生资源供给。优化提升城市产业平台，促进产城融合发展，优化城市空间形态和人居就业生活环境。

第二，以县城为重要载体补短板强弱项，实现农村贫困人口就地就近城镇化。把县城作为城镇化发展的重要载体和城乡融合的重要纽带，深入挖掘生态环境、人文历史、生活成本低等优势，引导农业转移人口就地就近城镇化。强化与城区的衔接配套，提高县城综合承载能力和人口吸引力，带动小城镇发展。开展县城城镇化补短板强弱项工作，推进基础设施提档升级，推动特色优势产业发展壮大。

第三，鼓励和引导小城镇因地制宜发展，加强对乡村经济社会的直接带动辐射作用。加强分区分类指导，制定差异化策略，有序发展一批特色鲜明、要素集聚、产城融合、充满魅力的特色小城镇，建成服务农民的区域中心。

2. 打通城乡资源要素双向传导，构建互促共进、共生共存的新型城乡关系

第一，促进城乡生产要素双向流动，激活乡村振兴内在活力。推进城乡要素优化配置，促进乡村形成人才、土地、资金、产业、信息汇聚的良性循环。持续推进农业转移人口市民化，建立城市人才入乡激励机制。深化农村土地制度改革，探索农村承包土地"三权分置"有效实现形式，引导农村土地经营权有序流转，开展宅基地"三权分置"试点，加强闲散土地盘活利用。深化农村集体产权制度改革，探索赋予农民对集体资产股份有偿退出及抵押、担保、继承等权能的有效模式，发展壮大农村集体经济。健全财政

投入保障机制，完善乡村金融服务体系，健全工商资本入乡促进机制等，强化城乡融合发展资金保障。建立科技成果入乡转化机制，加强科技特派员队伍建设。

第二，因地制宜实施乡村建设行动与推动城市服务向乡村延伸并举，加快提升城乡基本公共服务均等化水平。完善乡村水、电、路、气、通信、广播电视、物流等基础设施，改善农村人居环境。推动农村基础设施提档升级，实现城乡基础设施统一规划、统一建设、统一管护。支持以政府购买服务等方式引入专业化企业，提高管护市场化程度。推动公共服务向农村延伸、社会事业向农村覆盖，健全全民覆盖、普惠共享、城乡一体的基本公共服务体系，逐步推进城乡基本公共服务标准统一、制度并轨。提高农民科技文化素质，推动乡村人才振兴。

第三，构建特色优势、城乡互动的现代产业体系，增强相对贫困地区发展内生动力。构建特色高效农业，推动粮经饲统筹、农牧渔结合、种养加一体，发展高效经济作物、特色养殖和林下经济。以"粮头食尾""农头工尾"为抓手，引导农产品在县域范围内就地就近深加工，提高加工转化率和附加值。加强绿色食品、有机农产品、地理标志农产品认证和管理，打造若干地方和区域性知名农产品品牌。培育壮大家庭农场、农民合作社等新型农业经营主体，鼓励工商资本、科技人才下乡，建立健全"公司＋合作社＋农户"等农民分享产业链增值收益机制。建设一批现代农业产业园和农村产业融合发展示范园，配套发展生产性服务业。

3. 支持易地搬迁后续发展，确保"能融入、稳得住、可致富"

第一，推动搬迁人口市民化，全方位融入城市生产生活。配套完善就业、教育、医疗、社保、养老等各类公共服务设施和保障体系，努力打造群众安居乐业的美丽家园。加大移民融入新市民社区力度，推动搬迁人口从职业、消费、心理、文化、社会关系等多方面全方位实现市民化。增进移民与新社区周边原居民交往，拓展社会关系网络。加大社区文体娱乐场所建设力度，丰富社区文化内涵，培育移民对社区的归属感和认同感。

第二，盘活迁出区各项资源，增加搬迁农户长期收益。积极盘活耕地、林地、宅基地"三块地"资源，保障搬迁农户收益。大力推进农户承包地、山林地有偿流转，支持农业产业化龙头企业对迁出区土地进行集中开发经营，积极扶持迁出区农业专业合作社发展。保障政策性林权补助收益，确保离地不离权，保障宅基地复垦收益。合理有序推进后续开发，实现农业向集约化发展、农村向城镇化迈进、农民向职业化转型。

4. 聚焦衰退型城市和城市边缘群体，未雨绸缪城市新贫困

第一，完善城乡低保制度，不断增强兜底保障能力。稳步提高城乡低保标准，扩大低保覆盖面，到 2025 年将常住人口（含农民工）全部纳入城市居民最低生活保障体系，实现城乡低保标准一体化。科学确定动态调整城乡居民低保对象，确保低保发放的精准性。建立中央财政对中西部地区低保专项转移支付制度。统筹特困人员、孤困儿童的最低生活保障，通过供养救助、教育救助、医疗救助、临时救助、慈善救助等专项救助，构建社会救助兜底保障网络，实现城乡困难群体救助全覆盖。加强低保制度和就业政策配合，健全低保户创业与就业的税收优惠政策与财政补贴政策。

第二，瞄准结构性失业群体，积极提升就业技能。主动应对结构性失业，把既有和潜在结构性失业群体纳入职业培训体系。加强农民工职业技能培训，围绕城市产业升级需求优化课程设置，提升农民工的就业能力。提高新生代农民工的就业技能，使他们成为高端制造业和新兴产业所需要的技术工人和技术人才。拓展中级教育劳动者人力资本积累渠道和提升现有中层教育劳动者的教育质量。加大对在职人员的培训力度。扩大全民教育学习资源，鼓励全民参与学习。鼓励企业和社会力量参与职业教育办学，不断提高广大劳动者的业务素养。拓宽生产工人和技术工人的技能、教育培训渠道，强化教育激励。

（三）建立分层分类城乡统筹的社会保障兜底机制

在全面建成小康社会和全面打赢脱贫攻坚战的大背景下，相对贫困地区社会保障兜底要更加注重城乡的优化整合，制度建设的目标要定位在预防相对贫困、保障相对贫困人口基本收入、促进相对贫困人口能力提升，实现相对贫困阶段社会保障兜底机制的制度化、标准化、数字化、立体化和多元化。

1. 加快城乡兜底保障制度的整合及制度衔接

基于我国城乡社会保障兜底机制的二元性特征，在相对贫困阶段要进一

步优化城乡救助兜底制度，推动传统救济向多维度帮扶转变。同时提升制度协同的整体性，推进城乡社会保障制度与各类扶贫制度的有效衔接。

一是树立积极、多元、包容的社会救助理念。转变过去消极抵御社会风险的社会救助理念，由注重"输血"向以"造血"为主、"输血"为辅的积极助人自助理念转变。在相对贫困阶段，要弱化传统物质帮扶、现金帮扶的目标设定，注重向相对贫困人口提供多元化帮扶。尊重差异化的社会救助需求，帮助和支持救助对象培养自我选择的意愿及获取相应的生存和发展机会的能力，支持救助对象通过自身努力和提高获取差异性多样化的生存和发展空间。

二是促进社会救助兜底机制与相关政策的衔接。加强社会救助与脱贫攻坚、乡村振兴、就业创业等城乡公共服务体系衔接，分类织密相对贫困人口脱贫保障网络。优化救助方式，发展服务类专项救助项目体系，在为受助者提供基本收入和物质保障的基础上，强化在护理、托幼、就业、心理咨询等服务支持。在政策上要更加注重社会救助与就业联动、低保与扶贫开发的衔接，强化对有劳动能力救助对象的就业扶持力度，提高社会救助的效率，降低社会救助整体成本，提升社会救助质量。

三是建立城乡社会保障平滑机制。规避专项救助与低保产生的"悬崖效应"，基础生活保障主要面向绝对贫困群体，专项救助则面向有实际需求的绝对和相对贫困群体，以消除由救助叠加引发的"悬崖效应"。将农民工、失地农民、务农农民纳入城镇社会救助范畴，加大对这类弱势群体非缴费型社会保障制度的支出规模。

2. 推动社会保障兜底精准识别，实现精准保障

完善以农村为重点、以城镇为辅助的新型社会救助兜底制度，稳步提升兜底救助水平，不断规范救助管理工作，提高救助对象识别的准确性。

一是推动实现低保户识别标准由单一识别向多维识别转变。健全居民家庭经济状况核对机制，考虑救助申请家庭的劳动能力、健康状况、照护需求和教育需求等因素，重视类别定位和需求定位，提高救助措施的针对性和有效性。推动信息化建设在社会救助各个领域的广泛应用，实现救助信息的互联互通。建立与国际接轨的多维动态识别标准，推动相对贫困标准化，设置标准线合理浮动区间，并及时更新识别体系。

二是推进精准扶贫向精准救助转变。进一步加大对深度贫困地区转移支付力度，扩大社会救助各项目的支出。各地应利用脱贫攻坚中形成的有益经验，推动主观上的识别体系向制度化的救助标准转变。引入专业化的社会工作等非利益相关的第三方机构对相对贫困人口进行精准把脉，提出差异化救助订单需求。加强精准识别指标、识别程序、履职机构、运行程序的机制建设，为提高对象瞄准的精准度奠定坚实的基础。

三是破除低保与专项救助的捆绑叠加。在精准识别的基础上，在政策设计上将专项救助向有实际需求的绝对贫困和相对贫困群体倾斜，推进社会救助的顶层设计和统一管理，注重整体规划，明确低保和各项救助的性质、目标对象、救助标准、救助方式、管理主体和经办方式，实现社会救助各项制度精准对接。

3. 推动建立发展型的社会保障兜底体系

在相对贫困阶段，多维度贫困需要多层次的兜底机制进行缓解，除因自身客观条件无力脱贫的群体仍需以"输血"的方式进行兜底外，其他相对贫困人口需要通过教育、医疗、就业、住房等专项救助服务增强自身内生发展动力和抵御风险冲击的自我保护能力。

一是加大专项救助支持。进一步加大专项救助的财政投入，在精准识别相对贫困人口的基础上，构建并完善以就业救助和教育救助为核心的发展型救助项目体系。在发展型救助项目体系的构建中，要突出以生命周期调节的特点，实现与救助项目与受助者个人生命周期不同阶段的匹配。

二是激发城乡社区支持活力。培育基层城乡社会组织，发挥社会组织在相对贫困阶段的积极作用。加大城镇社区帮扶力度，形成针对低收入群体的全方位支持格局。鼓励支持各类社会组织发展，降低社会组织准入门槛，培育类型多样、功能完善、布局合理的农村社会组织。

三是构建发展型社会救助体系。将城镇相对贫困人口的发展性需求纳入救助范畴，注重提升受助人口接受教育、提高就业技能、发展社会资源、增强社会参与机会，构建以"工作能力"为核心的兜底保障体系。加强对特殊群体贫困人口需求精准识别，对老年人、残疾人和儿童等特殊贫困群体提供全生命周期的帮扶。

4. 提升多元化社会保障兜底供给能力

多元化的社会救助是提升反贫困质量、激发社会各主体活力的必然举措，解决相对贫困需要发挥政府、市场、社会、家庭等多个支柱的融合效应，聚合社会保障兜底机制的多重合力。

一是充分发挥政府、市场、社会和家庭的积极作用。在政府层面，要发挥中国特色社会主义的制度优势，突出政府在缓解相对贫困中的主导地位。在市场方面，充分发挥市场主体创新优势，通过财政税收金融等多种手段鼓励市场主体进入社会救助领域，并通过政府购买服务的方式支持市场主体健康发展。在社会方面，鼓励社会参与，减少政府行政对社会的挤出，给予社会和志愿者组织充分的自主权。

二是强化社会救助项目的多元化发展。以提升相对贫困人口的个人人力资本为核心，在满足相对贫困人口基本生存基础上，强化教育、就业、医疗、住房等支出型救助领域的帮扶力度，实现社会救助项目的多元化。

三是加强救助项目的质量评估。构建全方位、多层次的救助项目监督机制，强化社会组织、社会团体的监督作用，对社会救助工作进行监督审查，重点核查对象认定、待遇发放、待遇调整等环节，加大对滥用职权、失职渎职、贪污社会救助资金的工作人员的惩处力度，提升相对贫困人口的救助质量。

（四）建立以增强可持续生计为核心的生态产品价值实现机制

我国相对贫困地区与生态功能区有较大重合，以生态服务功能为主体的地域功能属性，决定了这些相对贫困地区不具备开展大规模人口集聚和高强度工业化开发的条件。要以生态资源的多层次利用和转化为基础，以资源产权与有偿使用制度建设为减贫核心，以实施生态产业项目为减贫抓手，积极探索生态产品价值实现机制，加快发展生态农业、生态旅游等产业，促进生态产品价值转化，最终提升生态地区相对贫困人口的可持续生计能力，实现生态环境保护、资源可持续利用和乡村振兴紧密结合，实现相对贫困地区和相对贫困人口"生态环境保护—实现生态产品价值—脱贫—生态环境保护"的良性循环。

1. 以提高减贫效果为方向，完善生态补偿机制

转变生态补偿的思路，改变仅对生态地区开展生态保护投入物质成本的单一补偿模式，综合考虑促进生态区域发展和相对贫困人口精准瞄准，开展生态补偿制度设计。

第一，建立体现生态服务价值的生态补偿标准，加大对相对贫困生态地区的生态补偿支持力度。综合考虑各地生态产品质量、付出的生态保护成本和损失的发展机会成本等因素，完善测算方法，建立生态保护补偿标准体系。进一步加强中央纵向转移支付力度，加大重点生态功能区转移支付力度，建立多元化的横向生态补偿机制，包括通过对口协作、产业转移、人才培训、共建园区等方式进行补偿，增强相对贫困生态地区的发展能力。

第二，以基本公共服务均等化为核心目标，统筹财政生态补偿资金促进相对贫困地区发展。支持相对贫困地区统筹各级各类生态工程建设和生态补偿资金，按照生态工程建设、生态管护、基本公共服务、农牧民增收、产业发展五类，加大资金捆绑式使用。改变过去单一以项目为依托的资金使用方法，统筹财政资金更多用于县域教育、医疗卫生、就业培训等基本公共服务方面，特别是增强相对贫困人口的可持续发展能力。

2. 以提升供给质量为核心，着力提升相对贫困地区优质生态产品供给能力

第一，实施重大生态保护和修复工程与以工代赈等减贫项目相结合。在相对贫困地区实施生态和保护和修复重大工程，要与以工代赈等促进减贫的政策和项目结合起来，提升相对贫困人口的收入来源。

第二，增加生态公益性岗位实现减贫就业与生态保护的"双赢"。加大生态公益岗位的扶持力度，适度扩大生态公益性岗位规模，明确生态公益性岗位中央和地方事权财权分配机制，提高生态公益岗位收益保障水平，将生态公益性岗位向零就业家庭、困难家庭倾斜。

3. 以发展"生态+"产业为手段，提升相对贫困地区自身发展能力和贫困人口收入水平

第一，促进生态产业发展。积极探索"生态+"产业发展模式，促进

生态产品向下游产业链延伸，实现生态产品向生态经济转化。大力推进水中经济、林下经济、山上经济等农林牧渔产品发展模式，深入挖掘各种"绿色要素"，推进农业清洁生产，发展绿色精品农产品。推进生态与健康、旅游、文化、休闲相融合，充分利用优质生态产品优势，大力发展环境适应性产业，吸引环境敏感型产业，促进产业与生态"共生"发展。在发展产业的过程中要增强经济发展的利贫性，提升贫困人口在经济活动中的受益程度。把贫困人口引导到生态特色产业发展中来，拓宽贫困人口增收渠道，要提高相对贫困人口的参与度，在生态产业发展的进程中让当地贫困人口更多地参与进来。

第二，探索"生态＋"产业新业态。充分挖掘利用农业多种功能，加快发展农业观光体验、电子商务、文化创意等新产业、新业态，不断发掘产业附加值。积极推进绿色产品全产业链建设，按照纵向延伸、横向联结的思路，引入和培育龙头企业等产业链的核心组织，通过股权、品牌、战略合作等途径链接产业链各节点，推进一二三产融合发展。建立企业联农带农机制，通过创新股权结构等现代企业管理方式，让相对贫困人口分享"生态＋"产业发展的增值收益。加强绿色产品品牌建设，搭建绿色产品品牌与助力减贫之间的桥梁，实现品牌化和减贫之间的良性互动。

4. 以健全资源环境产权制度为手段，不断扩大相对贫困人口的可持续生计资本

第一，加快生态地区资源环境产权改革步伐，不断扩大相对贫困人口的生态资本和资产。明晰生态贫困地区各类资源资产使用权转让、出租、抵押、继承、入股等权能的统一界定，适度扩大使用权权能，推广林地经营权、经济林木所有权等新型林权抵押贷款改革，推进森林资源有序流转，增加贫困人口的收入门路。同时，在生态贫困地区推进农村集体产权制度改革，通过多种方式将符合条件的集体所有农村土地资源、森林资源转变为合作社、企业的股权，盘活农村资源、资产、资金。

第二，加大职业技能培训力度，不断扩大相对贫困人口的可行能力资本。加大职业技能培训力度，组织专家对合作社、企业、生态产业经营大户进行技术指导，积极将创业致富带头人培训纳入农村实用人才培训，重点做好与"生态＋"产业相关的"乡土管家""乡土导游""乡土厨师"等"乡

土"系列培训工作。以提高生态地区相对贫困人口生产技能为目标,突出实用性、实效性,培养一批技术能手和乡土专家,提升基层工作人员的能力。

(五) 构建多样化的社会帮扶和结对帮扶机制

社会帮扶和结对帮扶机制是与我国社会主义发展的阶段性相适应,并体现社会主义制度优越性的重要的减贫扶贫机制,在相对贫困阶段也将继续发挥重要的作用。应优化完善帮扶中的行政力量及其作用发挥机制,积极引导和鼓励企事业单位、社会组织、慈善机构等市场和社会力量参与,拓宽帮扶手段和帮扶内容,注重相对贫困地区和相对贫困人群的内生发展和全面发展,并以优势互补、互利共赢为方向,提升区域减贫帮扶的"合作"属性。

1. 优化和完善东西部扶贫协作和对口支援中的行政力量及其作用机制

首先,树立长期合作理念,加强中长期规划对接。应摒弃对区域减贫合作短期经济帮扶或政治任务的认识,充分认识到该项工作在社会主义现代化建设阶段的长期战略意义,加强顶层设计、规划对接和合作部署。一是立足于长期合作框架,深入分析减贫协作各方发展实际和优劣势,调整优化结对帮扶关系,并构建动态调整机制,提升互补性,为合作的长期深度开展奠定基础。二是丰富帮扶结对形式,采用一对一、一对多、多对一、多对多等多种灵活形式,打造大合作体系,便利合作空间和内容的拓展。三是受援双方共同研究制定能够体现和适应减贫协作特点的中长期规划,加强协作各方重要规划和发展战略的对接合作。同时,协作各方要精心组织实施规划,切实推动减贫协作工作有力有效有序开展。

其次,有效发挥政府的引导和激励作用,积极引入社会资本和市场机制。相对贫困阶段应更加注重减贫协作机制的效率和可持续性。对此,区域减贫协作中的行政力量应注重"借力""引力"。一方面,通过政府与社会资本合作、产业投资引导基金等方式引入社会资本,发挥财政资金"四两拨千斤"作用,支持产业、基础设施、民生等领域重点项目建设。加强政府间、政府与市场间交流合作,构筑"政府搭台,企业唱戏"的平台,加强本地在外企业联合会的组建,构筑企业合作平台,促进企业之间的跨地区联合、扩张和生产要素跨地区流动，吸引更多企业参与区域减贫协作。在此过程中，政府不能越俎代庖，主体始终是企业及其中介组织，切实体现市场化特征。另一方面，通过投资补贴、税收优惠、用地保障、负面清单等手段支持发达地区企业和资本积极参与贫困地区发展建设；同时，借助政策倾斜和引导、重大项目布局等手段鼓励发达地区金融机构在贫困地区设立分支机构或优先满足减贫协作项目的资金需求。

再次，完善行政事业单位人才双向交流合作的激励机制，加强全面发展的人才支撑。一是完善双向交流人才的晋升和薪酬激励机制，营造"引得来、能留住、用得好、能干事"的良好氛围。根据工作性质适度延长交流时间并给予一定灵活自由度，在福利薪酬待遇、职务、职级等方面加大倾斜力度。建立健全减贫协作优秀人才信息库，组织开展优秀人才表彰活动。二是积极组织挂职交流干部与本地干部的交流活动，或对挂职交流干部针对当地实际情况开展的调研或学习活动给予一定程度的物质条件保障和支持，促进挂职交流干部更好服务当地经济社会发展或学习当地发展经验。三是提升人才双向交流成效，注重深入基层、深入一线，从实安排职务，明确职责分工，确保真挂实干、掌握真才实学。

最后，提升财政资金使用绩效和效率。优化支出结构和方式，汇闲散资金，抓关键领域，发挥财政帮扶资金支出的规模效应，为被帮扶地区搭平台、建项目，集聚资源并释放更多更大的辐射效益。制定符合帮扶各方实际情况的财政资金绩效评估指标体系，实现绩效预算对财政资金使用效率的提升作用与对相对贫困地区和贫困人群生产生活水平的提升作用高效融合和协调统一。

2. 加强以企业为主的市场和社会帮扶力量的参与，协同打造大扶贫格局

构建政府、市场和社会协同推进的减贫合作格局，有助于充分发挥中国特有的政治优势、制度优势和市场力量。相对贫困阶段的减贫合作和帮扶，涉及的领域范围更宽，对可持续性的要求更高，因而更需要发挥企业主体作用，动员社会力量参与，打造扶贫开发的强大合力。首先，尊重企业市场主体性质，壮大企业帮扶力量。一是通过考核激励、定点或定向帮扶、准入引导等手段提升国有企业在帮扶中的作用和地位，既要发挥国有企业的公共利益属性，又能借助企业的市场属性提升帮扶的效率。二是尊重和顺应民营企业盈利性质，保障企业参与帮扶的合法权益，既鼓励企业到相对贫困地区投资和开拓市场，又积极引导相对贫困地区企业"走出去"和"引进来"。其次，加快社会团体、慈善机构等社会组织的培育和发展，遵循和尊重其发展规律和发展需求，充分发挥发达地区社会组织优势，积极引导和鼓励社会爱心人士、志愿服务者等投身减贫帮扶，充实减贫协作和帮扶中的社会力量。最后，充分挖掘和宣传相对贫困地区特色优势产品和服务，通过消费扶贫、旅游扶贫等灵活多样的形式动员社会大众的广泛参与和积极行动。

3. 拓宽帮扶手段和帮扶内容，更加注重"输血"向"造血"转变、单一经济帮扶向多维提升转变

相对贫困呈现的多维特征，决定了贫困治理必须从多维度展开，既要解决收入等经济层面"贫"的问题，更要解决公共服务、教育健康、发展能力等领域"困"的问题。首先，要通过建立约束与退出机制、媒体宣传以及政府鼓励等各种方式充分调动相对贫困地区和相对贫困人群的主动性、积极性，并通过产业培育、人才培养、就业创造等方式挖掘内部发展潜力、激发内生发展动力，在"输血"的基础上不断增强"造血"能力，逐步实现帮扶由"输血"向"造血"的转变。其次，就业问题始终是减贫帮扶的核心内容，应聚力志智双扶行动，加强各种形式的教育培训力度，促进相对贫困劳动力就业意愿、就业技能与就业岗位精准对接，搭建劳务输转平台，通过劳务协作、就近吸纳等多种手段促进相对贫困人群就业创业。最后，以多维贫困理念为指引，注重减贫帮扶的"赋权提能"，通过公共服务均等化、农民工市民化等政策和手段为相对贫困人群营造公平的成长、生活和工作环境，助力其更好地融入生活、融入社会，实现由侧重于物质基础的经济帮扶转向"软硬兼帮、多维共举"推动贫困人群和贫困地区全面发展。

4. 以优势互补、互利共赢为方向，提升区域减贫帮扶的"合作"属性

绝对贫困阶段的区域减贫帮扶，更多的是一种单向输出，即相对发达地区政府或企业基于自身发展优势向贫困地区或人群输出资金、技术、人才等核心要素，双方之间更多的是一种被动型、非对等的协作关系，以发达地区

或企业的优势弥补贫困地区的短板，贫困地区从中获得的收益远大于其成本，发达地区则正好相反。相对贫困阶段，这种非对等、非互补和非共赢的区域帮扶关系必然要转向优势互补、互利共赢的合作关系。首先，要转变观念，变被动为主动、变消极为积极，形成互利共赢的减贫帮扶理念，充分认识和评估帮扶双方的优劣势，寻求互利共赢的合作机遇。其次，加强优势互补和互惠互利，推动产业深度合作。基于各方优势打造利益共同体，不仅帮扶方要深度嵌入被帮扶方的产业链、供应链，而且被帮扶方也要以资源、生态、劳动力、土地等优势深度融入帮扶方的产业体系，实现双方之间发展空间拓展与后发地区开发、产品供给与需求、产业迭代升级与产业承接等之间的有机衔接和互补互惠互利。最后，重视市场力量和机制发挥作用，推动互利共赢帮扶合作向纵深推进。发挥市场力量和机制自发地挖掘合作优势、追求合作利益的属性，营造宽松自由的发展环境，以促进企业等市场主体合作便利化为目标，建平台、优机制、定政策，提升区域减贫帮扶的"合作"属性。

六、政 策 建 议

（一） 建立扶持相对贫困欠发达地区发展的国家战略

2020年后即便贫困县已经"摘帽"，多数贫困县经济发展水平与全国平均水平的比例关系仍然没有改变，很多片区县仍然是相对贫困地区，仍然需要国家创新机制加以扶持。因而，实施缓解相对贫困的扶助政策、建立扶持相对贫困地区发展的机制势在必行。根据我国的扶贫工作经验和实际情况，成立统筹负责相对贫困欠发达地区发展和贫困人口发展的机构，坚持实行中央统筹、省（自治区、直辖市）负总责、市（地）县抓落实的工作机制，定期识别监测相对落后贫困地区的发展情况，确保相对贫困落后地区的发展。在针对原贫困县的脱贫人口扶助方面，实行这一专门机构协调和考核等，必要时以国家法律的形式明确促进欠发达地区发展的重要性，对贫困欠发达地区给予重点援助。

（二） 构建多方共同参与常态化减贫工作管理制度

调整理顺长期持续减贫工作管理机制，优化顶层领导协调机构设置，推动减贫工作向常态化治理转变，建立政府、市场、社会三方参与的减贫格局，强化减贫政策资金的监管和绩效考核。优化顶层领导协调机构设置，其减贫机构具备更强的综合统筹协调能力，适应相对贫困治理中城乡、区域统筹的要求。把相对贫困治理纳入地方政府常态化工作内容，把相对贫困群体的增收和发展作为基层干部考核的重要指标。调整以政府为主导减贫的模式，推动建立"政府引导、市场促进、社会参与"的持续减贫模式，强化政府组织协调能力，更多使用市场化手段促进相对贫困群体增收和发展，鼓励社会力量参与相对贫困的治理，有效整合社会减贫资源，形成"三位一体"大减贫格局。强化减贫资金监管和绩效考核评估，加强第三方独立性评估，强化评估结果的应用，建立导向鲜明的奖惩机制。

（三） 构建信息共享平台

根据现有扶贫开发建档立卡系统的优势和缺点，研究探索基于新的技术手段以及适应相对贫困治理需要的识别、登记和管理信息系统。一是构建信息共享平台。推动扶贫资源共享共建、扶贫数据互联互通、线上线下全面对接。加快推进互联网、大数据、人工智能技术和减贫工作的深度融合，实现减贫管理一体化、信息化、精细化，实现市级和区县级平台的互联互动。推进城乡低保、大病救助、住房、社会服务、就业等专项兜底机制的信息化、网络化建设。加快推进核对机制建设，保障市级信息平台与国家层面建设的统一平台衔接。二是加强相对贫困人口数据库与教育、医疗、社保等专业领域数据库的对接，提高对监测信息的利用效率。

（四） 建立抽样和普查相结合的动态监测

把抽样监测和全面监测相结合，通过设定相对贫困线和建档立卡线一高一低两条监测线，建立低成本、高效率的动态监测机制。对处于相对贫困线以下的全部人口，采取抽样调查监测的形式，科学设置抽样方式，利用统计分析工具推断相对贫困群体的规模、结构、分布特征等，形成贫困人口数据库，便于掌握整体情况，支撑减贫政策制定。设定一个水平更低的全面监测线，低于这一水平意味着需要特定帮扶和社会兜底，延续精准扶贫阶段建档立卡的方式，形成有进有出的台账，做到不漏一户、不落一人，通过跟踪扶持防止这部分群体陷入绝对贫困境地。

（五）健全多元投融资保障

健全投入保障制度，完善政府投资体制，充分激发社会投资的动力和活力，深入推进农村金融改革试点工作，加快形成财政优先保障、社会积极参与、金融重点倾斜的多元投入格局。

一是优化财政支出和政府投资结构。合理确定各级政府在教育、基本医疗、社会保障等公共服务方面的事权，建立健全城镇基本公共服务支出分担机制。争取中央和省财政转移支付，建立财政转移支付同农业转移人口市民化挂钩机制。坚持把农业农村作为财政支出的优先保障领域，提高土地出让收益用于农业农村的比例，理顺专项资金使用管理机制和涉农资金统筹整合长效机制，推进行业内资金整合与行业间资金统筹相互衔接配合。动态细化乡村振兴重点投资项目目录，建立与规划任务和经济实力相匹配的政府投资机制。

二是拓展城乡建设投融资渠道。积极争取中央预算内投资、地方政府债券和政策性贷款等资金支持，采取项目投资、风险补偿、财政补助、税收优惠、绩效奖励等方式，发挥财政资金的杠杆作用，引导社会资本公共基金、保险资金等参与城镇基础设施建设、旧城改造、市政设施运营、乡村振兴领域。探索设立乡村振兴基金，由政府引导资金牵头吸引民营企业和社会资本注入，重点支持乡村新产业新业态和农村产业融合发展项目。推广一事一议、以奖代补等方式，鼓励农民对直接受益的乡村基础设施建设投工投劳，让农民更多参与建设和管护。协调商业银行对有市场需求、有发展潜力的小微企业加大信贷支持力度，扩大面向中小外贸企业的融资服务。

主要参考文献

［1］樊慧霞. 借鉴国际反贫困经验创新扶贫攻坚机制［J］. 中国财政，2016（12）：19-20.

［2］冯丹萌，陈洁. 2020年后我国城市贫困与治理的相关问题［J］. 城市发展研究，2019，26（11）：102-107.

[3] 高强,孔祥智.论相对贫困的内涵、特点难点及应对之策 [J].新疆师范大学学报（哲学社会科学版),2020 (3):1-9.

[4] 郭远智,周扬,刘彦随.贫困地区的精准扶贫与乡村振兴:内在逻辑与实现机制 [J].地理研究,2019,38 (12):2819-2832.

[5] 贺雪峰.中国农村反贫困战略中的扶贫政策与社会保障政策 [J].武汉大学学报（哲学社会科学版),2018 (3):147-153.

[6] 李鹏.兜底视域下社会救助瞄准机制审视:问题辨析与改革取向 [J].理论导刊,2020 (3):100-107.

[7] 李小云.全面建成小康社会后贫困治理进入新阶段 [J].农村·农业·农民B,2020 (3):18-20.

[8] 玛利亚·康西安,谢尔登·丹齐革.改变贫困,改变反贫困政策 [M].刘杰,等译.北京:中国社会科学出版社,2016年版。

[9] 苏华山,马梦婷,吕文慧.中国居民多维贫困的现状与代际传递研究 [J].统计与决策,2020 (3):57-62.

[10] 孙久文,夏添.中国扶贫战略与2020年后相对贫困线划定——基于理论、政策和数据的分析 [J].中国农村经济,2019 (10):98-113.

[11] 汪三贵:中国40年大规模减贫:推动力量与制度基础 [J].中国人民大学学报,2018 (6).

[12] 王镭.以相对贫困来看城市贫困:理念辨析与中国实证 [J].北京社会科学,2019 (7):74-83.

[13] 王小林,冯贺霞.2020年后中国多维相对贫困标准:国际经验与政策取向 [J].中国农村经济,2020 (3):2-21.

[14] 王玉玲,程瑜.新型城镇化对缓解贫困的作用 [J].城市问题,2019 (11):30-37.

[15] 向荣.英国"过渡时期"的贫困问题 [J].历史研究,2004 (4):153-163.

[16] 邢成举,李小云.相对贫困与新时代贫困治理机制的构建 [J].改革,2019 (12):16-25.

[17] 闫坤,孟艳.反贫困实践的国际比较及启示 [J].国外社会科学,2016 (4):87-96.

[18] 燕继荣.反贫困与国家治理——中国"脱贫攻坚"的创新意义

[J]. 管理世界, 2020, 36 (4): 209 - 220.

[19] 杨发萍. 中国城乡关系的结构困境与区域发展 [J]. 华南农业大学学报 (社会科学版), 2019, 18 (3): 1 - 10.

[20] 叶兴庆, 殷浩栋. 从消除绝对贫困到缓解相对贫困: 中国减贫历程与 2020 年后的减贫战略 [J]. 改革, 2019 (12): 5 - 12.

[21] 袁金辉. 构建解决相对贫困的长效机制 [J]. 中国党政干部论坛, 2019 (12): 70 - 72.

[22] 张继文, 赵玉. 区域反贫困的国际经验与启示 [J]. 领导之友, 2017 (7): 5 - 9.

[23] 张思锋, 汤永刚, 胡晗. 中国反贫困 70 年: 制度保障、经济支持与社会政策 [J]. 西安交通大学学报 (社会科学版), 2019 (5): 1 - 11.

[24] 郑瑞强, 王强, 赵晨刚, Sarah Rogers. 新型城镇化的农村贫困减缓: 空间重构、效应测度及策略优化 [J]. 湖北民族学院学报 (哲学社会科学版), 2019, 37 (2): 65 - 73.

[25] 左停, 贺莉, 刘文婧. 相对贫困治理理论与中国地方实践经验 [J]. 河海大学学报 (哲学社会科学版), 2019, 21 (6): 1 - 9.

专题研究报告一

国内外减贫的经验和规律研究

内容提要：对贫困的认知与界定取决于经济社会发展程度，发达国家和地区对贫困的界定与发展中国家有明显差异。从经济社会发展历程来看，发达国家所经历的减贫阶段将在发展中国家重现。发达国家和地区的减贫经验，是发展中国家减贫政策转型的他山之石。2020年中国已消除现行标准下的绝对贫困，相对贫困成为贫困类型，我国的减贫目标转向与国际接轨的减贫标准和体系，减贫方向转向农村贫困与城市贫困兼顾，减贫动力转向外在帮扶与内生发展并重，减贫财政转向更加突出保底性与靶向性，减贫重点转向促进相对贫困地区发展，为此提出建立扶持相对贫困落后地区发展的国家战略、建立多方共同参与的扶贫机制等建议。

2020年中国已经消除现行标准下的绝对贫困，相对贫困成为贫困的主要类型。为此，总结发达国家和地区对贫困的界定方法和减贫措施，研究我国减贫过程中的经验，对2020年后建立解决相对贫困的长效机制具有重要意义。

一、贫困问题的理论研究

如何减少和消灭贫困一直是人类文明发展过程中希望解决的一个重大的理论与现实问题，对贫困理论问题的研究源远流长，而贫困理论的产生、发展和升华必然与现实经济社会发展水平相联系。对贫困问题的理论研究经历了一系列转变，贫困的内涵不断丰富和深化。

（一）贫困的内涵不断丰富和深化

对贫困的理解最早从经济收入角度出发。早在 1798 年，英国的马尔萨斯在其专著《人口原理》中指出贫困是由于收入过低而不能维持生活必要需求的一种状况。此后，通过布森、汤森等学者的深入研究，逐步认识到贫困复杂化、多元化的性质，绝对贫困、相对贫困、能力贫困、人文贫困、多维贫困等概念相继被提出（见表1），贫困内涵价值随时间推移不断提升。1954 年哈里斯指出落后地区经济发展和地理位置有一定联系。1997 年杰兰等提出"空间贫困陷阱"（spatial poverty traps，SPT）理论，对贫困问题的空间特征进行了理论阐述。贫困相关概念的内涵界定如表1所示。

表1　　　　　　　　　　贫困相关概念的内涵界定

相关概念	内涵界定
贫困	一种特殊的经济现象，是指个人或家庭的收入无法满足其基本生活水平和需要的状态
收入贫困	一般以收入（或消费支出）来测算贫困标准和贫困人口
绝对贫困	不能达到维持某一特定基本生活需求（包括食物和非食物）的状况，一般是用收入或消费支出来衡量
相对贫困	一部分人相对于另一部分人更加贫困，或者一部分人的收入远低于平均水平的现象
多维贫困	贫困不仅是收入或消费不足，更是健康、教育、居住质量、就业机会等被剥夺的现象
空间贫困	这是空间经济学和新经济地理学视野上的多维贫困概念，它将一系列指标赋予地理属性，这些具有地理属性的指标合称地理资本，通过研究其空间聚集特征和规律，并以贫困地图或贫困绘图的形式表达，来判定是否存在空间贫困陷阱

国内关于贫困的研究起步较晚，且多借鉴国外学者已有研究成果并结合国内实际情况进行。20 世纪 50 年代，中国开始贫困问题研究，但多以马克思主义贫困化理论研究为主。20 世纪 80 年代后，中国贫困问题随城乡差距增大、城市发展偏向及地理资本差异等不断蔓延和凸显，贫困研究随国际研究热潮与国内严峻现状逐步发展和扩大，但仍以主流经济学与社会学研究为

主。21 世纪以来，多维贫困、空间贫困等逐步被引入国内，贫困问题逐渐成为经济学、社会学、政治学等多学科的热点和前沿问题。

（二）从侧重贫困救济到建立可持续生计理论体系

20 世纪以来，伴随着工业化的推进和主要资本主义国家经济实力的提升，贫困问题也逐步得到老牌资本主义国家政府部门的重视，以萨克斯为代表的宏观经济学家承袭了庇古和凯恩斯的政府干预思想，认为穷人依靠自身力量很难摆脱绝对贫困，政府有义务以救济和援助等方式为贫困人口"输血"，以实现减贫的目标。

20 世纪 80 年代末 90 年代初，可持续发展逐步成为世界各国的共识。在这个时期，经过长期的反贫困理论研究和实践工作，"可持续"是反贫困工作核心的观点得到广泛认同：主要依靠外界支持和帮助的"输血式"扶贫对降低贫困的效果微乎其微，而提升贫困人口的生存技能，使其拥有更有利的生计条件是实现持续减贫的重要手段。因此，扶贫应该以"人"为核心，致力于提升"人"能可持续发展的能力。20 世纪末到 21 世纪初期可持续生计理论框架逐步建立。可持续生计理论的核心要素包括生计资源、生计策略、生计结果以及对生计产生重要影响的宏观背景和制度环境，尤其是对生计结果进行了界定。他认为生计结果包含生计和可持续性两个维度：生计维度有就业、减少贫困、更好的生活及能力；可持续维度包括生计适应性、脆弱性降低、环境可持续性等。

近年来，对于可持续生计理论研究的新进展主要集中在如何在不同的实践方案和实验做法中落实和强化贫困人口的"可持续生计"能力。2019 年诺贝尔经济学奖授予班纳吉（Abhijit Benerjee）、迪弗洛（Esther Duflo）和克雷默（Michael Kremer）三位学者，以表彰他们"在减轻全球贫困方面的实验性做法"，可以说是可持续生计理论最具代表性的新进展。三人研究认为，穷人在脱贫过程中，受到制度、信息、金钱甚至认知方面的限制，无法尽最大努力改善自身状况，应设计合理政策以缓解这些限制。他们认为，对于穷人群体而言，要想充分发挥自己的才能，为家人的未来提供保障，需要拥有更多的技能和更强的意志力，承担更多的义务（见图 1）。

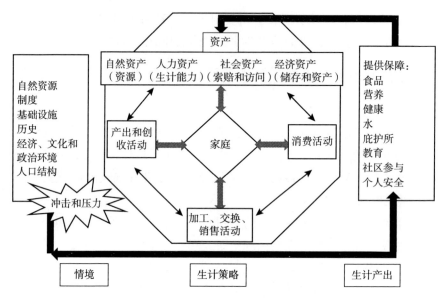

图1　美国援外合作组织农户可持续生计理论框架

（三）在收入贫困理论和能力贫困理论框架下开展政策设计

对于政策制定者来说，收入贫困理论和能力贫困理论是指引政策制定的两项基础理论。收入贫困理论可以追溯到19世纪末布斯（Booth）和朗特里（Rowntree）分别在伦敦和约克进行的关于贫困线及其测量的研究。朗特里认为贫困是"总收入不足以获得维持体能所需要的最低数量的生活必需品"。生理需求不能被满足导致的贫困被逐渐描述为收入贫困。能力贫困理论由阿马蒂亚·森（Amartya Sen）提出并对减贫政策的制定产生了深远的影响。阿马蒂亚·森指出，可行能力是"人有可能实现的、各种可能的功能性活动组合""贫困必须被视为基本可行能力的被剥夺，而不仅是收入低下"。限制人的可行能力清单中至少包括营养、居住、生产、就业、教育、医疗、被保障的机会等。人的可行能力被剥夺是更加本质、深层、基础的贫困原因，而可行能力极大依赖于制度框架，进行反贫困政策设计时，需要考虑"经济条件、政治自由、社会机会、透明性保证和防护性保障"等因素。可行能力贫困普遍发生在具有可行能力的人身上，只是由于制度限制了其可行能力的自由发挥才导致了他们的贫困。

反贫困政策制定，不是仅关注人的收入提高，而是将反贫困的终极目标设定为提升人的可行能力，即常说的"造血"能力。对贫困人口的分类直接影响着反贫困政策的设计和构成。构成人的可行能力的功能性活动状态与贫困密切相关，通过贫困人口的可行能力状态可以明晰地将贫困人口分为两类，即有可行能力贫困人口（如偏远地区健康的穷人）和无可行能力贫困人口（如丧失部分劳动能力）的贫困人口。有劳动能力的人仍然陷入贫困的，是因为其可行能力被剥夺或者被各类制度压制、限制、抑制，需要采用开发式减贫政策；无劳动能力的特困群体，需要通过构建完善的社会保障制度对其进行扶持。

二、发达国家减贫实践与经验

发达国家和地区对贫困的界定与发展中国家有明显差异。与之相对应，发达国家和地区与发展中国家在减贫理念、减贫措施方面也存在较大差异。2020年中国已消除现行标准下的绝对贫困，相对贫困成为贫困类型。为此，总结和梳理发达国家和地区对贫困的界定方法和减贫措施，对中国调整2020年后的减贫思路和减贫政策体系具有重要的借鉴意义。

（一）发达国家对贫困的界定及贫困标准的划定

1. 发达国家对贫困的界定

发达国家整体贫困率显著优于其他国家，已基本解决绝对贫困问题，目前以相对贫困为主。发达国家处于世界范围内最富国家之列，其贫困状况显著好于其他国家，尤其是绝对贫困发生率。根据世界银行的统计数据，按照每天1.9美元的贫困标准（2011年购买力平价计算），高收入国家的贫困发生率仅为0.7%，显著低于世界平均水平（9.9%），远低于低收入国家平均水平（43.4%）（见表2）。一些国家，如荷兰、芬兰、德国等，绝对贫困率已经趋向于0。

表 2   不同类型国家贫困发生率（2015 年）

国家类型	贫困发生率（%）
高收入国家	0.7
中高收入国家	1.7
中低收入国家	13.8
低收入国家	43.4
世界平均	9.9

资料来源：data. worldbank. org.

　　发达国家在界定贫困时，常常采取多维贫困的视角来识别贫困群体。归纳来看，现在主流的贫困识别方式包括绝对贫困、相对贫困和多维贫困。其中，绝对贫困一般是指根据某种主客观判定原则，将贫困内涵转换成等值收入/消费，并以此作为绝对贫困线。相对贫困依赖于收入分布，是以社会收入集中趋势的一定比例作为相对贫困线的构造方法，这种集中趋势一般可用均值或中位数来表示，在实践中，这个比例一般在 40% ~60%。多维贫困与基本需求内涵相对应，理论来源于阿马蒂亚·森的可行能力理论，可行能力包括人在生存、发展等方面的物质需求和公共服务需要，是多维的概念。因此以多维视角识别贫困也非常重要（如欧盟）。如欧洲议会提出收入贫困对欧盟来讲并非恰当的贫困度量方式，在欧洲，相对贫困不局限在收入维度，而是更广义地被定义为包括收入贫困、物质剥夺以及极低工作强度三个维度。

2. 发达国家相对贫困线的划定

　　一是基于生活需求测算的相对贫困线标准。目前主要实施的国家是美国和澳大利亚。基于需求测算的贫困线划定是指估计一个给定的生存标准或基本需求所花费的费用，以此为贫困线。美国和澳大利亚是其典型代表。美国现行贫困线来自奥珊斯基基于营养需求测算的贫困门槛，并考虑了家庭类型的差异，根据年龄、家庭规模和未成年孩子数量进行了详细的划分（见表 3）。从 1965 年开始，以此方法制定的贫困门槛，被采用为官方贫困线。

表3　　　　　　　　　2018 年按家庭人口计算美国贫困线　　　　　　　单位：美元

家庭规模		18 岁以下相关儿童								
		0	1	2	3	4	5	6	7	8 人以上
1 人	65 岁以下	12752								
	65 岁及以上	11756								
2 人	65 岁以下	16414	16895							
	65 岁及以上	14816	16831							
3 人		19173	19730	19749						
4 人		25283	25696	24858	24944					
5 人		30490	30933	29986	29253	28805				
6 人		35069	35208	34482	33787	32753	32140			
7 人		40351	40603	39734	39129	38001	36685	35242		
8 人		45129	45528	44708	43990	42971	41678	40332	39990	
9 人及以上		54287	54550	53825	53216	52216	50840	49595	49287	47389

二是基于收入比例法的相对贫困线制定标准。这是由英国经济学家汤森提出，将一个国家或地区的平均收入或收入中位数乘以某个比例，可以反映收入分配的平等情况。这种方法被发达国家和地区普遍采用，如经合组织国家大都采用收入中位数的 50% 为相对贫困线，欧盟国家普遍采用人均收入中位数的 60% 作为贫困线。中国香港在 2013 年制定的第一条贫困线，以家庭月收入中位数的 50% 为标准。英国在 1950 年以前，采用食品、衣服、住房等基本需求的"购物篮子"来确定贫困线。1950 年进入现代福利国家时代后，采用汤森的"相对剥夺"理论度量贫困，即以家庭收入中位数的60% 作为官方贫困线，并区分了住房成本，官方贫困救助目标的识别采用包括住房成本的贫困线（见表4）。

表4　　　　　　　　　　2018 年英国的贫困线（每周）

单身/夫妻	0~13 岁子女数量	14~17 岁子女数量	贫困线（英镑）
单身	0	0	157

单身/夫妻	0~13岁子女数量	14~17岁子女数量	贫困线（英镑）
夫妻	0	0	271
单身	1	0	211
夫妻	1	0	325
单身	0	1	271
夫妻	0	1	385
单身	1	1	325
夫妻	1	1	439
单身	2	0	265
夫妻	2	0	379
单身	0	2	385
夫妻	0	2	498

注：贫困线为去除掉缴纳税款和住房成本（housing cost）后的贫困线。
资料来源：https://www.childrenssociety.org.uk/what-we-do/policy-and-lobbying/child-poverty/poverty-line-calculator。

3. 发达国家相对贫困的基本特征

一是经济社会结构问题是相对贫困的主要根源。发达国家和地区的贫困主要来自经济社会结构和制度不合理导致的结构性问题。贫富悬殊是经济发展达到一定阶段后的普遍现象，资本拥有者比普通工人阶层占据更多机会和财富，并且通过既定的政治经济制度进一步强化经济优势。一些政策措施的受益者主要是中产阶级及以上群体，底层居民生活标准和财富水平提升有限甚至下降。因此收入分配两极分化下的底部阶层成为发达国家和地区贫困群体的主体。行业工资差距和低薪以及功能不全的社会保障制度是发达国家和地区产生贫困的重要原因。当产业结构调整对劳动力市场造成冲击时，缺乏完善的劳工政策以及权益保护措施使传统产业部门的大龄工人、低技能工人、临时工等外围就业者陷入贫困。

二是贫困人口主要集中在城市地区。一方面，发达国家和地区的人口流动较为频繁，城市化程度较高，人口主要集中于城市，低收入群体更愿意去城市寻找就业机会和社会福利的援助。如美国在经济转型过程中，大量的中产阶级随着就业机会外迁而从内城搬到郊区，贫困人口尤其是黑人贫困人口聚居于内城而形成相对集中的贫困聚集区。另一方面，乡村的人口密度较低，农民的生产资料较为丰富，而城市人口遭遇的经济社会各方面的排斥更严重，因失业和低薪等原因成为贫困者较为常见。

三是贫困人口集中于妇女、儿童、老人、特殊民族等人群。低工资水平以及没有稳定经济来源使得单身母亲、儿童、失业者等群体在发达国家的贫困群体中占比较高。另外，种族歧视等原因导致发达国家的部分民族成为贫困人口的主要构成部分。如美国不同种族中，黑人的贫困率最高，为20.8%，黑人和西班牙裔美国人的贫困发生率是非西班牙裔白人的两倍多。

（二）发达国家减贫的战略与政策

1. 建立全面的社会福利制度保障相对贫困人群

一是通过立法确定社会福利制度的基本框架，建立全方位的福利体系，并不断补充完善政策体系。如美国《社会保障法》、英国《国民救济法》、德国《社会救助法》、瑞典《国家保险法》等。福利体系包括养老、失业、疾病、工伤、生育、孤寡照料等，有效降低了居民的生计负担。如英国建立了"从摇篮到坟墓"的社会福利制度体系，覆盖了国民保险、国民保健、个人社会福利、住房和教育五个方面。美国构建了包括社会保险、失业救济等福利制度的联邦和州政府双层安全网体系。德国、日本、加拿大、瑞典等发达国家都通过完善教育、医疗、劳工等社会政策，扩大社会福利支出，不断夯实社会安全网，维持了居民的基本生活。

二是构建分类救助的贫困帮扶体系。普惠的社会福利制度不能对贫困者提供有针对性的帮扶，为此发达国家和地区建立了分类救助的特殊帮扶体系，对贫困者进行"有选择性"的区别援助。

2. 建立有利于提升贫困人口人力资本水平的政策体系

一是专项拨款补贴贫困家庭子女的学前教育、初等教育和高等教育，提高贫困家庭子女受教育水平。如美国的启蒙计划（Head Start）和儿童保育计划（Child Care）直接援助低收入家庭的学前班和儿童保育服务，教育部管理的佩尔奖学金（Pell Grants）以人均4050美元的奖学金促进低收入家庭学生参与高等教育。

二是为有劳动能力的低收入人群提供职业培训，增强其劳动能力，使其自食其力。英国专设了就业服务、培训、指导等机构，增加个体的劳动力市场参与，帮助贫困人口顺利就业。

三是为贫困家庭的妇女和儿童提供营养援助，提高他们的身体素质。如美国的儿童营养援助包括学校早餐、午餐和课后食品，补贴金额视家庭收入而定，为家庭收入低于贫困线130%的儿童提供免费膳食，为家庭收入低于贫困线185%的儿童提供减价餐。拉丁美洲国家实施的"有条件的现金转移支付计划"（CCT）大都涉及教育、健康和营养方面，旨在促进贫困家庭人力资本的积累与发展。

3. 以落后地区开发促进长期减贫

发达国家由于经济发展不平衡，同样存在贫困人口相对集中、经济社会发展相对滞后的区域，因而也对这些区域实施了专项开发政策，以区域发展促进长期减贫。这些措施包括颁布开发法案、强化基础设施建设、加大人力资本投资、引导资本向落后地区投资、优化产业结构等。如美国以《阿巴拉契亚地区开发法》主导该地区的扶贫开发；里根政府颁布的《联邦受援区和受援社区法案》，强调了从公共设施建设、人力资源培训、就业服务、住房保障等方面，提高受援地区自我发展能力。英国、德国等国家实施衰退地区、落后地区区域政策，缩小区域单位，开展区域发展支持，减少区域性贫困的发生。日本以《北海道开发法》为纲领，设立"北海道开发厅"协调各部门力量，实施了数十个综合开发或整治计划，通过阶段性开发全面推进北海道地区的产业振兴，奠定了减贫的经济基础。

三、我国扶贫的政策与机制

新中国成立以来，党和政府将实现共同富裕作为奋斗目标，坚持以人民为中心的理念，在政权建设、经济发展的同时，积极开展减贫工作，充分发挥社会主义制度优势，不断探索有效减贫的路径，贫困人口、贫困发生率显著下降，为世界反贫工作做出了突出贡献。有利于穷人的经济增长和社会转型以及有计划、有目标的扶贫工作共同构成了中国特色扶贫开发模式，形成了中国方案。

（一）我国扶贫工作的实践历程和政策演进

在我国经济社会发展的不同阶段，扶贫任务存在较大差异，扶贫政策也呈现典型的阶段性特征，大体分为以下 4 个阶段。

1. 1949~1977 年：计划经济下的救济保障

新中国成立之初，全国呈现"一穷二白"的落后局面，农村普遍性绝对贫困，一直到改革开放前，按照收入和消费性贫困标准衡量，我国都是世界上贫困人口数量最多国家（李小云等，2019）。这一时期的扶贫措施包括三类。在经济发展方面，考虑到我国以农业和农民为主体的贫困状况，1950年颁布了《中华人民共和国土地改革法》，将大约占全国耕地面积43%的土地以及地主乡绅的牲畜、大部分的生产和生活资料分配给了无地的贫穷农民，保障"耕者有其田"。随着土地改革的完成，全国 3 亿农民共分得 7 亿亩土地，这被认为是最为根本的扶贫措施（周其仁，1995）。在教育和医疗方面，大规模建立全国普惠性教育体系和基本医疗保障体系，人民公社时期基本形成了生产大队办小学、公社办中学、"区委会"办高中的格局，创造了"政府补贴＋公社的公共经费分担"的全民办教育模式；通过发展合作医疗形成以集体经济为依托的农村初级医疗卫生保健网，县设医院、公社设卫生院、大队（村）设卫生室，到 20 世纪 70 年代，农村合作医疗覆盖了全国90%的行政村（生产大队）。在特殊群体保障方面，20 世纪 50 年代中后期开始推行"五保"供养政策，在农村建立了对丧失劳动能力和无人抚养或赡养的人口提供食物、衣服、住处、医疗、教育和丧葬等救济的制度；推行优抚安置政策，减少革命烈士家属、革命伤残军人、在乡退伍红军老战士、现役军人家属等陷入贫困问题。由于上述重大政策和措施的实施，从1949 年到 1978 年，全国农业总产值翻了一番，粮食产量增加了 1.69 倍，农村贫困发生率大幅下降，农村人口摄入的热量平均增加了 20%，非收入性贫困极大缓解，成人文盲率降低了 50%，预期寿命增长了 50%（国家统计局，2000）。

2. 1978～1991年：改革开放初期初步建立减贫方针

改革开放和农村经济的快速发展，为农村创造了大规模减贫的宏观环境。从1978年底开始，我国农村开展了以家庭联产承包制为中心的体制改革。经过改革农民重新获得了使用和管理土地、安排自己劳动和投资的权利，从而调动了农民投资和加强管理的积极性，促进了生产率的提高。在此阶段，政府还通过较大幅度提高农产品价格，改善农业的交易条件，增加农民收入。由于经济改革和农产品价格的提高，农村地区保持了很高的经济增长率，农民人均纯收入增加了132%（国家统计局，2000）。在扶贫措施方面，1983年国务院决定对以甘肃省定西为代表的中部干旱地区、河西地区和宁夏西海固地区实施"三西"农业建设计划；1984年，为改善贫困地区基础设施建设推出了以工代赈扶贫计划，并通过出台《关于帮助贫困地区尽快改变面貌的通知》和《国民经济和社会发展的第七个五年计划》，初步确立了扶贫方针，制定了针对贫困地区的优惠政策。1978～1985年是中国农村贫困状况得到快速缓解的时期，这期间农村贫困人口明显减少。按1978年农村贫困线标准，贫困人口由2.5亿人下降到1.25亿人，贫困发生率从30.7%下降到14.8%，一半的农村贫困人口摆脱了贫困。[①]

3. 1992～2012年：市场经济下的区域瞄准开发扶贫

在东部地区经济快速增长的背景下，中西部等欠发达地区的贫困现象突出，加强政府干预成为持续性减贫的重要条件。《国家八七扶贫攻坚计划》和1997年的《财政扶贫资金管理办法》中确定瞄准贫困县的扶贫机制，要求中央财政、信贷和以工代赈等扶贫资金要集中投放在国家重点扶持的贫困县，有关省、区政府和中央部门的资金要与其配套使用。进入21世纪后，我国社会、政治和经济发展进入新的历史时期，农村扶贫开发亦是如此。"国家八七扶贫计划"的顺利结束，标志着我国基本解决了贫困人口的温饱问题，剩余的贫困人口主要分布在生产生活条件更差的地区，不仅脱贫难度大，而且极容易返贫，扶贫工作仍是政府的一项重要任务。2001年召开的第三次中央扶贫工作会议，颁布了《中国农村扶贫开发纲要》，对新时期农

---

① 资料来源：《2017中国农村贫困监测报告》。

村扶贫开发工作做了全面部署。这一时期扶贫的对象主要是尚未解决温饱问题的贫困人口和初步解决温饱问题的温饱人口，扶贫开发的重点区域包括中西部少数民族地区、革命老区、边疆地区和特困地区。考虑到《国家八七扶贫攻坚计划》完成后贫困人口向更小的地理范围内聚集，贫困人口的分布从区域分布逐渐转为点状分布，贫困人口在空间更加分散，2001 年开始把参与式扶贫规划作为"整村推进"工作的主要理念和方法，贫困资源倾向于到村到户，以实施村级扶贫规划为内容的整村推进，将资金分配开始由县级瞄准转向村级瞄准。主要扶贫措施包括发展种植业、推进农业产业化经营、改善贫困地区的基本生产生活条件、科技扶贫提高扶贫地区群众的科技文化素质、扩大贫困地区劳务输出、推进资源移民搬迁和多种所有制经济等。以 2011 年新设定的农村贫困标准统计，十年扶贫开发期间，农村贫困人口从 2000 年的 4.62 亿人下降至 2010 年的 1.65 亿人，贫困发生率从49.8% 下降至 17.2%。

4. 2013～2020 年：发展与保障并重的精准扶贫

在 2010 年左右，我国贫困户类型变为"因病、因学、因灾、因残、因婚"五种主要的类型，且分布日益分散，扶贫资金的减贫作用日益减弱，因此过去基于贫困县、贫困村为对象的扶贫开发难以为继。2011 年，国务院印发新千年第二个扶贫开发纲要《中国农村扶贫开发纲要（2011～2020年)》，提出到 2020 年消除农村绝对贫困的目标。这一时期，区域性贫困的识别以集中连片特殊困难地区为主要方式，共识别了 11＋3 个集中连片特殊困难地区；扶贫资金使用对象瞄准到贫困户，实施精准扶贫，建立了扶贫对象识别机制，贫困户建档立卡，实行动态管理；扶贫措施以易地搬迁扶贫、产业扶贫、教育支持和技术培训为主。中央财政大幅增加财政扶贫投入，推进贫困县涉农资金整合试点盘活存量资金，强化资金监管，为加快脱贫攻坚步伐提供有力支撑。总的来看，2011～2020 年扶贫开发时期，集中连片特困地区成为扶贫主战场，精准扶贫成为主要方式，重点群体成为重点帮扶对象，实现扶贫从片状向点状演进。2019 年末，全国农村贫困人口 551 万人，贫困发生率 0.6%，为实现 2020 年消除农村绝对贫困的目标打下了坚实的基础。

（二）新时代脱贫攻坚的机制

扶贫开发进入脱贫攻坚阶段后，我国形成精准扶贫精准脱贫的基本方略，逐步建立起脱贫攻坚的责任体系、政策体系、投入体系、帮扶体系、监督体系、考核体系等，为如期全面建成小康社会、顺利实现第一个百年目标提供了坚强的政策制度保障。

1. 责任体系和工作机制

加强党对贫困工作的全面领导，实行"中央统筹、省负总责、市县乡抓落实"工作机制，强化"五级书记"抓缓解相对贫困工作的制度保障，出台了责任落实、组织保障、工作推进、考核评价等方面的工作方案等。

2. 政策支持体系

中央各部门围绕工作职能、各地区围绕地方实际和特色出台多项减贫的政策举措，打出政策组合拳。

3. 财政投入机制

中央财政通过多渠道加大脱贫攻坚投入，包括加大对贫困地区一般性转移支付力度，引导相关专项转移支付向贫困地区、贫困人口倾斜，持续大幅增加财政专项扶贫资金投入。

4. 帮扶体系和机制

建立"政府—社会—市场"三方协同的相对贫困帮扶机制。政府要建立标准，摸清底数，明确政策，推进实施，严格考核；社会组织和力量要积极配合，强化参与，加强扶贫对接，多渠道有效吸纳社会资源进入扶贫领域；市场要发挥配置资源的决定性作用，强化行业扶贫，在公共物品领域不断满足减贫的多元化需求。

5. 监督机制

对各地减贫工作进行中央巡视、督查巡查、民主监督，加强纪检监察、检察、审计、财政等部门和媒体等监督力量的合作。

6. 考核体系

采取省际交叉考核、第三方评估、绩效评价和媒体暗访等考核评估办法。

(三) 我国减贫的政策绩效及经验

1. 我国减贫的成就

70 年间，中国由一个贫穷落后的国家发展为经济总量居世界第二的国家。改革开放以前的反贫困努力基本保证了人的生存问题，改革开放以后的 40 多年间，在贫困标准不断提升的条件下，中国的贫困人口大幅度减少。中国减贫的成就是世所公认的。这些成就主要表现在：第一，贫困人口大幅度减少，收入大幅度提高。第二，贫困地区的经济社会快速发展，社会公共服务水平显著提升。第三，贫困治理进入现代化进程。《社会救助暂行办法》等社会保障法律体系逐步健全，多地出台扶贫开发条例，国家扶贫开发法也在起草当中。

2. 我国减贫的经验

一是将以人民为中心作为反贫政策指导思想。摆脱贫困是近代以来中国人民的共同心愿，也是中国共产党的重要使命。引领国家走上发达富裕的道路，这是中国共产党执政的目标，也是各级政府政绩的最大体现。新中国成立后，实现了社会主义三大改造，中国人民迈出了摆脱贫穷的第一步。改革开放确立了以经济建设为中心的发展战略，发展生产力和提高人民生活水平成为党和国家的首要任务。

二是以促进落后地区发展与提升人的发展能力为反贫政策目标。首先，向贫困地区倾斜的经济政策提升了贫困地区经济条件，增加了贫困人口的经济机会。通过设立不发达地区发展资金、扶贫专项贴息贷款、农村企业贷款、中央扶贫专项基金、小额信贷等财政金融政策，对贫困地区和贫困人口进行定向扶持。在不同时期，政府各部门出台了不同的特殊扶持政策。其次，基础设施和社会公共服务的完善提升了经济条件和人口素质。1978 年以前，农村减低贫困的措施主要是发展农业和提供基本的社会服务，这些措施大规模改善了农田水利设施、提供了基础教育和基本医疗服务，进而提升了人的发展能力。三西农业建设与"七五"计划明确农田水利、交通等基础设施和教育、医疗等社会服务是开发重点，创新实施了移民搬迁与以工代赈等加强基建和改善生产条件的政策。历次扶贫开发规划均将交通、水利、电力、通信、社会公共服务作为核心目标，硬化路逐步向村级的"最后一公里"延伸。在持续的扶贫资金投入和政策帮扶下，贫困地区基础设施、生产条件得到明显改善。最后，通过技能培训和产业发展提升贫困人口素质和就业能力，增加其就业机会。一方面，对贫困人口进行技术与就业培训以提升其技能和就业机会。如通过"雨露计划"等技能培训项目促进贫困人口转移就业。另一方面，鼓励各类企业、市场主体到贫困地区投资，吸引成功企业家回乡，利用贫困地区资源设立龙头企业，吸收大量本地劳动力参与生产，实现就业。新型现代农业企业带来的技术在提升贫困人口生产能力的同时，也提高了他们的收入。

三是国家与社会协同治理是反贫困的重要组织保障。我国取得的减贫成就，是国家将反贫困的政策转化为治理效能的能力展现，是国家、社会与公民分工合作、协同治理的结果。国家是反贫主体。将反贫困作为国家发展的目标是中国减贫取得巨大成效的原始动力。党的十八大以后，脱贫攻坚成为全党全国全社会的中心任务，精准脱贫在党的十九大提出的三大攻坚战中被认为是"对全面建成小康社会最具有决定性意义的攻坚战"。2015 年以来，习近平总书记连续六年召开七次脱贫攻坚座谈会。中央统筹、省负总责、市县抓落实的组织和动员机制，明确了各级党政机关的责任。大规模派驻的第一书记和扶贫干部深入贫困村、帮扶贫困户，把扶贫政策直接送到贫困户。社会力量是扶贫主体。党的十八大以来，国家动员全党全国全社会力量扶贫，东西部对口支援、定点扶贫、社会各界扶贫均达到前所未有的广度与深度，并着手构建长期稳定的社会帮扶机制，推进社会扶贫规范化制度化。大量的市场主体加入社会扶贫，如有民营企业通过派驻 2108 人、投入 110 亿元结对帮扶贵州大方县和毕节市就是社会扶贫的一个缩影。

四、2020 年之后减少相对贫困重点研判

2020 年，我国已经消除现行标准下的绝对贫困现象，全国范围内的减贫取得压倒性优势，但 2020 年后并不意味着贫困的终结，可持续的减贫仍面临新的困难和挑战。直面问题，迎接挑战，调整减贫目标、方向、重点、动力和财税政策至关重要。

（一）2020 年后减贫工作面临的新形势新问题

1. 世界经济增长持续趋缓和新冠肺炎疫情影响下全球减贫形势严峻

经济增长是减贫的基础，随着全球经济的发展，贫困人口比重在不断降低。全球极端贫困人口比重从 20 世纪 90 年代的近 40% 降至目前的 10% 以下，其中绝大部分贡献来自中国。但是，目前全球经济增长表现出持续放缓的趋势，正处于深度调整期，低增长、低通胀、低需求同高失业、高债务、高泡沫等风险交织，全球贸易、投资、工业生产等活动放缓态势更加明显，美国经济增速回落，日本经济动能衰竭，欧元区经济持续疲弱，新兴经济体下行压力加大，发达经济体货币政策转向宽松，国际金融市场波动加大，部分新兴经济体出现金融动荡，世界经济处于周期性见顶回落阶段，下行风险加大，就业和贫困形势严峻。根据国际劳工组织（ILO）发布的《世界就业与社会展望：2019 年趋势》（World Employment and Social Outlook：Trends 2019）报告，2018 年，全球仍有 1.72 亿失业人口，中低收入国家近 7 亿工人生活在极端或中度贫困中，在低收入和中等收入国家，10.5% 的就业女性、9.4% 的男性劳动者生活在极度贫困中，青年生活贫困问题突出。

2. 我国现代化建设新征程中减贫依然任重道远

2020 年后我国进入工业化城镇化后半场的深化推进期，受经济结构转型、收入分配状况和人口结构变化等都方面的综合影响，我国的减贫工作面临着更多新要求。现代化建设新征程全面开局，贫困地区和贫困人口作为现

代化建设不充分不平衡的重要表现，不容忽视。经济增长下行压力持续加大，部分地区财政收支吃紧，加上新冠肺炎疫情影响，结构性失业问题长期不同程度存在，进一步加大了减贫难度。区域经济格局优化重塑，发展要素进一步向优势地区聚集，这对欠发达地区发展带来新的竞争压力。生态环境保护硬约束只增不减，生态地区、资源型地区等特殊类型欠发达地区需要根本性转变发展理念，因时制宜、积极探索具有地方特色的高质量发展路子。

3. 区域经济发展"马太效应"愈发明显致使贫困地区加快发展面临要素供给约束

欠发达等贫困地区内生动力不足，突出表现为发展基础和条件差、创新能力弱，部分地区还存在生态环境脆弱、市场发育迟缓，对资金、人才、技术等优质发展要素的吸引力弱，传统优势在削弱，新优势尚未形成，在新技术、新产业、新业态、新模式发展上与发达地区的"马太效应"风险正在加大。贫困地区和农村地区的人才、劳动力、资金有进一步向发达地区、城市地区加速流动的倾斜，贫困地区将面临日益严峻的要素供给约束问题。

此外，贫困地区传统优势在市场经济"优胜劣汰"规则中会进一步削弱，势必要经历一轮夹缝中求生存的过程。对外看，我国对外开放的大门只会越开越大，我国与全球市场互联互通水平不断提高；对内看，市场经济体系日益完善，全国市场一体化进程提速。贫困地区相对低端的加工制造品和服务产品供给会逐渐丧失市场竞争力，传统的企业行业产业生存空间被压缩，提前进入衰退期，贫困地区发展空间受到挤压的风险和势头加剧。

4. 城市贫困和"边缘群体"等新贫困现象对扶贫工作提出新要求

在印度和拉美等一些发展中国家，随着城镇化的快速推进，大量农村人口无序涌向城市，由于缺乏就业岗位、合适的住房和基础设施，形成城市贫民窟，导致贫困问题逐步由农村向城市转移。消费视角下的城市外来务工人口贫困问题则更为严峻，由于城市外来务工人口的养老保障不到30%、医疗保障不到40%，失业保险不到50%，住房、医疗、教育等高额费用均需由其个人支付，处于城乡夹层的城市外来务工人员成为城市贫困人口新的主要构成。

此外，国家对贫困人口帮扶政策严格按照有关规定，这在一定程度上保证了公平公正，但也存在很多处于贫困线之上的农户虽然还达不到贫困标准，但生活水平也没高出多少的"边缘群体"，由于抵御风险的极度脆弱而成为极容易落入贫困陷阱的潜在贫困人口。当然，无劳动能力的农村低收入群体等贫困人群对社会救助兜底的依赖性更强，将持续给各级财政支出带来更大压力。

（二）2020 年后我国减贫重点的转变

1. 减贫目标转向与国际接轨的减贫标准和体系

1990 年以来，世界银行相继将国际贫困线标准从 1 美元、1.25 美元提高到 1.9 美元。2018 年，世界银行发布《贫困与共享繁荣 2018：拼出贫困的拼图》报告，将每人每天生活费低于 1.9 美元作为极端贫困线，低于 3.2 美元为中等偏低贫困线，低于 5.5 美元为中等偏高贫困线。2011 年我国确定的人均年收入 2300 元的贫困线标准大致相当于世界银行的极端贫困线，按此标准，2018 年底我国的农村贫困人口为 1660 万人，贫困发生率为 1.7%。根据世界银行的三条贫困线标准，2020 年我国只是实现了极端贫困人口的脱贫，如果根据世界银行的中等偏低和中等偏高贫困线标准，我国仍然存在大量贫困人口。

贫困问题的复杂性不仅表现在贫困群体收入和消费水平不高，而且还表现在较低水平的教育、健康和资产等方面。从减贫的多维领域看，2010 年联合国开发计划署发布了由健康、教育和收入指标构成的全球多维贫困指数，在其发布的《2018 年人类发展指数和指标报告（HDI）》中，中国在 189 个国家和地区中排名第 86 名，仍处于比较贫困的国家行列。相关研究显示，我国农村多维贫困发生率高于收入贫困发生率，说明提升教育与健康方面的多维度减贫具有迫切性。

因此，无论从世界银行的最新贫困标准还是联合国开发计划署的多维贫困标准来看，我国的扶贫标准仍处于较低水平，2020 年后需要建立和完善更高水平、更高质量的减贫标准和体系。

2. 减贫方向转向农村贫困和城市贫困兼顾

2020 年后我国减贫的主体仍然以农村贫困人口为主，需要巩固减贫的成效，打牢减贫的基础，进一步提高减贫标准，拓宽减贫领域，防范因病、因学返贫。随着农村劳动力不断向外转移，中西部地区很多农村逐步"空壳化"，出现了大量的留守人口，农村留守老人、儿童、妇女等贫困问题尤为突出。根据中国发展研究基金会山村幼儿园网站对 7 个省、13 个县、1779 个山村幼儿园共计 51781 名儿童的数据统计，这些儿童中有 40.7% 是双留守儿童，21.6% 来自建档立卡户家庭，11.2% 的家庭为单亲。同时，随着城镇化的推进，大量农村人口涌向城市，由于不能与城市居民享受同等的基本公共服务，医疗、教育等高额费用均需由其个人支付，消费视角下的农民工贫困问题更为严峻，处于城乡夹层的农民工成为城市贫困人口新的构成，导致贫困问题逐步由农村向城市转移。

从世界其他发展中国家的教训来看，在印度和拉美等一些发展中国家，随着城镇化的快速推进，大量农村人口无序涌向城市。由于缺乏就业岗位、合适的住房和基础设施，形成城市贫民窟，造成城市贫困问题日益突出。我国也同样存在这样的趋势和风险。由于城乡二元户籍制度，进城农民的户籍仍在农村，他们既不能平等享受城市的社会保障和公共服务，回乡落实医疗、养老等社会保障权益的困难也很大，成为处于城乡夹层的群体。根据郭君平等（2018）的测算结果，[①] 若采用世界银行每天消费 3.1 美元这一贫困标准进行测算，2015 年，我国农民工的收入贫困发生率为 2.07%，消费贫困发生率达 12.3%；若采用城镇居民人均可支配收入中位数的一半作为相对贫困线的标准来测算，农民工的贫困发生率为 26.33%。单从收入视角判断，绝大多数农民工的收入均超过了设定的贫困标准，但与城镇居民平均收入水平尚存较大差距。消费视角下的农民工贫困问题则更为严峻，由于住房、医疗、教育等高额费用均需由农民工个人支付，加之缺乏长期稳定的就业保障与健全的社会保障，农民工倾向于选择降低当期消费水平，以预防性储蓄的方式应对未来生活的不确定性。国家统计局发布的《2018 年农民工

---

① 郭君平，谭清香，曲颂. 进城农民工家庭贫困的测量与分析——基于"收入—消费—多维"视角 [J]. 中国农村经济，2018，405（9）：96–111.

监测调查报告》显示，2018 年全国农民工总量 2.88 亿人，月均收入不足 3500 元，农民工参加养老保险、医疗保险、失业保险的比重分别不到 30%、40%、50%。另外，在城市转型升级过程中，下岗失业、待业等群体的贫困问题逐渐显现，特别是在老工业基地、资源枯竭、产业衰退、生态严重退化等类型地区的城市贫困问题尤为突出。因此，2020 年后，我国减贫应在继续加强农村减贫的基础上统筹农村贫困和城市贫困，构建城乡一体的减贫开发格局。

3. 减贫动力转向外在帮扶与内生发展并重

我国扶贫长期以来主要依靠扶贫资金的大量投入，采取对口帮扶、第一书记、扶贫工作队、扶贫车间等"超常规"的办法，形成了一批行之有效的经验做法。根据国家统计局发布的全国农村贫困监测调查数据，2013～2018 年，中央财政每年投入的专项扶贫资金累计达到 3883 亿元，平均每年增长 16.9%。2018 年，全国贫困人口比 2012 年减少 8239 万人，平均每年减贫 1300 多万人。2020 年我国精准脱贫攻坚任务完成后，专项减贫资金投入强度、人才帮扶规模、对口帮扶力度等外力趋于减弱，减贫的动力面临缺失的风险。很多处于贫困线之上的农户，由于达不到贫困标准但生活水平也没高出多少而成为"边缘群体"。这些"边缘群体"由于极度脆弱的抵御风险能力而极容易落入贫困陷阱，成为潜在的贫困人口。

再加上贫困地区产业基础薄弱，就业岗位少，收入水平低，外源性的增收模式缺乏可持续性，人才短缺、资金技术匮乏、改革滞后等因素叠加，进一步加剧了内生发展动力的不足。2014～2017 年，全国农村居民人均可支配收入年均增长 7.5%，比城镇居民高 1.1 个百分点。但是，这些年来农民收入的快速增长主要不是来自农业农村，而是依靠农民外出打工的工资性收入和政府转移净收入的快速增长。相关研究显示，2014～2017 年，农民人均可支配收入增长有 46.1% 来源于工资性收入，有 23.9% 来源于转移净收入，二者合计占 70%。在工资性收入中，有相当一部分是农民离开农村到城市，尤其是到珠江三角洲、长江三角洲、京津冀等地区打工所获得的农业农村之外的工资性收入。要实现农村持续减贫和农民脱贫致富，农民增收不能过度依赖外出打工的工资性收入和转移净收入。从长远发展看，这种外源性的农民增收模式不仅缺乏可持续性，也同时说明城镇化尚不彻底、不完全，农村缺乏产业支撑和就业岗位。

在继续加大贫困地区帮扶力度、进一步筑牢社会保障体系的基础上，把加强贫困地区的内生发展动力培育摆在突出位置。为增强减贫的稳定性和可持续性，必须将外界"输血"和本地"造血"相结合，统筹外力帮扶与贫困地区的自力更生，加快形成减贫长效机制。

4. 减贫财政转向更加突出保底性与靶向性

财政支持是减贫目标实现的重要保障，2020 年后减贫战略的实施需要推进财政体系改革。

首先，建立统筹城乡的减贫财政分配格局。城乡融合发展是中央提出的一项重大战略决策，是推进减贫工作可持续发展的重要措施，需要建立统筹城乡的减贫财政分配格局。2020 年后建立城乡统筹的减贫治理体系要求改变城乡分割、部门分割的财政分配体系。城乡分割的减贫财政分配体系造成城乡扶贫标准不统一，农民工群体的贫困状况被忽略，由于多个部门参与减贫决策和实施相关项目，减贫政策效率还有待提高，尤其是扶贫和低保两项制度的衔接需加强。例如，目前，我国城乡、区域间社会保障存在较大差距，现行社会保障体系与 2020 年后减贫战略目标仍存在问题和挑战，需要创新城乡基本公共服务均等化的政策体系，建立与完善促进城乡人口有序自由流动的新型制度政策框架。

其次，优化财政支出结构。从 2020 年后减贫的多维领域看，减贫的需求不仅包括物质需求，还包括教育需求、健康需求和文化需求等。目前财政扶贫支出中科教文卫、养老、医疗等基本公共服务支出不足。财政减贫支出呈现碎片化、保障水平低、覆盖范围小等问题。在 2020 年之后，随着减贫工作进入新阶段，财政投入的力度和结构需要做出筹划安排。老年贫困、因学贫困、因病贫困成为致贫的主要因素，因此老年人、儿童和重大疾病患者等特殊群体的贫困发生率更高，相关研究表明，2015 年农村老人、妇女、儿童的收入贫困发生率分别为 10.4%、6.3%、7.9%，高于当年全国农村的收入贫困发生率，其消费贫困发生率分别为 23%、9.1%、10.9%，以农村老年人的消费贫困问题最为严峻，① 这些群体将成为未来减贫的主要关注

---

① 陈志钢，毕洁颖，吴国宝. 中国扶贫现状与演进以及 2020 年后的扶贫愿景和战略重点 [J]. 中国农村经济，2019（1）：32 – 42.

对象。为了提高减贫类财政资金的使用效率，财政资金需要重点投在完善基本公共服务上，尤其是完善农村养老、医疗和就学类基本公共服务体系以缓解农村老年人、学生和身体健康状况欠佳者的贫困问题。

最后，改革财政支出途径。减贫资金的支付途径对减贫效果有重要影响。政府减贫补贴对农村居民贫困发生率的改善作用非常明显，使得农村贫困发生率从 12.90% 下降至 8.90%。对不同群体的具体财政补贴方式不同，产生的效果也不同，需要采取更有效果的补贴途径。对农村老年人口采取养老金补贴、学生群体采取教育补贴和重大疾病患者采取医疗补贴，这些途径对降低农村整体贫困发生率起着重要作用。比如，对于农村地区老年人而言，新农保养老金收入作为主要的收入来源，需要适当提高新农保养老金的领取标准；对于农村地区学生群体而言，教育减贫应主要通过提供交通或住宿的形式解决偏远地区适龄儿童的上学等形式来实现；对于农村地区身体健康状况欠佳的人群而言，减贫模式主要是提高医疗报销比例，扩大医疗报销范围。此类政府补贴都可以基于现有的公共服务体系来进行，并不需要增加额外的管理机构和管理费用。[①]

5. 减贫重点转向以促进相对贫困地区发展

我国扶贫长期以来主要依靠扶贫资金的大量投入，采取对口帮扶、第一书记、扶贫工作队、扶贫车间等"超常规"的办法，形成了一批行之有效的经验做法。"十四五"时期，我国欠发达等相对贫困地区发展难题将成为我国减贫的重点。相对贫困地区在人均地区生产总值、人均财政收入、城乡居民可支配收入等指标上处于全国的底部，是现代化建设新征程中促进区域协调发展的短板，既要中央加大扶持，也要发达地区给予援助，更要培育形成自我发展能力，按照促进实现基本公共服务均等化、基础设施通达程度比较均衡、人民生活水平大体相当的标准要求，确保在现代化建设新征程中不掉队、能赶上队。从服务国家发展大局看，还应把相对贫困地区作为我国超大规模区域发展的纵深空间，在比较优势发挥、消费市场培育、区域梯度分工协作上形成新的竞争优势，在协调发展中营造新动能、新增长点，为全国

---

① 岳希明，周慧，徐静. 政府对居民转移支付的再分配效率研究 [J]. 经济研究，2021, 56 (9)：4-20.

区域协调发展提供接续后补支撑和特色保障。

首先，要聚焦区域整体可持续发展。与建档立卡精准扶贫聚焦个体脱贫，以及推动国家级贫困县摘帽不一样，以地级市为单元，就是要在更大行政区范围内推动破解相对贫困发生的关键性问题，努力促进相对贫困地区可持续发展。其次，打通比较优势转化机制。按照高质量发展的要求，深入贯彻落实新发展理念，充分发挥地区比较优势，打通相对贫困地区生态优势、文化优势、农业优势、资源优势向产业优势、经济优势转化的机制，形成内生发展动力。再次，有序引导人口内聚外迁。统筹推进新型城镇化战略、乡村振兴战略，优化生产、生态、生活空间布局，在扎实推进易地扶贫搬迁后续扶持工程的基础上，对生态环境脆弱地区、人口较少且分散的自然村庄等，继续研究推动实施宜居搬迁工程，引导人口向重点镇、县城、中心城市集聚。扶持手段在延续中突出创新。最后，建立健全脱贫长效机制，持续巩固脱贫成果，持续强化后续扶持，防止返贫。与此同时，针对相对贫困地区，在扶持力度、扶持方式、扶持内容、扶持政策工具组合上强化创新，力争有新作为新突破。

五、对 策 建 议

2020 年我国现行标准下农村贫困人口实现脱贫后，要在一定期限内继续巩固脱贫成果的基础上，按照党的十九大提出的"兜底线、织密网、建机制"的要求，结合新形势、新思路，把保障式减贫作为重点，统筹利用和管理好各项财政资金，提高资金使用效率，提升新时代减贫质量。

（一）研究出台扶持相对贫困地区发展的专项政策

针对国家相对贫困地区，以支持提升相对贫困地区内生发展动力为关键，以补齐交通、信息等重大基础设施短板为必要，以促进对内对外开放合作为重要手段，突出地级市实施主体作用，中央层面推动建立扶持相对贫困地区发展的政策体系。鼓励和支持各省（区、市）根据本地区区域协调发展实际，设立省级相对贫困地区。如以发展水平处于底部的县级行政区为单元，研究制定适合本地区的相对贫困地区标准及识别机制，加快推动建立本地区解决相对贫困的长效机制，因地制宜推动高质量发展。

（二） 更加注重市场化的帮扶方式

研究制定相对贫困地区产业发展目录，因地制宜，突出比较优势，各有侧重地引导特色产业发展，重点精准扶持一批具有地方特色和发展潜力的主导产业，培育一批具有地方特色、在全国有影响力的龙头企业和品牌。减贫项目探索"以奖代补"机制，提高项目的经营活力和投资效益。建立帮扶主体和帮扶对象之间的长期稳定、可持续的利益联结机制，让相对贫困户能有效参与当地特色产业的发展，在产业带动下直接或间接受益。以各类农业合作社组织为抓手，提高贫困农户的组织化程度，由小农经济向市场化经济转变，提高农民的市场谈判能力和竞争能力，提升农业生产效率和效益。

（三） 完善乡村振兴政策

以乡村振兴为抓手，加快盘活农村存量资产，推进贫困地区资源变资产、资金变股金、农民变股民，不断增加贫困人口的经营收入和资产收入。加快发展农村和贫困地区特色优势产业，创建农产品知名品牌，促进一二三产业融合发展，着力提高农业全产业链的收益，持续稳定增加农民收入。支持发展"归雁经济"，对符合条件的返乡创业个人和企业给予启动资金扶持、税收减免和银行贷款补贴等优惠政策。对文化旅游综合体、田园综合体等新业态发展给予建设用地支持。支持和鼓励龙头企业开展消费扶贫、电商扶贫，带动相对贫困地区农副产品、手工制品等进入国内外消费市场。

（四） 创新保障性减贫政策

引入竞争激励机制，逐步改变贫困群众"等、靠、要"等惰性思想，变"要我脱贫"为"我要脱贫"，对自力更生、主动脱贫的家庭给予物质和精神奖励，形成正向激励机制。对重病、残疾或其他丧失劳动能力的，要提高低保标准，并且加强物质、心理、精神、生活等相结合的综合措施。对尚有劳动能力却无所作为的相对贫困群体要减少资金和物质的直接给予，而是通过培训和产业扶持等方式，引导农民改变观念，提高其主观能动性和能力。

（五）强化社会保障政策的兜底作用

注重加强普惠性、基础性、兜底性民生建设，保障群众基本生活，在财政、财税、金融等宏观政策制定过程中，尽可能扩大相对贫困地区和相对贫困人口的受惠范围。提高基本公共服务的全国统筹层次。在加快实现基本养老保险和基本医疗保险全民覆盖的基础上，努力提高统筹层次。完善基本养老保险制度，尽快实现养老保险全国统筹。完善基本医疗保险制度，在积极推动基本医疗保险省级统筹的基础上，尽早实现全国统筹。探索建立"全国统筹、省负总责、市县管理、社会监督"的义务教育经费保障机制。适当上收义务教育事权，研究建立全国统筹的义务教育经费支持机制，进一步提高中央财政用于义务教育的支出规模，全面实施高中阶段免费教育。

主要参考文献

[1] 马克思恩格斯全集（第3卷）［M］. 北京：人民出版社，2002：476.

[2] 马克思恩格斯全集（第47卷）［M］. 北京：人民出版社，2004：38.

[3] 刘易斯（美）. 劳动无限供给条件下的经济发展［J］. 曼彻斯特学报，1994.

[4] 缪尔达尔（瑞）. 经济理论与不发达地区［M］. 方福前，译. 北京：首都经济贸易大学出版社，2001.

[5] 舒尔茨（美）. 人力资本投资［M］. 吴珠华，等译. 北京：北京经济学院出版社，1999.

[6] 阿马蒂亚·森（印）. 以自由看待发展［M］. 任颐，等译. 北京：中国人民大学出版社，2013.

[7] 哈瑞尔·罗杰斯. 美国的贫困与反贫困［M］. 刘杰译，北京：中国社会科学出版社，2012.

[8] 玛利亚·康西安、谢尔登·丹齐革. 改变贫困，改变反贫困政策［M］. 刘杰等，译. 北京：中国社会科学出版社，2016.

[9] 陈群："发达国家教育精准扶贫的政策比较与借鉴——以美国、英国、法国和日本为例［J］. 当代教育科学，2019（3）.

[10] 陈恕祥，美国贫困问题研究［M］. 武汉：武汉大学出版社，

2000.

[11] 向荣，英国"过渡时期"的贫困问题 [J]. 历史研究，2004.

[12] 徐道稳. 第三条道路改变了英国？——试评 1997 年以来英国工党政府社会保障改革 [J]. 中国社会保障，2007（9）.

[13] 衣保中、任莉. 论日本的区域经济政策及其特色 [J]. 现代日本经济，2003（5）.

[14] 尹红. 论十七、十八世纪英国政府的济贫问题 [J]. 历史研究，2003（1）.

[15] 袁媛、伍彬. 英国反贫困的地域政策及对中国的规划启示 [J]. 国际城市规划，2012（5）.

[16] 樊慧霞. 借鉴国际反贫困经验创新扶贫攻坚机制 [J]. 中国财政，2016（12）：19 - 20.

[17] 闫坤，孟艳. 反贫困实践的国际比较及启示 [J]. 国外社会科学，2016（4）：87 - 96.

[18] 张继文，赵玉. 区域反贫困的国际经验与启示 [J]. 领导之友，2017（7）：5 - 9.

[19] 任晓伟. 从体制变革性减贫到精准扶贫：改革开放以来中国共产党扶贫思想的与时俱进 [J]. 中共宁波市委党校学报，2018（9）.

[20] 汪三贵：中国 40 年大规模减贫：推动力量与制度基础 [J]，中国人民大学学报，2018（6）.

[21] 燕继荣. 反贫困与国家治理——中国"脱贫攻坚"的创新意义 [J]. 管理世界，2020，36（04）：209 - 220.

[22] 张化楠，接玉梅，葛颜祥. 国家重点生态功能区生态补偿扶贫长效机制研究 [J]. 中国农业资源与区划，2018，39（12）：26 - 33.

[23] 李慧. 我国连片贫困地区生态扶贫的路径选择 [J]. 四川行政学院学报，2013（4）：70 - 75.

相对贫困地区的识别研究

内容提要：聚焦大尺度区域性发展短板问题，以地级市为单元识别相对贫困地区，是巩固脱贫攻坚成果、构建相对贫困阶段减贫扶贫体系的前提和基础。对此，采用基于地市级数据和基于县（市旗）数据两种层面的数据识别相对贫困地区（城市）。前者选取人均 GDP、人均财政收入、城镇和农村居民可支配收入 4 项指标，后者仅选取农村居民人均可支配收入，采用阈值法、权重法等方法识别出相对贫困地区。经综合分析对比，以基于地市级数据的相对贫困地区识别结果为基础，补充基于县（市旗）级数据识别出的相对贫困地区，共识别出相对贫困地区 68 个地级市单元，常住人口、GDP 和国土面积分别占全国的 13.9%、6.5% 和 33.1%。这些地区大多是民族地区、跨省交界地区、生态地区、革命老区和资源型地区，均存在发展动力不足等一些共性问题。

一、贫困地区现状分布

2001 年中央公布国家扶贫开发重点县名单，共有 592 个县级行政单元，至 2014 年，国家级贫困县虽有少许调整，但数量保持不变。总面积约 245.6 万平方公里，约占全国陆地面积的 1/4。2015 年实现 GDP 为 4.84 万亿元，占当年经济总量的 7%。此外，全国确定的 14 个连片特困区 680 个片区县，其中包括 440 个重点县，连片特困区总面积约 390 万平方公里，约占全国陆地面积的 2/5。

根据中科院地理所资源环境科学数据中心栅格化 GDP 数据和人口数据，连片特困区 2015 年 GDP 实现 4.3 万亿元，人口约 2.1 亿，分别占我国 2015 年经济总量和总人口的 6% 和 15.3%。2015 年，贫困县共计达到 832 个，面积 459 万平方公里，GDP 为 7.3 万亿元，人口 2.91 亿人，分别占全国的 47.8%、10.6% 和 21.2%。至 2018 年，全国 832 个贫困县，153 个已宣布摘帽，284 个正在进行摘帽评估，2019 年摘帽任务为 330 个县，到 2020 年初，全国只剩下 600 万左右贫困人口和 60 多个贫困县，2021 年 2 月 25 日，习近平总书记在全国脱贫攻坚总结大会上强调，现行标准下农村贫困人口全部脱贫，贫困县全部摘帽。

二、基于地市级数据的相对贫困地区识别

在国家扶贫开发工作重点县和集中连片特困地区县脱贫摘帽后，研究界定相对贫困地区的范围，加大对相对贫困地区的支持力度，对于促进形成区域协调发展新格局、各地区同步开启社会主义现代化建设新征程具有重要作用。

（一）识别单元

随着我国"五个一批""六个精准"等系列扶贫政策的实施，以及"两不愁三保障"问题的解决，脱贫攻坚已进入决胜时期，2020 年已全面收官，"十四五"时期我国应正式转入促进相对贫困地区发展的新阶段。在这一重大历史节点，立足国内外发展环境变化，深刻把握东西部、南北方、群（城市群）内外城市分化趋势，聚焦大尺度区域性发展短板问题，研究以地级市为单元识别一批相对贫困地区，支持其加快发展，更具有区域针对性。

（二）指标选取

综合考虑应用性和可操作性，遵循科学性、可获得性、简洁性、可接受性、可比性和动态性。选取反映经济发展总体水平的人均 GDP、反映政府财力的人均财政收入和反映居民生活水平的城镇居民可支配收入、农村居民可支配收入共计 4 项指标（见表 1）。

表1　　　　　　　　　　识别指标及全国均值　　　　　　　　　单位：元

指标	全国平均值
人均GDP	59660
人均财政收入	12400
城镇居民人均可支配收入	36396
农村居民人均可支配收入	13432

资料来源：笔者整理。

专栏1

国家重点贫困县的识别标准

1986年确定国家重点贫困县的标准是：以县为单位，1985年年人均收入低于150元的县，对少数民族自治县标准有所放宽。

1994年基本上延续了这个标准，1992年年人均纯收入超过700元的，一律退出国家级贫困县，低于400元的县，全部纳入国家级贫困县。

2002年，国家在全国中西部21个省区市确定了592个县（旗、市）为国家扶贫开发工作重点县。重点县数量的确定采用631指数法测定：贫困人口（占全国比例）占60%权重（其中绝对贫困人口与低收入人口各占80%和20%比例）；农民人均纯收入较低的县数（占全国比例）占30%权重；人均GDP低的县数、人均财政收入低的县数占10%权重。其中：人均低收入以1300元为标准，老区、少数民族边疆地区为1500元；人均GDP以2700元为标准；人均财政收入以120元为标准。

资料来源：笔者整理。

（三）识别方法

方法一：阈值法。以各指标全国平均水平作为参考，选取不同阈值，划分相对贫困地区，这种划分方法简单、阈值明确、动态调整简便。本研究分别以各指标全国平均值、全国平均值的 75%、全国平均值的 80% 作为阈值，并通过适当组合（共 5 种）识别相对贫困地区。

方法二：权重法。即根据专家对指标重要性的判断，给每一个指标分配一个权重，在指标无量纲处理的基础上，进行加权求和从而得到能够反映整体情况的综合分值。本研究将相对贫困地区识别的四项指标分为收入指标和经济指标，并根据专家对指标重要性打分按照表 2 赋予指标权重。

表 2 指标及权重

一级指标	二级指标	权重
收入指标（60%）	农村居民人均可支配收入	30%
	城镇居民人均可支配收入	30%
经济指标（40%）	人均 GDP	20%
	人均财政收入	20%

使用权重法识别必须首先对数据进行标准化处理，通过综合考量本研究选用 Z 分数（Z – Score）法。Z 分数也叫标准分数（standard score），是一个数与平均数的差再除以标准差的过程。在统计学中，标准分数用于反映测量数据距离总体均值的距离，Z 的绝对值反映样本测量值距离总体均值的距离大小，当待测量样本指标值低于总体均值时，Z 为负，否则为正，绝对值越大，偏离距离越远。用 Z – Score 方法进行相对贫困地区识别，既能实现去量纲，又能反映各地市的相关指标距离总体指标的偏差距离情况，在识别相对贫困地区中具有较强的适用性。

$$Z = \frac{x - u}{s}$$

其中，Z 为样本指标值距离总体均值的相对标准距离，x 为测量样本，u 为总体均值，S 为总体标准差。

在使用 Z – Score 法进行无量纲化处理后，按照前述二级指标权重进行加权求和，得到综合各类指标的综合评价值，该值为负值时即可认为相对贫困，越小表示越贫困。根据方法二得到相对贫困地区共两种。

方法三：GIS 单指标分位数分类综合法。即对单项指标进行四分位分类，处于后 1/4 的为单项评价所得相对贫困地区，四项指标单项评价结果叠

建立解决相对贫困的长效机制研究

加（交集、并集）所得综合结果即为识别出的相对贫困地区。简言之，是对单项指标数值从大到小排序，筛选每项指标中数值处于全国后 25% 的地市（85 个），然后在 GIS 中做交集叠加或并集叠加分析，结果共两种。

（四）比选结果

1. 方法一（阈值法）不同组合识别结果

（1）第一种组合：四项指标均低于全国平均水平。共识别出相对贫困地区 157 个地级市单元，面积 513.62 万平方公里，占国土面积的 53.5%，常住人口共计 5.44 亿人，GDP 共计 18.5 万亿元，分别占全国的 39.14% 和 22.54%。

通过与原有 832 个贫困县范围的叠加分析显示，绝大部分相对贫困地市处于原有贫困县范围内，东北地区部分地市、广西壮族自治区部分地市不在原有贫困范围内。

（2）第二种组合：收入指标低于全国平均且经济指标在全国平均水平的 75% 以下。共识别出相对贫困地区 132 个地级市单元，面积 466.58 万平方公里，占国土面积的 48.6%，常住人口共计 4.59 亿人，GDP 共计 14 万亿元，分别占全国的 33.02% 和 17.06%。

通过与原有 832 个贫困县范围的叠加分析显示，绝大部分相对贫困地市处于原有贫困县范围内，东北地区个别地市、广西壮族自治区部分地市不在原有贫困范围内（与方案一第一种组合相比，东北地区、华北地区相对贫困地市更少）。

（3）第三种组合：收入指标在全国平均水平的 75% 以下且经济指标低于全国平均。共识别出相对贫困地区 31 个地级市单元，面积 177.22 万平方公里，占国土面积的 18.46%，常住人口共计 6732 万人，GDP 共计 1.65 万亿元，分别占全国的 4.84% 和 2%。

通过与原有 832 个贫困县范围的叠加分析显示，相对贫困地市范围远小于原有贫困县范围，分布上呈大分散小集中的特点（与方案一前两种组合相比范围过小）。

（4）第四种组合：各项指标均在全国平均的 75% 以下。该种评价结果与第三种组合结果完全一致（侧面印证了收入指标差距小、经济指标差异大的指标分布情况)。

(5) 第五种组合:各项指标均在全国平均的 80% 以下。鉴于前四种组合识别出的相对贫困地区范围过小的情况,在参考欧盟界定相对落后地区(人均 GDP 低于欧盟平均水平 75% 的地区)标准的基础上,以各项指标均低于全国平均水平的 80% 为阈值,界定相对贫困地区。共识别出相对贫困地区 55 个地级市单元,面积 233.49 万平方公里,占国土面积的 24.32%,常住人口 1.52 亿人,GDP 共计 4.14 万亿元,分别占全国的 10.9% 和4.6%。

通过与原有 832 个贫困县范围的叠加分析显示,相对贫困地市基本上全部位于原有贫困县范围内,主要分布在甘肃、西藏、青海、山西、陕西、云南、贵州、新疆、宁夏、湖南、河北、河南、内蒙古 12 个省份,从地理分布看,均分布于高原地区(青藏高原、黄土高原、云贵高原、内蒙古高原)。

2. 方法二(权重法)识别结果

(1) 加权值小于 0(即低于全国四项指标加权均值)。共识别出相对贫困地区 218 个,面积 632.14 万平方公里,占国土面积的 65.85%,常住人口共计 7.47 亿人,GDP 共计 2.675 万亿元,分别占全国的 56.45% 和 32.6%。

此识别结果地市数量偏多,通过与原有 832 个贫困县范围的叠加分析显示,相对贫困地市大部分位于原有贫困区范围内,同时有不少相对贫困地市不在原范围内,尤其表现在东北地区、中部地区和广西、广东等地。

(2) 加权值小于 -0.8(离群式滞后区)。对加权计算得到的 300 多个地级市的 Z 分数进行探索性分析发现(见图 1),Z 值在 -0.8 以上的地区分布密集,差异较小,而 Z 值在 -0.8 以下的地市明显呈离群式分布,结合 Z 值含义,这些地区发展明显滞后。

筛选出 Z 值小于 -0.8 的地级市,共得到相对贫困地区 26 个,面积共计 179.28 平方公里,约占全国国土面积的 18.68%,2017 年常住人口6255.67 万人,GDP 总计 1.37 万亿元,分别占全国的 4.5% 和 1.67%。

通过与原有 832 个贫困县范围的叠加分析显示,相对贫困地市基本上全部位于原有贫困区范围内,且仅甘肃、青海、西藏、新疆四省区有范围相对不大的连片分布,其他为数不多的几个相对贫困地市分布较为离散。

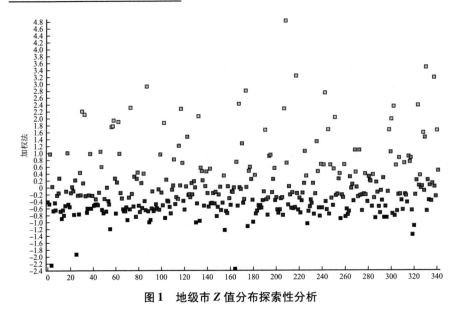

图1　地级市 Z 值分布探索性分析

3. 方法三（GIS 单指标分位数分类综合法）识别结果

在 GIS 中对人均 GDP、人均财政收入、城镇居民人均可支配收入、农村居民人均可支配收入四项指标分别按分位数法分 4 类，并将处于全国后 25% 的地市筛选出来。

（1）单指标分类后 25% 地市求并集。即最大范围法，共识别相对贫困地区 147 个地级市单元，面积 470 万平方公里，占国土面积的 48.96%，常住人口共计 4.91 亿人，GDP 共计 15.43 万亿元，分别占全国的 35.32% 和 18.8%。

通过与原有 832 个贫困县范围的叠加分析显示，相对贫困地市大部分位于原有贫困区范围内，呈连片分布，东北地区、广西、广东、四川等地有部分相对贫困地市不在原贫困区范围内。

（2）单指标分类后 25% 地市求交集。即最小范围法，共识别相对贫困地区 22 个地级市单元，面积 130 万平方公里，占国土面积的 13.5%，常住人口共计 6229 万人，GDP 共计 15.43 万亿元，分别占全国的 4.48% 和 1.65%。

通过与原有 832 个贫困县范围的叠加分析显示，相对贫困地市几乎全部位于原有贫困区范围内，呈两个连片区和其他零散分布特点，连片区均位于胡焕庸线以西。

4. 识别结果选取

综合三种方法 9 种组合识别结果（见表 3），认为方案一识别过程简单，第五种组合识别结果相对更为准确，相对贫困地区数量更加合理；方案二第二种组合识别过程复杂，识别结果更加聚焦，但所识别出的相对贫困地区大都包含在方案一第五种识别结果中，故建议采用方法一第五种组合的识别方案，相对贫困地区名单见表 4。

表 3　　　　　　　　　　　不同方法识别结果统计

		城市数量	面积占比（%）	常住人口（亿人）	GDP 占比（%）	人均 GDP（元）	人均财政收入（元）
方法一	（1）四项指标均低于全国平均水平	157	53.5	5.4	22.5	33481	2450
	（2）收入指标低于全国平均水平且经济指标在全国平均水平的 75% 以下	132	48.6	4.6	33.0	29901	2219
	（3）收入指标在全国平均水平的 75% 以下且经济指标低于全国平均水平	31	18.5	0.7	4.8	24501	1969
	（4）四项指标均在全国平均水平的 75% 以下	31	18.5	0.7	4.8	24501	1969
	（5）四项指标均在全国平均水平的 80% 以下	55	24.3	1.5	4.6	27141	1876
方法二	（6）加权值小于 0	218	65.9	7.5	32.6	35729	2487
	（7）加权值小于 -0.8	26	18.7	0.6	1.7	23477	1547
方法三	（8）最大范围法	147	49.0	4.9	18.8	31497	2300
	（9）最小范围法	22	13.5	0.6	1.4	20776	1394

表4　　　　　　　　55个相对贫困地区城市名单

省份	相对贫困地市名称	数量	省份	相对贫困地市名称	数量
甘肃省	白银市	9	青海省	海东市	3
	定西市			海南藏族自治州	
	甘南藏族自治州			黄南藏族自治州	
	临夏回族自治州		陕西省	安康市	3
	陇南市			汉中市	
	平凉市			商洛市	
	庆阳市		西藏自治区	阿里地区	3
	天水市			昌都市	
	武威市			那曲市	
云南省	德宏傣族景颇族自治州	7	新疆维吾尔自治区	和田地区	3
	红河哈尼族彝族自治州			喀什地区	
	临沧市			克孜勒苏柯尔克孜自治州	
	怒江傈僳族自治州		广西壮族自治区	河池市	2
	普洱市			贺州市	
	文山壮族苗族自治州		河北省	承德市	2
	昭通市			张家口市	
贵州省	安顺市	5	河南省	商丘市	2
	毕节市			周口市	
	黔南布依族苗族自治州		湖北省	恩施土家族苗族自治州	2
	黔西南布依族苗族自治州			神农架林区	
	铜仁市		内蒙古自治区	乌兰察布市	2
山西省	大同市	5		兴安盟	
	临汾市		宁夏回族自治区	固原市	2
	吕梁市			中卫市	
	忻州市		吉林省	白城市	1
	运城市				
湖南省	怀化市	4			
	娄底市				
	湘西土家族苗族自治州				
	张家界市				

三、基于县（市旗）级数据的相对贫困地区识别

（一）识别单元

与上一节一致，本节仍以地级市作为相对贫困地区的识别单元。不过，所用数据下沉到县（市旗），即以辖区所有县（市旗）数据作为判别地级市是否为相对贫困地区的标准。这样处理有四大优势。一是进一步聚焦和落地，更好地反映地级市实际情况；二是能更好地体现县（市旗）之间的差异，而且，一般来说，一个城市内部县（市旗）发展水平弱于市辖区，使用县（市旗）数据能更好地体现地级市发展的短板，一定程度上弱化县（市旗）"被向上平均"带来的数据失真，而识别相对贫困地区恰好是识别出发展水平相对较低的地区；三是增大样本量，弱化极端值的影响，例如避免一个城市内少数区（县市旗）收入水平畸高而大幅拉升城市整体收入水平，导致即算余下的大部分县（市旗）收入水平低，但该城市仍无法被识别为相对贫困地区；四是强化城市内部各区（县市旗）协调发展的激励，因为一个城市若要摘掉相对贫困地区的帽子，则内部发展差距不能过大。

（二）指标选取

以县（市旗）"农村居民人均可支配收入"作为唯一指标。主要有三点考虑：一是我国居民整体收入水平不高、收入差距较大，收入低是贫困的集中体现和本质，2020年之后只是刚解决完现行标准下的绝对贫困，步入的仍是相对贫困的初期阶段，提高居民收入依然是减贫的重中之重，尤其在城乡二元体制下，农村居民的收入更是短板中的短板；二是以美国为代表的诸多发达国家也是以居民收入水平作为识别相对贫困的唯一标准；三是数据可得性。

（三）识别方法

采用上一节中提到的阈值法（双阈值法），即以该地级区划内县（市旗）农村居（牧）民人均可支配收入低于全国平均水平某一比例的数量占全部县（市旗）数量的比例，作为评判该地级区划是否为相对贫困地区的标准。两个比例中，前一个比例更多反映的是整体收入水平，该比例越高，

则会有更多的县（市旗）被纳入考虑范围，即体现总体样本的"宽基数"原则；后一个比例更多反映的是地级区划内县（市旗）的发展差距和收入水平，该比例越高，说明辖区内符合前述比例要求的县（市旗）越多，反映了辖区内更多县（市旗）的情况，即体现辖区内部的"宽基数"原则。

具体来说，分为四种情况：（1）农村居民人均可支配收入低于全国平均水平的县（市旗）数量占全部县（市旗）数量的比例超过90%；（2）农村居民人均可支配收入低于全国平均水平的75%的县（市旗）数量占全部县（市旗）数量的比例超过70%；（3）农村居民人均可支配收入低于全国平均水平的60%的县（市旗）数量占全部县（市旗）数量的比例超过25%；（4）农村居民人均可支配收入低于全国平均水平的60%的县（市旗）数量占全部县（市旗）数量的比例超过50%。

（四）数据说明

一是时间和样本选取上，时间节点为2017年。除了通常所指的333个地级市单元外（不考虑海南三沙市），鉴于重庆属于西部地区且部分区县居民收入水平不高，所以还囊括了重庆38个区县，共371个地级区划、1852个县（市旗）。

二是部分辖区内只有市辖区或镇（街道），没有县（市旗）的地级市采用该城市整体层面的农村居民人均可支配收入，包括乌海、南京、厦门、莱芜、武汉、鄂州、广州、深圳、珠海、佛山、东莞、中山、海口、三亚、儋州、嘉峪关、克拉玛依17个城市。

三是部分城镇化率为100%或接近100%的地区使用城镇居民人均可支配收入，如内蒙古自治区呼伦贝尔市下辖的根河市、牙克石市城镇化率接近100%且农村居民人均可支配收入数据缺失，故采用城镇居民收入替代。

（五）比选结果

1. 农村居民人均可支配收入低于全国平均水平的县（市旗）数量占全部县（市旗）数量的比例超过90%

共识别出相对贫困地区129个地级市单元，面积422.59万平方公里，占国土面积的44.0%，常住人口共计3.59亿人，GDP共计12.89万亿元，分别占全国的25.8%和15.6%。结果如表5所示。

表5　　　　　　　　　　**129个相对贫困地区城市名单**

省份	城市	省份	城市	省份	城市
安徽	六安	河南	周口	陕西	咸阳
	淮南		濮阳		延安
	阜阳		驻马店		西安
	亳州		信阳		榆林
	宿州		开封	四川	甘孜
	淮北	黑龙江	大庆		广元
	铜陵		七台河		阿坝
甘肃	定西	湖北	恩施		巴中
	临夏州		十堰		雅安
	陇南	湖南	湘西	西藏	日喀则
	天水		张家界		昌都
	庆阳		怀化		阿里
	甘南州	吉林	白城		那曲
	平凉		白山		山南
	武威		松原	新疆	克孜勒苏柯尔克孜自治州
	白银		辽源		和田地区
	兰州	江西	赣州		喀什地区
	金昌	辽宁	朝阳		吐鲁番
广东	汕头		葫芦岛	云南	迪庆
	潮州	内蒙古	赤峰		怒江
广西	河池		乌兰察布		丽江
	贺州	宁夏	中卫		德宏
	南宁		固原		保山
	崇左		吴忠		临沧
	梧州		石嘴山		普洱
	来宾	青海	玉树		文山
	钦州		果洛		昭通
	柳州		黄南		楚雄
	北海		海东	重庆	城口县
	贵港		西宁		奉节县
	百色		海南		彭水县
贵州	安顺	山东	菏泽		巫山县
	黔西南布依族苗族自治州		临沂		巫溪县
	毕节		聊城		秀山县
	铜仁	山西	忻州		酉阳县
	六盘水		大同		丰都县
	黔南布依族苗族自治州		运城		黔江区
	遵义		阳泉		石柱县
	黔东南苗族侗族自治州		吕梁		武隆区
海南	儋州	陕西	安康		云阳县
河北	承德		汉中		开州区
	张家口		商洛		万州区
河南	商丘		铜川		忠县

2. 农村居民人均可支配收入低于全国平均水平的 75% 的县（市旗）数量占全部县（市旗）数量的比例超过 70%

共识别出相对贫困地区 59 个地级市单元，面积 262.60 万平方公里，占国土面积的 27.4%，常住人口共计 1.51 亿人，GDP 共计 4.27 万亿元，分别占全国的 10.8% 和 5.2%。结果如表 6 所示。

表6   59 个相对贫困地区城市名单

省份	城市	省份	城市	省份	城市
甘肃	定西	湖北	十堰	西藏	昌都
	临夏州		恩施		日喀则
	陇南	湖南	张家界		那曲地区
	天水		邵阳	新疆	克孜勒苏柯尔克孜自治州
	庆阳		怀化		和田地区
	甘南州		湘西		喀什地区
	平凉	江西	赣州	云南	迪庆
	白银	内蒙古	兴安盟		怒江
	兰州	宁夏	固原		昭通
广西	河池	青海	玉树		普洱
贵州	安顺		黄南		文山
	毕节		海东		大理
	六盘水		果洛		保山
	黔西南布依族苗族自治州	山西	大同		临沧
	黔东南苗族侗族自治州		忻州		楚雄
	铜仁		吕梁	重庆	城口县
	黔南布依族苗族自治州	陕西	商洛		巫山县
河北	张家口		铜川		巫溪县
黑龙江	佳木斯		安康		酉阳县
吉林	白城		汉中		

3. 农村居民人均可支配收入低于全国平均水平的 60% 的县（市旗）数量占全部县（市旗）数量的比例超过 25%

共识别出相对贫困地区 40 个地级市单元，面积 178.57 万平方公里，占国土面积的 18.6%，常住人口共计 1.18 亿人，GDP 共计 3.43 万亿元，分别占全国的 8.5% 和 4.1%。结果如表 7 所示。

表7　　　　　　　　　　40 个相对贫困地区城市名单

省份	城市	省份	城市	省份	城市
云南	迪庆	青海	玉树	河北	衡水
	怒江		果洛		保定
	红河	宁夏	中卫	广西	河池
新疆	克孜勒苏柯尔克孜自治州	内蒙古	呼和浩特	甘肃	定西
	和田地区	湖南	湘西		临夏州
	喀什地区		张家界		陇南
西藏	日喀则		怀化		天水
四川	凉山	黑龙江	佳木斯		庆阳
山西	忻州		鹤岗		甘南州
	大同		齐齐哈尔		平凉
	吕梁	贵州	毕节		武威
	长治		黔东南苗族侗族自治州		白银
	临汾		安顺		
	晋中		黔西南布依族苗族自治州		

4. 农村居民人均可支配收入低于全国平均水平的 60% 的县（市旗）数量占全部县（市旗）数量的比例超过 50%

共识别出相对贫困地区 26 个地级市单元，面积 125.99 万平方公里，占国土面积的 13.1%，常住人口共计 0.55 亿人，GDP 共计 1.34 万亿元，分别占全国的 4.0% 和 1.6%。结果如表 8 所示。

表8 　　　　　　　　　　**26个相对贫困地区城市名单**

省份	城市	省份	城市	省份	城市
甘肃	定西	贵州	安顺	山西	忻州
	临夏州		黔西南布依族苗族自治州		大同
	陇南	黑龙江	佳木斯		吕梁
	天水		鹤岗	新疆	克孜勒苏柯尔克孜自治州
	庆阳	湖南	湘西		和田地区
	甘南州		张家界		喀什地区
	平凉	宁夏	中卫	云南	迪庆
	武威	青海	玉树		怒江
广西	河池		果洛		

以上四种结果中，本报告倾向于采纳第（2）种识别方法，即农村居民人均可支配收入低于全国平均水平的75%的县（市旗）数量占全部县（市旗）数量的比例超过70%。理由如下：一是低于全国平均收入水平75%的比例能够较好体现相对贫困的内涵要求，且全国层面覆盖的县（市旗）数量较多，较好体现了总体样本的"宽基数"原则；二是占比过半（70%）的比例代表了地级市单元内大多数县（市旗）的收入水平，体现了辖区内部的"宽基数"原则；三是覆盖的范围和人群规模适中，基本能覆盖原有贫困县范围，且占全国5.2%的人口规模，在国家整体层面可承受的帮扶范围之内。

四、相对贫困地区识别结果及地区特征

上述基于地市级数据和基于县（市旗）数据的两种相对贫困地区识别方法各有优劣势，本报告以基于地市级数据的相对贫困地区识别结果为基础，并将基于县（市旗）数据识别出的相对贫困地区但未在基于地市级数据识别为相对贫困地区的城市补充进来。[①] 理由主要有：一是基于地市级数

---

① 不包括省会城市兰州和直辖市重庆的县。

据的相对贫困地区识别考虑了居民收入、人均 GDP 和财力等指标，更为全面，且包括城镇居民人均可支配收入，考虑了相对贫困阶段的城市贫困问题，所以以此结果作为基础。二是基于县（市旗）级数据的相对贫困地区识别方法具有前面描述的四大优势，且相对贫困阶段的初期应体现应帮尽帮原则，所以可将两种识别结果进行综合汇总，这样也有助于巩固脱贫攻坚成果。三是如表 9 所示，共识别出相对贫困地区 68 个地级市单元，面积317.90 万平方公里，占国土面积的 33.1%，常住人口共计 1.92 亿人，GDP共计 5.41 万亿元，分别占全国的 13.9% 和 6.5%，基本还在国家整体层面可承受的帮扶范围之内。

表9　基于地市级和县（市旗）级数据识别的68个相对贫困地区名单

省份	相对贫困地市名称	数量	省份	相对贫困地市名称	数量
甘肃省	白银市	9	贵州省	安顺市	7
	定西市			毕节市	
	甘南藏族自治州			六盘水市	
	临夏回族自治州			黔南布依族苗族自治州	
	陇南市			黔西南布依族苗族自治州	
	平凉市			黔东南苗族侗族自治州	
	庆阳市			铜仁市	
	天水市		山西省	大同市	5
	武威市			临汾市	
云南省	德宏傣族景颇族自治州	11		吕梁市	
	红河哈尼族彝族自治州			忻州市	
	临沧市			运城市	
	怒江傈僳族自治州		吉林省	白城市	1
	普洱市		黑龙江省	佳木斯市	1
	文山壮族苗族自治州		青海省	海东市	4
	昭通市			海南藏族自治州	
	迪庆藏族自治州			黄南藏族自治州	
	大理市			玉树藏族自治州	
	保山市		陕西省	安康市	4
	楚雄彝族自治州			汉中市	

省份	相对贫困地市名称	数量	省份	相对贫困地市名称	数量
陕西省	商洛市	4	湖北省	恩施土家族苗族自治州	3
	铜川市			神农架林区	
西藏自治区	阿里地区	4		十堰市	
	昌都市		内蒙古自治区	乌兰察布市	2
	那曲市			兴安盟	
	日喀则市		宁夏回族自治区	固原市	2
新疆维吾尔自治区	和田地区	3		中卫市	
	喀什地区		湖南省	怀化市	5
	克孜勒苏柯尔克孜自治州			娄底市	
广西壮族自治区	河池市	2		湘西土家族苗族自治州	
	贺州市			张家界市	
河北省	承德市	2		邵阳市	
	张家口市		江西省	赣州市	1
河南省	商丘市	2			
	周口市				

通过对比分析发现，上述识别出的相对贫困地区，大多同时也是民族地区、跨省交界地区、生态地区、革命老区、资源型地区；相对贫困地区均存在发展动力不足等一些共性问题，如人口流出较多、生态环境约束较强、远离中心城市、交通通达条件较差、运输成本较高、远离消费市场、产业层次比较低等。

主要参考文献

［1］沈丹，周亮，王培安．基于夜间灯光数据的六盘山连片特困区贫困度识别［J］．国土资源遥感，2019，31（2）：157－163．

［2］张浩．提升农村地区精准扶贫效率的多维贫困识别方法［J］．农村经济与科技，2020，31（6）：199－200．

［3］文琦，郑殿元．西北贫困地区乡村类型识别与振兴途径研究［J］．

地理研究，2019，38（3）：509－521.

　[4] 王耀斌，杨玲，刘秋霞，陆路正，陈海龙.基于多维贫困测度的民族地区乡村旅游扶贫对象识别研究——以甘南藏族自治州扎尕那村为例[J].资源开发与市场，2018，34（11）：1582－1586.

　[5] 汪磊，伍国勇.精准扶贫视域下我国农村地区贫困人口识别机制研究[J].农村经济，2016（7）：112－117.

　[6] 张学鹏，王妍.区域贫困程度测度研究：甘肃案例[J].中国西部，2020（1）：56－65.

　[7] 王艳慧，钱乐毅，段福洲.县级多维贫困度量及其空间分布格局研究——以连片特困区扶贫重点县为例[J].地理科学，2013，33（12）：1489－1497.

专题研究报告三

相对贫困人口的长效增收机制研究

　　内容提要：2020 年以后，我国贫困治理已从消灭绝对贫困迈向解决相对贫困阶段。收入水平偏低是相对贫困最典型、最显性的表现形式，亟待建立相对贫困人口的长效增收机制。结合 2018 年中国家庭追踪调查数据，课题组发现当前相对贫困群体与非相对贫困群体在收入水平上存在巨大差距，而在收入结构上已大体一致。未来，需要实施相对贫困群体收入倍增计划，以产业和就业为主攻方向，增强内生发展动力，提高工资性收入；以财税和信贷支持为关键抓手，改善外部发展环境，提高经营性收入；以资产和产权制度改革为重点领域，激发要素活力，提高财产性收入；以纵向和横向转移支付为重要补充，注重区域公平，提高转移性收入。在发挥政府作用的同时更好地发挥市场机制的作用，用更加市场化的手段谋划建立相对贫困人口的长效增收机制。

　　消除贫困、改善民生、逐步实现共同富裕，是社会主义的本质要求。党的十八大以来，党中央把脱贫攻坚摆到治国理政的突出位置，全方位推进精准扶贫，贫困治理取得决定性成就。根据国家统计局全国农村贫困监测调查，2019 年底，全国农村贫困人口减少至 551 万人，贫困发生率下降至 0.6%。党的十九届四中全会提出，要"坚决打赢脱贫攻坚战，巩固脱贫攻坚成果，建立解决相对贫困的长效机制"，这意味着从 2020 年开始，我国贫困治理从消灭绝对贫困迈向解决相对贫困阶段。相对贫困是通过人与人之间的比较得出的一种相对状态，表现在收入、消费、教育、健康、社会关系等多个方面，其中收入水平偏低是相对贫困最典型、最显性的表现形式，建立相对贫困人口的长效增收机制亦是建立解决相对贫困长效机制中最关键、最根本的组成部分。

课题组尝试基于大样本微观调查数据，从相对贫困人口的基本特征着手，聚焦分析相对贫困人口的收入增长状况和结构变化特征，明确其与非贫困群体的收入差异，进而掌握增收的潜力和制约因素。在此基础上，从工资性收入、经营性收入、财产性收入和转移性收入四个维度，探讨建立长效增收机制的思路，明确面临的主要问题和重点任务，针对性地提出相关政策建议。

一、相对贫困人口的基本特征

相对贫困有收入贫困、支出贫困、多维贫困和空间贫困等多种表现形式，其中收入水平是其中最典型、最显性的衡量标准。2020 年现行标准下农村贫困人口全部实现脱贫后，尽管相对贫困是人与人之间比较得出的状态，但仍然以收入作为重要的衡量标准。课题组利用微观数据，对城乡居民家庭收入情况进行分析，根据已有研究成果和我国实际确定相对贫困收入线，识别出相对贫困群体展开研究，掌握群体基本特征。

（一）数据来源及处理

1. 数据来源及处理

本课题使用的数据来自北京大学中国家庭追踪调查（China Family Panel Studies，CFPS）项目数据库，该项目主要是追踪收集个体、家庭、社区三个层次的数据，覆盖全国 25 个省（自治区、直辖市），全部样本量包括 14960 户家庭、42590 位个人。项目以 2010 年调查为基线调查，对调查界定出的所有家庭成员为永久追踪对象，每两年访问一次，目前已经进行了五次调查。课题组通过申请获得了 2010 年和 2018 年调查数据，重点使用了家庭层面的数据库。对原始数据进行了如下处理：

（1）调整合并分类收入指标。数据中总收入包括工资性收入、经营性收入、财产性收入、转移性收入和其他收入 5 个大类①，为与国家统计局的常用统计标准保持一致，课题组把转移性收入和其他收入加总得到新的转移性收入，把收入构成调整为 4 大类。

（2）剔除异常样本。一是剔除人均家庭纯收入高于家庭纯收入的样本；二是剔除 4 大类收入之和不等于总收入的样本。

经过处理后的样本基本特征见表 1。

表 1   **数据样本基本特征**

调查年份	2010 年样本	2018 年样本
样本量（户）	14658	8515
农村样本量（户）	7628	3429
城镇样本量（户）	7030	5086
涉及人数	56178	29856
家庭人均纯收入中位数（元）	5954	20874
家庭人均纯收入均值（元）	10141	35578

资料来源：北京大学中国家庭追踪调查数据库。

2. 相对贫困线的选择

相对贫困标准的制定是做好相对贫困人口和贫困地区识别进而建立相对贫困人口长效增收机制的前提（王小林和冯贺霞，2020）。从收入的角度来测度相对贫困，一般是以社会平均收入的比较作为测量工具界定出来的（左停和苏武峥，2020）。邢成举和李小云（2019）、叶兴庆和殷浩栋（2019）提出以收入中位数的 40% 作为相对贫困线；吕方（2020）提出将收入最低的 20% 农户纳入相对贫困范畴；孙久文和夏添（2019）提出采取两区域、两阶段方法，即非沿海地区实施绝对贫困线相对化、沿海地区实施基于居民可支配收入的相对贫困线，在 2035 年中国进入城镇化后期，相对贫

---

① 工资性收入包括工资、奖金、补贴和外出打工收入；经营性收入包括农业生产和非农经营两大类；财产性收入包括土地和其他生产资料出租收入、其他租金、出卖财物收入以及金融资产收益；转移性收入包括政府补贴、离退休金、低保等政府补助；其他收入包括亲友馈赠和受访家庭汇报的其他收入。

困标准整体进入以全民可支配收入为识别基础的阶段。就国际上看，世界银行将收入低于社会平均收入 1/3 的社会成员视为相对贫困人口，欧盟将收入水平位于中位收入 60% 之下的人口归入相对贫困人口（高强和孔祥智，2020），美国以及很多发达国家以收入低于中位数 50% 为相对贫困，还有一些国家将低于平均收入 40% 的人口归为相对贫困人口（李小云，2020；左停等，2019）。

相对贫困人口的认定，不是简单地划定一个收入水平，而是要在划定之后有针对性地出台一定的帮扶措施，需要有一定的财政资金作为支撑，这也就意味着国家在划定相对贫困标准时需要综合考虑实际经济发展水平和政府财政承受能力，这在学界已经达成共识。结合已有文献和社会经济承受能力，课题组把相对贫困线设定为家庭人均纯收入中位数的 30%。根据 CFPS 调查数据，2010 年样本中位数收入的 30% 为 1786 元，2018 年样本中位数收入的 30% 为 6262 元。

（二）相对贫困人口基本特征分析

根据 CFPS 调查数据可知，2018 年样本中，一共有 8515 个样本户，一共有 29853 人，而相对贫困收入标准为家庭人均纯收入低于 6262 元的家庭，共 1047 个样本家庭，涉及 4341 人，即相对贫困发生率为 14.5%。从城乡分布来看，随着城镇化的推进，大量农村人口涌向城市，处于城乡夹层的农民工和城市低收入者被纳入城市贫困范围，相对贫困将由农村贫困和城市贫困两部分构成，但农村家庭相对贫困占绝大部分，相对贫困人口规模为 3068 人，占比 70.67%，城市相对贫困人口规模为 1273 人，占比 29.33%。从相对贫困发生率来看，全国样本的贫困发生率为 14.5%，城镇地区相对贫困发生率为 7.7%，农村地区相对贫困发生率为 22.9%，分别比全国和城镇地区高 7.4 个和 15.2 个百分点（见图 1）。

基于样本调查得出的相对贫困发生率，可以结合全国城乡人口数据对全国相对贫困人口规模做出推算。2018 年全国人口 139538 万人，其中农村人口 57661 万人，城镇人口 81347 万人，按照城乡对应的相对贫困发生率推算，则全国相对贫困人口总规模 19344.0 万人（贫困发生率 13.86%），其中农村相对贫困人口 12912.3 万人（占比 66.8%），城镇相对贫困人口 6431.7 万人（占比 33.2%）（见表 2）。全国相对贫困人口分别比绝对贫困人口和低保人口高 17684.0 万人和 14818.0 万人，其中，农村相对贫困人口规模比农村绝对贫困人口高 11252.3 万人，比农村低保人口高 9393.2 万人，城镇相对贫困人口规模比城镇低保人口高 5424.7 万人。

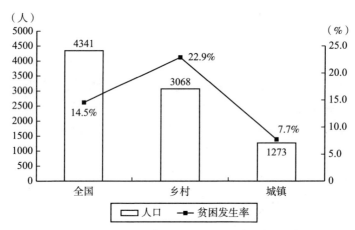

图 1　2018 年样本中城乡相对贫困人口规模及贫困发生率

资料来源：北京大学中国家庭追踪调查数据库。

表 2　　　　　2018 年全国相对贫困、绝对贫困以及低保人口规模比较　　单位：万人

地区	相对贫困人口	绝对贫困人口	低保人口
全国	19344.0	1660	4526
农村	12912.3	1660	3519
城镇	6431.7	0	1007

资料来源：相对贫困人口数据由课题组测算，绝对贫困人口数据来源于国家统计局，低保人口数据来源于人力资源和社会保障部。

二、相对贫困人口的收入结构分析

关注相对贫困人口的收入水平和结构及变化情况，通过对比分析明确其与非贫困人口的收入差异，掌握收入增长的一般特征和规律，进而明确相对贫困人口收入增长的潜力及重点领域，发现增收存在的实际困难，这是本部分想要解决的核心问题。

（一）收入水平和结构变化情况

本部分主要从工资性收入、经营性收入、财产性收入、转移性收入四个维度展开分析，关注收入水平、收入结构及其变化特征。

1. 相对贫困人口的收入水平

从当前收入水平来看，2018 年全国相对贫困人口平均家庭人均纯收入为 3775 元，其中农村地区相对贫困人口收入为 3773 元，城镇地区相对贫困人口收入为 3783 元，城镇地区比农村地区人均高 10 元（见图 2），这意味着城乡相对贫困群体的收入水平基本一致。从收入增长情况来看，2010 ~ 2018 年，全国相对贫困群体平均收入从 964 元增加到 3775 元，增长了 2.92 倍，而农村和城镇相对贫困群体的平均收入分别增长 2.89 倍和 3.00 倍，城镇相对贫困群体收入增速稍快于农村。将相对贫困群体收入变动情况与全国居民相比，可以发现相对贫困群体的增收较快，增速比全国居民高 68.7 个百分点，农村和城镇分别高 91.5 个和 107.6 个百分点，这表明在 2010 ~ 2018 年间，针对贫困群体和低收入群体的帮扶措施取得了积极成效，推动了相对贫困群体的收入水平快速上涨。但需要注意的是，尽管相对贫困群体的收入有了大幅改善，其总体收入水平仍然只有全国居民平均收入的 13.4%，增收压力依然很大。

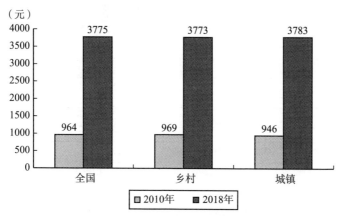

图 2　城乡相对贫困人口收入水平及变动情况

资料来源：北京大学中国家庭追踪调查数据库。

2. 相对贫困人口的收入结构

如图 3 所示，从当前收入结构来看，在四大类收入构成中，2018 年相对贫困群体的收入主要来自工资性收入（占比 68%），其次是转移性收入（占比 17.63%）、经营性收入（占比 12.75%）和财产性收入（占比 1.62%），这意味着相对贫困群体除了依靠就业获取劳动报酬以外，来自政府和社会的转移性收入也是重要的收入来源，而来自农业和非农经营收入的作用有限，获得的财产性收入也普遍偏少，不足 100 元。城乡相对贫困群体的收入结构基本

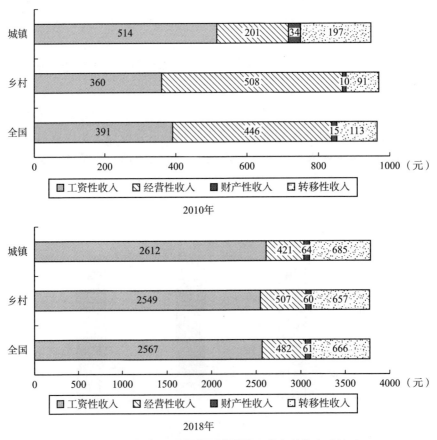

图 3 2010 年和 2018 年相对贫困人口收入结构变动情况

资料来源：北京大学中国家庭追踪调查数据库。

相似，但农村相对贫困群体的转移性收入和财产性收入均低于城镇，这主要是因为城镇居民能够获得更多的养老、社保补助资金，也更容易从动产、不动产中获得收益。从收入结构的变动情况来看，2010~2018年，相对贫困群体的工资性收入增长最为显著，增长了5.6倍，其次是转移性收入和财产性收入，分别增长了4.9倍和3.1倍，而经营性收入增速最慢，仅增长了0.1倍。不同类别收入增速的差异，使得相对贫困群体由主要依靠经营性收入和工资性收入转变为依靠工资性收入和转移性收入。

（二）相对贫困和非贫困人口的收入差异

相对贫困是与非相对贫困比较得出的概念，有必要将相对贫困群体的收入水平、收入结构和变动情况与非相对贫困群体进行比较，明确差异的主要表现。

1. 水平差异

从总体收入水平来看，2018年相对贫困群体和非相对贫困群体收入差距悬殊。全国相对贫困群体家庭人均纯收入的均值为3775元，而非贫困群体家庭人均纯收入的均值为32443元，前者仅为后者的11.64%（见图4）。

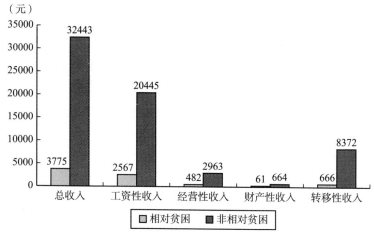

图4　相对贫困和非相对贫困群体收入水平比较

资料来源：北京大学中国家庭追踪调查数据库。

分城乡来看，城镇相对贫困群体和非相对贫困群体的收入差距要大于农村，前者占比为9.34%，后者占比为18.29%，城镇居民收入分化现象更需引起关注。从不同类别的收入来说，全国相对贫困群体和非相对贫困群体的收入绝对差距主要来自工资性收入和财产性收入，分别相差17878元和7706元，占绝对收入差距的62.4%和26.9%；而相对收入差距主要来自转移性收入和财产性收入，分别仅为非相对贫困群体的7.95%和9.20%。

2. 结构差异

与非相对贫困群体的收入构成相比，相对贫困群体的收入构成中，工资性收入和经营性收入占比分别高出4.98个和3.62个百分点，而转移性收入和财产性收入占比则分别低8.17个和0.43个百分点（见图5）。这意味着相对贫困群体更依赖于就业以及从事农业和非农经营，即按劳分配原则对其收入水平影响程度更深。分城乡来看，农村相对贫困群体的工资性收入占比低于非相对贫困群体，而经营性收入的占比高于非相对贫困群体，这意味着工资性收入是农村相对贫困群体增收的关键，经营性收入特别是农业经营收入对农村居民摆脱相对贫困的作用有限。城镇相对贫困群体的转移性收入占比显著低于非相对贫困群体，这意味着养老金、社会保障资金等对相对贫困群体的覆盖程度和支付水平有限。

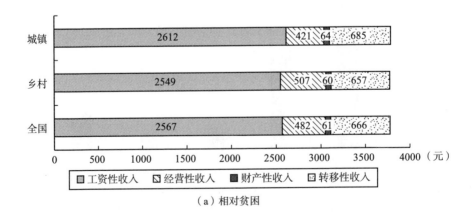

（a）相对贫困

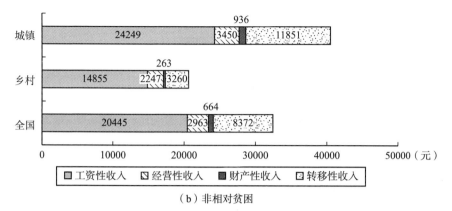

（b）非相对贫困

图 5　相对贫困和非相对贫困群体收入结构比较

资料来源：北京大学中国家庭追踪调查数据库。

3. 增速差异

从收入增速上来看，如表 3 所示，2010～2018 年相对贫困群体的收入增幅明显高于非相对贫困群体，前者的总收入从 964 元上升至 3775 元，增长了 2.92 倍，而后者从 10099 元上升至 32443 元，增长了 2.21 倍，二者之比从 0.096∶1 上升至 0.116∶1，这意味着脱贫攻坚阶段针对贫困群体的支持和帮扶措施收效良好，相对贫困群体和非贫困群体的收入差距不断缩小。从各类收入的增幅差异来看，相对贫困群体的工资性收入、转移性收入和财产性收入的增幅均高于非相对贫困群体，只有经营性收入增幅小于非相对贫困群体。

表 3　　　　　　相对贫困和非相对贫困群体收入增速比较

收入构成	相对贫困群体			非相对贫困群体		
	2010 年（元）	2018 年（元）	增幅（%）	2010 年（元）	2018 年（元）	增幅（%）
工资性收入	391	2567	557	6912	20445	196
经营性收入	446	482	8	1378	2963	115
财产性收入	15	61	308	226	664	194
转移性收入	113	666	491	1584	8372	429
总收入	964	3775	292	10099	32443	221

资料来源：北京大学中国家庭追踪调查数据库。

(三) 相对贫困人口增收着力点判断

与非贫困群体相比，相对贫困群体就业机会偏少，就业技能欠缺，从事农业和非农经营的能力差，占有的收益性资产不足，转移性收入来源单一，各类收入普遍偏低。课题组基于大样本微观家庭调研数据发现，当前相对贫困群体与非相对贫困群体在收入水平上存在巨大差距，而在收入结构上已大体一致。未来既需要着眼于持续提升相对贫困群体的整体收入水平，还需要进一步优化收入结构。

一是有必要实施相对贫困群体收入倍增计划，提高整体收入水平。当前相对贫困群体的家庭人均纯收入的均值仅为 3775 元，距相对贫困线还差 2487 元，非常有必要通过实施收入倍增计划，进一步提高相对贫困群体的增收速度。二是聚焦于提升工资性收入和转移性收入，缩小绝对收入差距。工资性收入和转移性收入是相对贫困群体与非相对贫困群体收入差距最大的两类，二者差距之和占总差异的近九成，提升工资性收入重点要从更多依靠市场的力量，在增加就业上下功夫，让相对贫困群体能够依靠劳动获得更高的报酬；增加转移性收入，除了财政直接转移支付以外，更重要的是为相对贫困群体提供更高水平的养老退休薪金、社保资金和商业保险分红等。三是着眼于增加经营性收入和财产性收入，持续改善收入结构。相对贫困群体的经营性收入增长幅度最小，特别是农业增长潜力已得到比较充分的发挥，农业经营性收入短期内很难明显提升，亟须在非农经营领域寻求增长点；财产性收入是相对贫困群体收入构成中最薄弱部分，需要深入推进资产和产权等领域的制度改革，让相对贫困群体有更多的可获益性资产。

三、建立相对贫困人口长效增收机制的思路

从绝对贫困到相对贫困，除贫困标准变化外，对贫困的认知和理念也在转变。绝对贫困威胁生存权，强调要完全消除，基本理念是更好地发挥政府作用，采取强有力的扶贫措施，改善贫困地区发展面貌，解决贫困群体的生活困难。相对贫困制约发展权，是收入和生活水平的相对差距，很难整体消

除，只能缩小和减轻，与"治贫"相比更侧重于强调"防贫"，即防止返贫和新的贫困发生，与"脱贫"相比更侧重于用市场化手段"增收"和"发展"，加快提高贫困群体收入水平，实现从脱贫向致富迈进。实施相对贫困群体收入倍增计划，加快提高工资性收入和转移性收入，持续提升经营性收入和财产性收入规模，需要在发挥政府作用的同时更好地发挥市场机制的作用，用更加市场化的手段谋划建立相对贫困人口的长效增收机制。

（一）以产业和就业为主攻方向，增强内生发展动力，提高工资性收入

工资性收入是相对贫困群体的最大收入组成部分，也是与非相对贫困群体收入绝对收入差距最大的部分，根据居民收入构成的变化趋势和规律，未来需要以发展产业和提升就业为主攻方向，聚焦增加就业机会、改善就业环境，重点提升相对贫困人口的就业意愿和能力，增强其内生发展动力，提高工资性收入。一是聚焦产业发展，结合地区资源禀赋优势，通过本地培育与招商引资，加快发展适宜产业，延伸产业链条，创造充足就业岗位，优先解决相对贫困群体的就业问题，在支撑区域经济增长的同时，使贫困群体获得更多收益。二是营造良好就业环境，加强就业信息服务，提高劳动力供求匹配效率，健全完善就业保障机制和劳动保障体系，鼓励劳动和就业，坚持按劳分配和同工同酬，保障贫困群体享有平等参与就业的机会和获得相应报酬的权利，确保贫困群体能够靠自己的努力摆脱贫困状态。三是坚持志智双扶，瞄准提升就业意愿和能力，通过宣传教育和正向引导激励，激发贫困群体内生脱贫动力；强化教育投入，提高针对性、适用性劳动技能培训的覆盖面，增强贫困群体就业能力。

（二）以财税和信贷支持为关键抓手，改善外部发展环境，提高经营性收入

提升相对贫困群体经营性收入，切入点在于保持农业经营收入平稳增长，着重发挥非农经营的增收效应。对此，需要以财税政策和信贷支持为关键抓手，加快改善市场经营环境，提升小微经营主体抗风险能力，保障收入的稳定和增长。首先，加快制定财税支持政策，为从事农业及非农经营的相对贫困群体提供财政补贴、税收减免等支持，减轻经营压力，提高盈利能

力，营造鼓励相对贫困群体自主经营的社会环境。其次，重点强化金融信贷服务，增强各类金融机构服务个体经营者和中小微企业的能力，优化信贷服务，提升相对贫困群体的信贷资金可获得性，解决经营过程中的资金短缺问题。最后，聚焦提升风险应对能力，鼓励相对贫困群体内部及其与非贫困群体之间开展合作互助，提高经营活动的组织化程度，增强抗风险能力；通过商业保险、政策性保险等措施，建立健全风险分担机制，避免经营者因经营失败而陷入贫困境地，减轻相对贫困群体从事经营活动的顾虑。

（三）以资产和产权制度改革为重点领域，激发要素活力，提高财产性收入

相对贫困群体占有动产和不动产都比较少，财产性收入水平偏低，在收入构成中的占比只有 1.6% 左右，是增收的突出短板。提高财产性收入，需要结合城乡居民财产性收入来源差异，重点推动资本、自然资源资产、农村土地、农村集体产权等领域的改革，盘活闲置资产，释放资源要素活力，同时健全完善法律制度体系，保障相对贫困群体的财产性权益。一方面，加快发展多层次资本市场，鼓励金融产品创新，开发适宜投资需求的金融产品，拓宽城镇相对贫困居民的利息、股息、红利、租金、保险等财产性增收渠道。另一方面，深化农村产权制度改革，稳妥有序推动承包土地出租和流转，推进宅基地流转、置换方式创新，充分释放农村土地的财产功能，让农村相对贫困居民合理分享土地升值收益；加快推进农村集体产权制度改革，明晰产权归属，推动资源变资产、资金变股金、农民变股东，建立符合市场经济要求的集体经济运行新机制，确保相对贫困群体能够从集体资产保值增值中受益。

（四）以纵向和横向转移支付为重要补充，注重区域公平，提高转移性收入

对相对贫困群体而言，转移性收入的规模还不够大，且主要依赖于政府支付。与此同时，相对贫困群体规模远大于绝对贫困，转移支付对象范围的扩大也意味着人均支付水平有下降的风险。提高相对贫困群体的转移性收入，需要综合使用纵向和横向转移支付，统筹全面发挥政府和市场作用。首先，把对相对贫困群体的财政帮扶措施制度化，稳定中央财政对特殊群体的

救助资金规模，结合贫困标准的调整把更多的相对贫困群体纳入转移支付范围，加强财政资金整合力度，提高转移支付效能。其次，加快构建城乡一体的离退休、失业救济等转移支付体系，结合社会保障体系和基本公共服务体系建设，增加对相对贫困群体的常态化转移支付。再次，建立基于区域公平和区域协调发展的横向转移支付机制，结合横向生态补偿、粮食主产区与主销区之间利益补偿、资源输出地与输入地之间利益补偿等区际利益补偿机制，扩大地方政府间横向转移支付规模，通过合理制度设计，优先用于对相对贫困群体的帮扶。最后，构建社会公众广泛参与的多元化转移支付体系，发挥商业保险和民间慈善的补充作用，鼓励社会组织和个人通过捐赠、赠与等方式参与，拓宽相对贫困群体转移性收入来源。

四、建立长效增收机制的重点任务

建立相对贫困人口的长效增收机制，需要在发挥政府作用的同时更好地发挥市场机制的作用，通过创新产业帮扶模式，优化以工代赈机制，在改善地区发展基础的同时，重点解决地区产业发展落后、就业岗位不足问题，带动相对贫困群体就地就近转移就业创业。与此同时，还需要深化产权制度改革，赋予相对贫困群体各类收益性资产，激发要素市场活力，推动实现"资源变资产、资产变资本"。此外，需要调整优化转移支付结构，推动纵向转移支付与横向转移支付相结合、政府转移支付与社会转移支付相结合，解决转移性收入来源单一、对政府依赖性大的问题。

（一）创新产业帮扶模式

产业是经济发展的重要基础和有力支撑，产业帮扶是推动贫困群众增收和巩固脱贫成果的根本出路和有效手段。在解决绝对贫困阶段，发展生产脱贫一批作为"五个一批"之首，主要是通过扶持贫困地区产业发展，提升地区生产能力和经济发展水平，创造更多就业机会，直接带动脱贫，取得显著成效。需要注意的是，进入解决相对贫困阶段之后，贫困的表现形式和特征发生了变化，既有产业帮扶措施往往缺乏系统谋划和长远规划，主导产业更多是由政府决定而不是由市场来决定，分散在村镇的扶贫车间和扶贫工厂规模也都偏小，难以带动更多相对贫困群体就业和增收。需要在以往经验的基础上，创新产业帮扶模式。

1. 立足资源禀赋优势，因地制宜谋划适宜产业

深入实施相对贫困人口集中地区特色产业提升工程，探索以"资源优势＋产业优势＋经济优势"方法选择产业，因时、因地、因人精准谋划、精细施策，推动产业帮扶从过去的"输血式"帮扶转变为"造血式"帮扶。充分考虑当地特色资源、劳动力、区位条件、政策因素、市场需求等发展优势，坚持宜农则农、宜工则工、宜商则商、宜游则游的原则，积极培育和推广相对贫困人口能广泛参与的特色种植养殖业、林草业、农产品加工业、特色手工业、休闲农业、健康养生、乡村旅游、生活服务业等特色产业，促进农村地区一二三产业融合发展，城镇地区劳动密集型产业和服务业快速发展，在相对贫困地区培育更多新产业增长点。强化帮扶产业与市场需求有效衔接，重点培育和推广有市场、有品牌、有效益的特色产品和服务，提升产业的增长带动能力。完善帮扶产业与相对贫困群体之间的利益联结机制，在帮扶项目引进前期做好调研谋划，选择有助于吸纳相对贫困群体就业或增加其收入的产业项目，解决帮扶产业项目中因"精英捕获"而出现的"扶富不扶贫"问题。

专栏1

黑龙江大庆市因地制宜选择帮扶产业的经验

大庆市在脱贫攻坚过程中始终将产业扶贫作为重中之重，突出产业项目建设和扶贫利益连接机制构建，因地制宜、精准施策，目前"四县一区"在产业扶贫上各具特色、亮点频闪，产业扶贫已挑起脱贫攻坚"大梁"。全市183个产业扶贫项目带动11772户贫困户户均增收4645元，新建的74个产业扶贫项目也正有序推进，产业支撑脱贫攻坚作用日益凸显。作为大庆市林甸县10个深度贫困村之一的四季青镇新民村，发展特色产业带领贫困群众脱贫致富探索是全市产业扶贫的一个缩影。新民村采取"公司＋基地＋专业合作社＋农户"的产业发展模式，内引外联特色项目，积极调整产业结构，通过发展"一屯一品"种

植业、"一大一小"养殖业、"一筐一结"手工编织，以及"智慧小园"庭院经济，产业扶贫的路越走越宽。2019年新民村整村脱贫出列，累计脱贫74户147人，未脱贫8户18人，贫困发生率降至0.82%。

资料来源：《大庆产业扶贫项目挑起脱贫攻坚"大梁"》，载于《大庆日报》2019年3月11日。由课题组整理。

2. 强化对口帮扶和产业协作，助力帮扶产业行稳致远

把对口帮扶和产业协作作为推动区域协调发展、优化产业布局、缩小收入差距的重要举措，不断强化支持力度，优化协作模式，推动帮扶产业行稳致远。深化对口帮扶，联合建设产业园区、发展飞地经济等形式，建立援助方和受援方的利益联结机制，深化产业协作，帮助受援地区招商引资，引入龙头企业，建立各类卫星工厂，推动优势特色产业落地。充分发挥援助方市场意识、市场组织、市场开拓能力比较强的优势，与受援方一起，进一步优化受援地区的营商环境，帮助受援地区不断完善市场体系，增强市场活力，积极培育当地特色品牌、产品，提升企业市场竞争力。协助拓宽营销渠道，通过举办各类博览会、品牌推荐会、商品展销会、购物节等，帮助推销相对贫困地区的各类特色产品，推动批发市场、电商企业、大型超市等市场主体与受援地区建立长期稳定的产销关系，支持供销、邮政及各类企业把服务网点延伸到受援地区。组织开展贫困地区农产品定向直供直销政府机关、学校、医院和交易市场活动。加强智力协作，构建完善以人为中心的援助机制，重点推动援助方和受援方的职教联盟建设，通过职务晋升、职称评定、政治荣誉、经济收入等多种方式鼓励援助地区技术人员"走进去"，帮助培养更多合格的技术人才和产业工人，为受援地区产业发展夯实人力资源基础。

专栏2

产业帮扶中组织开展产销对接的主要做法

党的十八大以来，相关部门不断强化贫困地区特色产业发展指导推进力度，扎实推进贫困地区新型农业经营主体培育、科技人才服务、农

产品产销对接等重点工作，促进贫困地区发展产业带动就业增收取得明显成效。脱贫攻坚项目库统计数据显示，2019 年，脱贫户中享受产业扶贫支持的占 72.3%。

在组织开展产销对接方面，启动实施了"贫困地区农产品产销对接行动"，重点开展贫困地区农产品出村活动、农产品电商出村工程、爱心扶贫销售公益活动、特色农业品牌创建活动、农产品产地市场建设工程、贫困地区农产品产销对接宣传活动等六大活动（工程），推动营销企业、批发市场、大型超市与贫困地区建立长期稳定的供销关系。2018～2019 年底，先后举办 17 场贫困地区农产品产销对接活动，现场签约金额超过 340 亿元。支持贫困地区农产品品牌建设和宣传推介，在第十四、十五、十六、十七届中国国际农产品交易会上，专门设置扶贫展区，集中展示贫困地区特色优势农产品。充分发挥东西部扶贫协作和对口支援机制作用，助力深度贫困地区攻坚。两年来，推动东部地区与新疆、西藏、青海三省区现场签约项目 2182 个，签约资金 415 亿元，已到位资金 291 亿元。2019 年 8 月会同全国工商联开展"民营企业南疆行"活动，签订项目 176 个，总投资 317 亿元，将提供 20 万个就业岗位。

资料来源：《产业扶贫　攻坚克难》，人民网，http：//fpzg. cpad. gov. cn/429463/430986/430989/index. html，由课题组整理。

3. 加强规划引导，依托产业园区实现集中发展

坚持产业帮扶规划先行，注重规划的科学性、前瞻性和可操作性，引领和指导相对贫困地区产业发展壮大。加强地市层面统筹指导，突出地域特色，结合资源禀赋优势，引导地区产业发展，做好县域特色产业帮扶规划。强化产业帮扶规划与上位规划及相关规划的衔接，确保既符合国家、省帮扶政策要求和产业发展导向，又能得到有效落实，实现产业帮扶资源的有效整合。增强产业规划的可操作性，明确产业帮扶的路线图、时间表和责任单位。提高产业帮扶规划的严肃性，坚持一张蓝图绘到底，确保相对贫困群体能够长期稳定受益。优化产业空间布局，重点在中心镇、县城规划建设一批专业化的产业基地和园区，积极承接核心城市、发达地区产业转移落地，引

导资源要素向规划区域加速集聚，推动帮扶产业专业化、规模化发展，加快形成区域集聚效应和地域品牌特色，切实提高帮扶产业的市场竞争力，确保产业帮扶方向正确、行动得力。

4. 加大财税和信贷支持，加快支柱产业培育

加大财税和信贷政策倾斜力度，加快相对贫困地区支柱产业培育。探索帮扶项目"以奖代补"机制，提高产业经营活力和投资效益。鼓励企业做大做强，对相对贫困地区达到一定规模限度的投资或一定规模就业岗位的企业，在现行税收基础上给予一定幅度的减免优惠。进一步创新金融开发机制，完善相对贫困地区金融生态环境，不断加大金融支持力度，为相对贫困地区产业发展提供充裕资金。注重发挥规模效应，鼓励和支持发展帮扶产业联合体，通过统一生产、统一营销、信息互通、技术共享、品牌共创、融资担保等方式，加强产业链、价值链、利益链、组织链整合与提升，与相对贫困人口形成稳定利益共同体。

（二）优化以工代赈机制

以工代赈是开发式减贫和乡村振兴的一项重要政策举措，在改善农村生产生活条件和发展环境、提高农村群众工资性收入水平、促进农村经济社会发展、激发贫困群众脱贫致富内生动力等方面，发挥了独特而重要的作用。进入解决相对贫困阶段以后，贫困作为一种相对状况将长期存在，很难通过减贫开发来完全消除，以工代赈工程更多是要长期为相对贫困劳动力提供就近就业机会，使贫困群体能够依靠自身劳动增加收入。与此同时，由于相对贫困群体规模较大且城乡贫困并存，需要加大以工代赈力度，拓宽工程项目的实施范围和形式，惠及更多相对贫困群体。

1. 加大以工代赈实施力度，推动工程项目覆盖城乡

加大以工代赈实施力度，紧盯城乡基础设施薄弱环节，对接乡村振兴战略和相对贫困地区发展的实际需求，更大力度、更大范围实行以工代赈工程，支持相对贫困地区补齐基础设施短板，改善相对贫困人口生产生活环境。在农村地区，聚焦一二三产业融合发展配套设施、集中安置点的公益设施、易地扶贫搬迁集中安置区产业基地配套基础设施、撤并类村庄配套设

施、小型灾毁水毁基础设施重建、已脱贫出列贫困村基础设施巩固提升、乡际县际连接路断头路等一批中小型基础设施建设，补齐相对贫困地区基础设施短板。在城镇地区，聚焦交通、供水、供电、信息、能源、环保等基础设施薄弱环节，把补短板作为以工代赈的重点项目，改善相对贫困地区基础设施条件；结合老旧小区翻新改造，谋划实施一批工程项目，在保障本地工业用水、居民饮水需求、用电需求以及网络信息服务需求的同时，为辖区内相对贫困群体提供就近就业机会。

2. 丰富以工代赈项目形式，强化对相对贫困群体的带动作用

拓展以工代赈工程项目形式，把基础设施后续维护纳入以工代赈资金范围，解决"重建设轻管护"问题，提供长期就业岗位。优化以工代赈资金安排，优选工程效益好、对劳动技能要求较低、能吸纳更多贫困群众参与的以工代赈项目，切实发挥好"赈"的作用。把工程项目更好地与群众增收和劳动技能提升联动起来，鼓励就近吸纳劳动力务工人口，支持贫困群体通过参与劳动实现增收。适当提高劳务报酬占国家以工代赈资金的比例，参照当地务工平均收入水平合理确定劳务报酬指导标准，增加群众劳务性收入；加大劳务技能培训力度和针对性，积极拓宽群众就业增收渠道。

> **专栏3**
>
> ### 以工代赈对贫困群体就业增收的带动作用
>
> "十三五"规划以来，国家累计安排以工代赈资金近300亿元，吸纳超过100万贫困群众参与工程建设，累计发放劳务报酬30多亿元，与此同时，支持贫困地区农村建成了一大批农田水利、乡村道路、桥梁堤防等中小型公益性基础设施，有效改善了贫困乡村生产生活条件，在激发贫困群众内生动力方面发挥了特殊作用。
>
> 2020年已分批下达以工代赈资金56亿元，可吸纳约30万受疫情影响无法外出的贫困劳动力在家门口参与工程建设，实现就业增收，有效化解新冠肺炎疫情对贫困劳动力外出就业的冲击影响。为进一步带动贫困群众依靠自身劳动实现光荣脱贫，将劳务报酬占国家以工代赈资金最低比例提高至15%，可为参与工程建设的贫困群众发放劳务报酬8亿

多元。同时，鼓励支持贫困县统筹整合使用财政涉农资金，在农业生产和农村人居环境改善等各类基础设施建设中，大力推广以工代赈方式，增加短期就业岗位。

资料来源：《国家发改委下达以工代赈资金 56 亿元预计带动 30 万贫困劳动力就业增收》，新华网，https：//politics. gmw. cn/2020 – 03/27/content_33689633. htm，由课题组整理。

（三）就地就近转移就业

就业是社会民生之本，推动充分就业是建立相对贫困人口长效增收机制的根本之策。聚焦提升工资性收入和经营性收入，推动相对贫困群体就地就近转移就业，需要瞄准培育内生发展动力，结合培育壮大本地产业，营造良好外部环境，为相对贫困群体提供更多就业创业机会。坚持就业帮扶和能力帮扶相结合，注重教育培训和医疗卫生服务，提升组织化程度，重视人力资本和社会资本积累，增强困难群体自身发展能力。

1. 营造良好社会氛围，支持自主创业就业

整合区域发展支持政策，加大对相对贫困地区产业发展的支持力度，为相对贫困群体就近就业创业提供更多的机会。构建城乡一体的劳动力市场和就业服务体系，推动就业咨询、就业援助、就业补贴等扶持措施向相对贫困群体倾斜，创造平等、公平的就业环境。完善最低工资增长机制，保证一线劳动者报酬按照相同速率随经济增速增加。以跨地区转移就业为补充，探索构建相对贫困群体异地就业帮扶机制。通过对相对贫困地区剩余劳动力的定向技能培训，吸纳人口到援助地区落户。激发相对贫困群体创业潜能。加大相对贫困人口创业的政策扶持和技术支持力度，鼓励和支持大众创业、万众创新，尤其鼓励外出农民工、高校毕业生、退伍军人、城市各类人才返乡下乡创新创业。通过创业培训对贫困群体进行价值重构和信心再造，挖掘其创业潜能，提高创新创业技能，激发内生动力。加大对城乡相对贫困人口创业的政策扶持力度，完善创新创业支持服务体系，建立和完善产学研协同创新机制。

专栏4

浙江实施低收入农户"就业创业促进工程"经验

浙江省是全国农民收入最高、城乡居民收入差距最小、区域发展差距最小的省份之一,早在 2015 年,浙江就已全面消除家庭人均收入 4600 元以下贫困现象,在全国范围内率先完成脱贫攻坚任务。这些成就的取得,与其对低收入人群的特殊支持政策密不可分。2013 年初,浙江以家庭人均纯收入低于 5500 元为标准,认定低收入农户 134 万户、318 万人,同时确定低收入农户比重较高或数量较多的扶贫重点村 5000 个为扶持对象,实施"低收入农户收入倍增计划","就业创业促进工程"是其中的重要组成部分,其主要内容包括:

(1)切实加强对低收入农户劳动力技能培训和农村预备劳动力的职业培训。加强对低收入农户劳动力的技能培训、证书培训。加强对农村预备劳动力职业教育,实行低收入农户未继续升学的应届初、高中毕业生职业技能免费培训制度。继续实施"扶千名人才、促千村发展"计划,每年面向 29 县招收一批青年农民到浙江农林大学等院校免费接受高等农业职业教育,符合条件的残疾青年可优先录用。提高职业教育发展水平,推行工学结合、校企合作、"订单培训"等培养模式,落实符合条件的中等职业学校学生免学费政策和省内高等学校涉农专业免学费政策。到 2017 年,有意愿的低收入农户劳动力普遍接受一次以上技能培训,按照"应培尽培"的原则,使有意愿的初高中毕业而未升学的低收入农户子女普遍接受一次免费职业技能培训。加强扫盲教育工作力度,完成年度扫盲工作目标任务。有关部门的培训资金向低收入农户倾斜。

(2)大力促进低收入农户充分就业。加强对低收入农户劳动力的就业服务,支持兴办劳务合作社,公共就业服务机构和劳务合作社要为登记求职的低收入农户劳动力免费提供岗位信息和职业介绍服务,鼓励各类企业和农业经营主体吸纳当地低收入农户劳动力就业,引导低收入农户人员参与来料加工、农家乐、社区服务等就地就近就业,鼓励企业和城郊村、工业功能区周边村兴建廉租民工公寓，为低收入农户就业者提供廉价住房。加强对低收入农户的就业服务和援助，开发乡村公益性岗位，并采取政府购买办法，将这些岗位优先安排给低收入农户就业困难人员，就业困难的残疾人（户）优先考虑。切实保障低收入农户就业人员在工资、福利、养老、医疗、子女就学等方面的合法权益，适时调整企业职工最低工资标准，促进低收入农户劳动者提高工资水平。各地要对招用低收入农户数量较多的企业予以奖励，落实对农村就业援助人员的社会保险补贴。

（3）大力支持低收入农户创业。打造一批有利于低收入农户创业就业的工业集聚区、家庭工业创业园、来料加工业基地、商贸流通业场所、社区服务业用房等，开展信息、技术、资金、场所、土地流转、人才引进、人员培训和行政审批等服务，支持农民就地创业和外出务工经商农民返乡创业，带动更多的低收入农户就业。鼓励更多的低收入农户外出开办小型连锁超市、产品经销等流通业和服务业，开展信息服务、典型介绍，促进有意愿、有能力的低收入农户外出经商。倡导能人带动下的合作创业方式，引导更多低收入农户入股参与创业。

资料来源：浙江省《低收入农户收入倍增计划（2013～2017年）》。

2. 强化教育培训和医疗卫生服务，重视人力资本积累

实施相对贫困群体人力资本提升计划，强化基础教育，办好基础教育、职业教育和劳动技能培训。加大优质教育资源向相对贫困地区倾斜的力度，提高相对贫困群体的基础教育水平，阻断贫困代际传递。大力支持相对贫困地区职业教育发展，鼓励高职扩招向相对贫困地区倾斜，创造更多接受教育的机会。构建多渠道、多元化、多形式职业技能培训体系，按照"需要什么培训什么"的原则，推广需求导向的"点穴式"技术培训，结合产业发展对相对贫困群体进行精准培训，提高相对贫困群体生产和务工经商技能。针对较为普遍存在的健康匮乏与因病致贫问题，在进一步提高合作医疗和医疗救助水平的同时，适时推进疾病预防和健康保健工作，深入实施国民营养计划，全面改善医疗卫生服务能力，改善相对贫困群体的健康状况。

专栏5

美国提高贫困群体人力资本的经验

贫困发生的原因多种多样，除了居住地自然禀赋先天不足、居住地理位置偏远外，人力资本缺乏是重要原因。美国通过教育扶贫和就业扶贫等，强化贫困者的学历素质，提升他们的就业技能和就业意愿，激发内生动力。

一方面，建立覆盖学前教育、基础教育、高等教育的完整教育扶贫体系。在学前教育领域，美国设立了早期启蒙计划和启蒙计划，分别为低收入家庭3岁以下和3~5岁的儿童及其家庭提供早教和父母培训服务。在基础教育领域，美国建立了低收入家庭公立学校免费制度，免除学杂费、书本费、早午餐费。为了改善农村地区的基础教育水平，2002年起美国设立了"农村教育成就项目"，具体包括"农村小学校资助"和"农村和低收入地区学校资助"项目，旨在提升农村地区学生的学业成就，帮助招聘和培训更好的教师和管理人员。在高等教育领域，美国设立了较为丰厚的奖助学金和助学贷款制度，其家庭也可以获得税收减免。此外，美国的各级教育系统都极为重视培养学生的职业能力，普遍开设了较高质量的职业生涯规划和创业类课程，帮助学生尽早为就业做好准备。

另一方面，设立丰富多样的培训和就业扶助计划。通过一系列的培训相关法案，如《人力开发和培训法案》《就业与培训综合法案》《职业培训伙伴法》等，建立起完整的再就业培训体系，设立大量的就业扶助和培训计划，提升贫困者的求职技能，帮助他们找到适合的工作。为了提升培训的精准性，职业培训机构（包括社区大学）等与企业建立了较为密切的联系，一些地区开展了合作型就业培训项目。为了帮助贫困群体更便捷地寻找工作，鼓励传统的职业介绍机构向一站式就业服务中心转型，融合职业介绍、就业培训、失业保险等业务。

资料来源：王哲. 美国的减贫政策体系及启示 [J/OL]. 宏观经济管理，2019（12）：71 - 76，90. DOI：10. 19709/j. cnki. 11 - 3199/f. 2019. 12. 013.

3. 细密社会关系网络，增强社会资本

启动相对贫困群体社会资本培植计划，充分利用脱贫攻坚阶段建立的组织体系，加强贫困群体与政府、企业、社会团体之间的联系，拓展相对贫困群体的外部关系网络。支持贫困地区发展合作社、互助组等多种形式的社会组织，以吸纳社员、技术培训、就业带动等帮扶形式，织密贫困群体内部关系网络，鼓励信息交流和资源共享，发挥非贫困群体的带动作用，提高贫困群体从社会关系网中获取各种资源的能力，解决相对贫困群体只有劳动力但不懂市场、没有资金、缺乏技术的问题。

4. 设置公益岗位，支持弱势群体就业

发挥好公益性岗位托底安置作用，为半劳力、弱劳力就近参与力所能及劳动提供帮助。统筹城乡资源和公益性岗位设置，围绕生态环境保护、集体和自然资源管护、小型基础设施维护、城乡公共卫生保洁、社区管理、社会公共服务等领域，适当增加一定数量的公益性工作岗位，优先安置"零就业"相对贫困家庭劳动力。逐步完善公益岗位设置，细化岗位职责，对工作内容、工作时间等进行明确规定，完善监督考核制度体系，避免福利依赖，防止出现政策"养懒汉"的情况。

（四）推动要素市场改革

财产性收入是相对贫困群体收入构成中最薄弱的部分，平均收入水平仅在 60 元左右，收入占比不足 2%。从城乡居民财产性收入的主要来源可以发现，农村居民财产性收入主要来自土地、房屋及其他生产性资料出租，而城镇居民财产性收入主要来自汽车、房屋等动产不动产租赁以及金融资产收益。提高相对贫困群体的财产性收入，需要结合城乡居民财产性收入来源差异，深化农村集体产权制度改革，积极盘活"三块地"资产；稳步推进资本市场改革，筑牢资本市场服务相对贫困居民财富增值的基础；畅通生态产品价值实现机制，把相对贫困地区良好的生态资源转化为现实收益。

1. 深化农村集体产权制度改革，积极盘活"三块地"资产

深化农村集体产权制度改革，积极推进农村集体资产股份权能改革，赋

予农民更多权益。进一步提升农村集体资产经营管理效能，探索建立符合市场经济要求的集体经济运行机制，建立村级集体经济产业引导基金，引入市场机制，拓宽发展路径，充分挖掘农村集体资源资产潜力，不断发展壮大村级集体经济。积极盘活农村"三块地"资产，增加相对贫困群体土地资产收益。瞄准建立健全城乡统一的建设用地市场，加快修改完善《土地管理法实施条例》，制定出台农村集体经营性建设用地入市指导意见，建立公平合理的入市增值收益分配制度，确保相对贫困群体从中获益。健全完善农村承包土地流转市场，提高土地流转和租赁收益，全面推开农村土地征收制度改革，扩大国有土地有偿使用范围，保障被征地群体的权益。深入推进宅基地"三权分置"改革，适度放活宅基地和农民房屋使用权，探索构建市场化流转的交易平台。

2. 稳步推进资本市场改革，积极发展普惠金融

完善资本市场基础制度，坚持市场化、法治化改革方向，改革完善股票市场发行、交易、退市等制度。推动完善具有中国特色的证券民事诉讼制度，保护好投资者尤其是中小投资者的合法权益。增加有效金融服务供给，构建多层次、广覆盖、有差异、大中小合理分工的银行机构体系，优化金融资源配置，放宽金融服务业市场准入，推动信用信息深度开发利用，增加服务小微企业和民营企业的金融服务供给。鼓励传统金融机构创新产品和服务方式，开发适合相对贫困群体特点的金融产品。发挥互联网促进普惠金融发展的有益作用，规范互联网金融发展，引导网络借贷平台服务小微企业、农户以及相对贫困群体。发挥网络金融产品销售平台门槛低、变现快的特点，搭建具有针对性的投资产品体系，满足相对贫困群体通过小额投资实现稳妥增值的投资理财需求。大力发展投资顾问行业，为相对贫困群体的资产管理提供更有针对性的服务。深入推动金融知识普及教育，强化金融风险防范意识，引导相对贫困群体理性投资。

3. 畅通生态产品价值实现机制，把生态资源转化为现实收益

挖掘相对贫困地区生态好的潜力，聚焦生态农业、生态工业、生态旅游业、健康养生业，鼓励和支持地方构建"生态＋"和"＋生态"产业体系，探索多样化生态产品价值实现路径，把生态优势转化为经济优势、把生态资

源转化为富民资源，践行"绿水青山就是金山银山"的理念，使相对贫困地区高质量发展和相对贫困人口发展致富相得益彰。畅通生态产品价值实现机制，在生态环境良好的相对贫困地区建立国家级生态产品交易市场，实行生态产品提供者赋权、消费者付费制度，允许生态产品与用能权、碳排放权、排污权、用水权等发展权配额进行兑换，鼓励发达地区首先向生态地区购买发展权配额。把交易资金优先用于改善相对贫困地区的发展基础和社会民生。

（五）优化转移支付结构

随着转移性收入大幅增加，其在相对贫困群体收入结构中的占比已经超过经营性收入，成为仅次于工资性收入的第二大收入构成。但也应该看到，与非相对贫困群体相比，相对贫困群体的转移性收入还有很大的差距，存在收入来源单一、对政府财政特别是中央财政转移支付依赖性大等突出问题，未来需要在稳定中央财政转移支付规模的同时，提高地方政府间的横向转移支付，培育壮大社会转移支付，推动建立纵向转移支付与横向转移支付相结合、政府转移支付与社会转移支付相结合的转移支付体系。

1. 稳定中央财政转移支付规模，提高转移支付效能

在统筹考虑公共财政承受能力和相对贫困群体规模的基础上，确定用于解决相对贫困的财政支出占比以及对应的保障水平、保障规模等。以法律形式明确对相对贫困群体的中央财政转移支付制度，对有劳动能力的相对贫困群体，完善以"鼓励劳动"为核心的正向激励机制；对无劳动能力、缺乏发展能力的相对贫困群体，完善以"低保"为基础的"无条件转移支付"机制。综合运用社会保险、社会救助、社会福利、社会优抚多种手段，重点完善基本养老、基本医疗和最低生活保障，进一步整合低保线和贫困线，把相对贫困群体的社会保障兜底逐步纳入政府的日常工作，加快构建覆盖全民、城乡统一的社会保障制度。借鉴涉农财政资金整合经验，加强财政转移支付资金整合力度，提高转移支付效能。

2. 提升地区横向转移支付水平，缩小区域收入差距

完善多元化横向生态补偿机制，鼓励生态受益地区与生态保护地区、流

域下游与流域上游通过资金补偿、对口协作、产业转移、人才培训、共建园区等方式建立横向补偿关系，补偿资金优先用于改善地区发展基础和社会民生，惠及更多相对贫困群体。建立粮食主产区与主销区之间利益补偿机制，鼓励粮食主销区通过在主产区建设加工园区、建立优质商品粮基地和建立产销区储备合作机制以及提供资金、人才、技术服务支持等方式支持粮食主产区发展，在粮食主产区设立种粮农户发展基金，向处于相对贫困状态的种粮农户提供直接补贴。健全资源输出地与输入地之间的利益补偿机制，鼓励资源输入地为资源输出地提供减贫发展资金，帮助资源输出地缓解矿产资源开发和产业转型带来的相对贫困问题。

3. 强化社会转移支付补充作用，拓宽转移性收入来源

发挥商业保险和民间慈善的补充作用，拓宽相对贫困群体转移性收入来源。鼓励商业保险机构丰富保险品种和档次，满足相对贫困群体通过参加商业养老、人寿、财产等保险的需求，获得更加稳定的收益。鼓励社会组织和个人参与民间慈善活动，结对帮扶相对贫困群体，通过提供税收抵扣等优惠政策鼓励企业和个人参与直接捐赠，对在减贫过程中做出突出贡献的社会组织和个人予以公开表彰。

五、结论建议

一是积极落实就业优先政策。针对结构性就业矛盾、"招工难"和"就业难"并存的问题，及时调整就业政策的重点和方向，更加重视解决结构性就业矛盾，促进就业向知识型和技能型转变，切实提升劳动者就业素质和技能水平，以更好地适应高质量发展的需求。努力拓展就业空间，建立更加公平合理的市场竞争机制，深入开展"大众创业、万众创新"，更加注重以创新创业带动就业，激发全社会参与创业的积极性，提高带动就业的能力。建立有利于稳定相对贫困群体就业的制度安排，努力拓展相对贫困群体就业渠道，破除就业和创业障碍，激发相对贫困群体就业增收活力，积极实现稳定就业。

二是深化收入分配制度改革。坚持和完善以"按劳分配为主体、多种

分配方式并存"的社会主义基本分配制度,着重保护劳动所得,建立健全保障相对贫困群体收入水平与合理增长机制。正确处理企业发展和劳动者增收的关系,以完善工资指导线、最低工资标准、工资集体协商、企业薪酬调查制度为重点,建立反映劳动力市场供求关系和市场主体效益的工资决定机制、正常增长机制和支付保障机制,在实现"产业升级、就业增加、收入增长、消费提升"的过程中提高劳动报酬占比、改善分配格局。充分发挥市场在资源配置中的决定性作用,完善收入分配制度激励功能,保障要素参与分配的机会公平性和市场评价的有效性,形成长效激励机制。更好地发挥政府对收入分配的调节作用,完善税收、社会保障、转移支付等再分配调节手段,规范收入分配秩序,有效抑制通过非市场因素获利,在居民收入整体提高的过程中不断缩小收入差距。

三是加快农业转移人口市民化。聚焦在城镇稳定居住就业的存量农业转移人口等重点群体,紧盯人口承载能力较大的重点地区,推动农业转移人口及其随迁家属便捷落户。持续深化重点城市户籍制度改革,督促城区常住人口 300 万以下的城市尽快放开落户条件,破除各类隐形落户门槛,推动城区常住人口 300 万~500 万的城市实施就业和居住年限转入落户政策,进一步放宽除个别超大城市外的特大城市落户条件。加快建立基本公共服务与常住人口挂钩机制,推动常住人口充分享有城镇基本公共服务。增加人口流入较多城市的教育投入和师资编制,完善随迁子女在流入地参加升学考试政策。运用信息化手段建设便捷高效的公共服务平台,大力提高社保跨制度、跨地区转移接续效率,加快养老保险全国统筹进度,完善基本医疗保险跨省异地就医医疗费用直接结算制度。以吸纳农民工较多的企业为培训主体,以新生代农民工等农业转移人口为培训对象,广泛开展政府补贴的职业技能培训,显著提高农业转移人口就业竞争力。

四是稳步实施乡村振兴战略。坚持农业农村优先发展,接续推动全面脱贫与乡村振兴有效衔接,谋划建立解决相对贫困的长效机制,全力让相对贫困群众迈向富裕。以脱贫攻坚在产业、生态、组织、文化、技术和人才等方面取得的成效为基础,推动要素配置、资金投入、公共服务、干部配置向农业农村倾斜,全面改善乡村产业发展基础条件。组织开展脱贫政策梳理工作,将脱贫政策调整优化为乡村发展支持政策。加大涉农资金整合力度,确保财政资金投入与乡村振兴目标任务相适应。立足农村生态优势,促进生态帮扶与"两山建设"有效衔接。重点推动由产业帮扶转向产业振兴，优先培育主导产业，做大做强优势产业，推动乡村产业结构从种养业转到一二三产业融合发展，使脱贫户和小农户的收入从家庭经营转向就业为主，促进农村居民特别是农村相对贫困居民收入稳定增长，生活水平稳步提高，收入分配状况进一步改善，走上共同富裕道路。

五是构建常态化减贫工作管理体系。调整理顺长期持续减贫工作管理机制，优化顶层领导协调机构设置，推动运动式治理向常态化治理转变，建立政府、市场、社会三方参与的减贫格局，强化减贫政策资金的监管和绩效考核。优化顶层领导协调机构设置，把国务院扶贫开发领导小组整合进宏观经济管理部门或对其进行升级重组，使其具备更强的综合统筹协调能力，适应相对贫困治理中城乡、区域统筹的要求。把相对贫困治理纳入地方政府常态化工作内容，把相对贫困群体的增收和发展作为基层干部考核的重要指标。调整以政府为主导的减贫模式，推动建立"政府引导、市场促进、社会参与"的持续减贫模式，强化政府组织协调能力，更多使用市场化手段促进相对贫困群体增收和发展，鼓励社会力量参与相对贫困的治理，有效整合社会减贫资源，形成"三位一体"大减贫格局。强化减贫资金监管和绩效考核评估，加强第三方独立性评估，强化评估结果的应用，建立导向鲜明的奖惩机制。

六是建立抽样和普查相结合的动态监测。把抽样监测和全面监测相结合，通过设定相对贫困线和建档立卡线一高一低两条监测线，建立低成本、高效率的动态监测机制。对于处于相对贫困线以下的全部人口，采取抽样调查监测的形式，科学设置抽样方式，利用统计分析工具推断相对贫困群体的规模、结构、分布特征等，形成贫困人口数据库，便于掌握整体情况，支撑减贫政策制定。设定一个水平更低的全面监测线，低于这一水平意味着需要特定帮扶和社会兜底，延续精准扶贫阶段建档立卡的方式，形成有进有出的台账，做到不漏一户、不落一人，通过跟踪扶持防止这部分群体陷入绝对贫困境地。加强相对贫困人口数据库与教育、医疗、社保等专业领域数据库的对接，避免出现"信息孤岛"，提高监测信息利用效率。

主要参考文献

[1] 王小林，冯贺霞. 2020 年后中国多维相对贫困标准：国际经验与

政策取向 [J]. 中国农村经济, 2020 (3): 2-21.

　　[2] 李小云. 全面建成小康社会后贫困治理进入新阶段 [J]. 农村·农业·农民 B, 2020 (3): 18-20.

　　[3] 孙久文, 夏添. 中国扶贫战略与 2020 年后相对贫困线划定——基于理论、政策和数据的分析 [J]. 中国农村经济, 2019 (10): 98-113.

　　[4] 邢成举, 李小云. 相对贫困与新时代贫困治理机制的构建 [J]. 改革, 2019 (12): 16-25.

　　[5] 叶兴庆, 殷浩栋. 从消除绝对贫困到缓解相对贫困: 中国减贫历程与 2020 年后的减贫战略 [J]. 改革, 2019 (12): 5-15.

　　[6] 左停, 贺莉, 刘文婧. 相对贫困治理理论与中国地方实践经验 [J]. 河海大学学报 (哲学社会科学版), 2019, 21 (6): 1-9.

　　[7] 左停, 苏武峥. 乡村振兴背景下中国相对贫困治理的战略指向与政策选择 [J]. 新疆师范大学学报 (哲学社会科学版), 2020 (4): 1-9.

　　[8] 高强, 孔祥智. 论相对贫困的内涵、特点难点及应对之策 [J]. 新疆师范大学学报 (哲学社会科学版), 2020 (3): 1-9.

　　[9] 国家发展和改革委员会就业和收入分配司, 北京师范大学中国收入分配研究院. 中国居民收入分配年度报告 (2018) [M]. 北京: 社会科学文献出版社, 2019.

　　[10] 国家发展和改革委员会就业和收入分配司, 北京师范大学中国收入分配研究院. 中国居民收入分配年度报告 (2019) [M]. 北京: 社会科学文献出版社, 2020.

相对贫困地区推进新型城镇化研究

内容提要： 随着 2020 年脱贫攻坚的全面完成，我国已由绝对贫困阶段转相对贫困阶段。建立解决相对贫困的长效机制，必须顺应人口流动规律，重视城镇化的作用，按照以城带乡、要素流动、就业优先、设施共享、社会包容、体制创新的思路纵深推进以人为核心的新型城镇化，谋划一批有利于解决相对贫困的战略城市，在增强中心城市的辐射带动能力，打通城乡资源要素双向流动，激发乡村振兴动力活力，支持易地扶贫搬迁后续发展，未雨绸缪应对城市新贫困等方面充分发挥城镇化的作用，探索建立包容普惠共享的城乡联动发展机制。

一、相对贫困地区城乡发展的现状问题和趋势

相对贫困地区城镇化发展比较滞后，中心城市带动能力不强，产业支持能力不足，但未来仍有巨大的发展潜力，随着国家的进一步重视，将在形成强大国内市场和构建国内国际双循环新格局中发挥更大作用。

（一）相对贫困地区城乡发展存在的问题

一是乡村资源环境承载能力差，一方水土难以致富一方人。相对贫困地区整体位于我国中西部地区，很多还是原先的集中连片特困地区，大多山高谷深、人多地少，自然条件比较恶劣，资源环境承载能力较弱，农业的发展不具备大规模机械化的耕作条件，乡村振兴的任务比较艰巨。

二是城市发展滞后，对乡村的带动能力不足。相对贫困地区的城镇化发展水平普遍低于全国，基础设施、公共服务存在瓶颈制约，集聚人口和产业的功能比较弱，整体处于人口净流出状态。与经济社会发展以及区域合作需求相比，交通基础设施特别是快速交通基础设施不足，存在高铁覆盖的短板。教育医疗等高品质的公共服务供给比较短缺，缺少专业技术人才。社区建设和现代化的城市治理还比较滞后。城市的综合承载能力需要进一步提升。

三是产业支撑能力不足。受区位条件、发展基础、资源禀赋等多方面所限，相对贫困地区主导产业不明显、特色产业不鲜明、生态优势没有充分转化，产业现代化程度低。农产品产业链条短，仍然局限在卖原料或粗加工状态，农业资源开发与现代工业和服务业的结合、农业生产经营模式的现代化尚在探索和起步阶段。工业总体上仍然以资源型产业、劳动密集型产业为主，先进制造在近几年有较快发展但尚未形成规模。旅游资源开发粗放，旅游产品单一，文旅产业链尚未形成。

四是区域壁垒尚未打破，在双循环格局中的作用有待进一步加强。总体来看，相对贫困地区大多位于省际交界地区和本身的边缘地带，既与省会等城市的联系不紧密，也多处于都市圈、城市群之外，行政分割较为严重，阻碍了生产要素的自由流动，制约了强大国内市场的形成和双循环格局的构建。

（二）相对贫困地区城乡发展的趋势

一是从城镇化发展态势上看，还有很大提升空间和潜力。2019年，我国城镇化率首次突破60%，已经进入城镇化的后半场，城镇化的动力开始从城镇化水平较高的东部沿海向城镇化相对更低的中西部内陆地区转移。相对贫困地区城镇化水平低于全国平均水平，总体呈现大农村和小城市并存的格局。差距就是潜力，未来十年相对贫困地区城镇化仍处于加速阶段，仍有大量的农业人口会进入城市生存生活，城乡资源要素流动会更加通畅，城市带动乡村发展的能力将不断提升。

二是从城镇化空间结构上看，人口内聚外迁会进一步延续。相对贫困地区自然本地条件和资源环境承载力特殊，很多还是重要生态功能区，客观上不具备大规模集中连片开发的条件。必须继续坚持面上保护、点上开发，人口内聚外迁相结合，重点做大一批中心城市，辐射带动乡村及周边地区发展，走出一条山地特色的新型城镇化道路。

三是从城镇化的政策支持看，国家的进一步重视和关注带来巨大机遇。随着我国提出构建国内循环为主体、国内国际双循环发展的格局，相对贫困地区的腹地作用更加突出，劳动力、能源、土地等生产要素成本相比东部地区仍有较大优势，高铁物流等基础设施通达性快速提升，具备大规模承接沿海劳动密集型产业转移的比较优势，引导农业转移人口就地就近市民化的时机逐步成熟。

二、相对贫困地区统筹城乡治理的思路

聚焦易地搬迁、产业、公共服务、基础设施等领域，选择一条符合发展现状和城镇化条件的道路。顺应大型搬迁安置区转向新型城镇化建设新阶段的发展要求，加快推进搬迁人口市民化进程，强化产业就业支撑，帮助搬迁人口尽快解决稳定发展问题，适应新环境、融入新社区。

（一）以城带乡

统筹推进新型城镇化和乡村振兴，以中心城区为重点、县城为重要载体、乡镇为据点，重点村和中心村为补充，促进人口向城镇集中、产业向园区集中，推动信息化和工业化深度融合、工业化和城镇化良性互动、城镇化和农业现代化相互协调，促进城镇发展与产业支撑、就业转移和人口集聚相统一。推动农村一二三产业融合发展，探索"旅游+""互联网+"等产业融合新业态新模式，通过城镇化建设带动农业变强、农村变美、农民变富。

（二）要素流动

打破行政性垄断，消除市场壁垒，促进人才、土地、资本等生产要素在城乡、区域间有序自由流动。健全农业转移人口市民化机制、建立城市人才入乡激励机制、改革完善农村承包地制度、稳慎改革农村宅基地制度、建立集体经营性建设用地入市制度、建立工商资本入乡促进机制、建立科技成果入乡转化机制，促进城乡要素平等交换和公共资源均衡配置。

（三）就业优先

增加就业容量，促进就地就近就业，大力发展特色种植养殖业、农林产品加工和物流、乡村休闲旅游等能够创造更多就业机会的劳动密集型产业，培育经济发展新动能，把当地特色优势资源转化为现实生产力，拓展就业新领域。通过工程项目建设、以工代赈、扶贫龙头企业和扶贫车间等，提供更多就近就业机会，统筹用好各类乡村公益性岗位托底安置就业困难贫困劳动力。鼓励自主创业带动就业，确保有劳动能力家庭实现一人以上稳定就业。组织贫困劳动力有序外出务工，鼓励企业优先留用贫困劳动力，为失业贫困劳动力优先提供转岗就业机会。

（四）设施共享

推动公共服务向农村延伸、社会事业向农村覆盖，健全全民覆盖、普惠共享、城乡一体的基本公共服务体系，推进城乡基本公共服务的标准统一、制度并轨。科学推进城镇基础设施建设向乡村延伸，率先推动城乡交通等基础设施互联互通，增加对农业农村基础设施建设投入，坚持先建机制、后建工程，推动乡村基础设施提档升级，加快实现城乡基础设施的统一规划、统一建设、统一管护。

（五）社会包容

坚持以人民为中心的发展思想，聚焦搬迁人口子女受教育问题、医疗卫生服务问题及基础文化设施等较为突出问题，建立和完善安置社区治理体系，使搬迁群众共享优质公共服务资源和均等的生存发展机会。未雨绸缪应对城市贫困，完善城乡低保制度，强化培训和就业服务体系建设，化解结构性失业，使更多人群共享现代化建设成果。

（六）体制创新

探索率先构建以工促农、以城带乡、工农互惠、城乡一体的新型工农城乡关系，突出普惠性、包容性、共享型，围绕土地利用、规划管理、投融资等重点领域，积极开展新型城镇化体制机制创新，使城乡共融共生，努力走出一条结构优、质量高、效益好、生态美、百姓富的新型城镇化路子。

三、重点任务

立足城乡区域比较优势、现代产业分工要求、区域优势互补原则、合作共赢理念，以城市建设为载体，以资源要素空间统筹规划利用为主线，聚焦易地搬迁、产业、公共服务、基础设施等领域，增强城乡发展的协同性、联动性、整体性，使城乡共融共生。

（一）适应国内国际双循环新格局，以扩大内需为基点谋划一批有利于解决相对贫困的战略城市

在我国推动形成国内大循环为主体、国内国际双循环相互促进的新格局背景下，筛选一批相对贫困人口比重较高、城镇化发展比较滞后，城市辐射带动乡村能力比较弱，在基础设施、公共服务等方面有较为突出短板，同时近期或未来一段时间由于受到交通区位条件改善、积极引入信息等新经济要素、支撑服务国家战略实施等综合因素驱动，人口、生态、文化等特色优势正加快转化成为经济发展优势，发展潜力被激发，发展势头趋好，且进一步加快推动发展潜力较大，有扶持价值的城市，增强与周边城市通过产业组织链条上的分工，强化对腹地的辐射带动作用。

（二）立足资源要素综合承载力，增强发展条件较好的贫困地区城市辐射带动力

1. 集中优势资源做大做强中心城区，提升相对贫困地区人口集聚度

推动中心城区实现高质量高水平崛起，不断放大在城市建设中的龙头作用，把中心城区规模做大、经济做强、交通做畅、功能做优、环境做美，实现人口、产业、基础设施、公共服务高度集聚，引领带动全域整体转型、协同联动、全面发展。

第一，提升中心城区综合承载能力，建好机场、港口、高速公路节点、高铁站等交通枢纽中心，形成"多式衔接、立体开发"的综合体系，加快

供电、供水、供气、通信、照明、污水管网配套、防洪排涝工程等市政基础设施建设，推进 5G、大数据、云计算、工业互联网等新型基础设施建设。提高城市空间利用效率，形成集约紧凑、疏密有致的城市空间。促进人口集聚和职住平衡，将生活和就业单元尽量混合，实现商业、居住、娱乐、教育等功能适度叠加。提高居民生活便利性，大力完善社区菜市场、便利店、物流配送等社区配套服务设施，形成 15 分钟社区生活圈。把握城市建设时序和节奏，加快新城新区建设和重点区域同城化，启动城市留白增绿，推进"规划一片、实施一片、完善一片、成熟一片"。

第二，大力推进市区教育跨越式发展。优先规划配套建设教育设施，实施中小学新改扩建工程。积极引进国内外优质教育资源，创办一批优质品牌学校。大力建设本地高校，加强与国内外知名高校合作交流，提升高校办学水平和综合实力。完善教育多元化投入机制，有效解决优质教育资源供给不足的问题。

第三，加大优质卫生资源供给和整合开发。积极推动医学科研和学科建设，办好一批综合性医院和特色专科医院，支持创建三甲医院。推动城市医联体和县域医共体建设，构建整合型医疗卫生服务体系。创新医养结合模式，探索长期护理保险制度，加快建设一批康养基地，促进健康养老产业快速发展。大力引进优质医疗资源。健全公共卫生应急管理体系和区域公共卫生服务网络，加快建设一批应急医院，提高重大卫生事件应对能力。

第四，优化提升城市产业平台。以产促城、以城兴产，促进产城融合发展，优化城市空间形态和人居就业生活环境。对城市功能配套相对完善、城市建设用地保障较为充分的功能区、园区、新城新区等，通过完善城市服务经济和功能配套、优化空间布局等手段，推动实现产城融合发展，避免"见楼不见业"和"只见产业圈地不见人居配套"的现象。

2. 以县城为重要载体的新型城镇化，实现农村相对人口就地就近城镇化

把县城作为城镇化发展的重要载体和城乡融合的重要纽带，深入挖掘生态环境、人文历史、低生活成本等优势，引导农业转移人口就地就近城镇化，强化与城区的衔接配套，提高县城综合承载能力和人口吸引力，带动小

城镇发展。开展县城城镇化"补短板强弱项"工作，推进环境卫生设施、市政公用设施、公共服务设施、产业配套设施提档升级，推动特色优势产业发展壮大，走"宜工则工、宜农则农、宜游则游"的多样化、差异化发展路子。

第一，推进公共服务设施提标。完善教育设施，建设公办幼儿园、改善义务教育学校设施、建设普通高中校园校舍设施等。改善养老托育设施，扩充护理型床位、建设县级特困人员供养服务设施（敬老院）、建设综合性托育服务机构和社区托育服务设施等。发展文旅体育设施，打造新型文旅商业消费聚集区、完善县级公共图书馆文化馆博物馆、改善游客服务中心等旅游配套设施、建设体育公园和城市公园等。完善社会福利设施，建设社区综合服务设施。

第二，推进环境卫生设施提级扩能。完善垃圾无害化资源化处理设施，建设生活垃圾焚烧终端处理设施、危险废物处理设施等。健全污水集中处理设施，提高管网收集能力、提标改造污水处理厂、建设污泥无害化资源化处理设施等。改善县城公共厕所，配建补建固定公共厕所或移动式公共厕所、改造老旧公共厕所、增加无障碍厕位等。

第三，推进市政公用设施提档升级。优化市政交通设施，建设公共停车场、改造客运站、完善市政道路"三行系统"等。完善市政管网设施，更新改造水厂和老旧破损供水管网、完善燃气储气设施和燃气管网、集中改造燃煤锅炉、推进路面电网和通信网架空线入地等。发展配送投递设施，建设公共配送中心、布设智能快件箱等。推进县城智慧化改造，建设新型基础设施、搭建县城智慧化管理平台等。更新改造老旧小区，完善水电气路信等配套基础设施和养老托育、停车、便民市场等公共服务设施。

第四，推进产业培育设施提质增效。完善产业平台配套设施，主要是在产业园区和特色小镇等县城产业集聚区内，健全检验检测认证中心、技术研发转化中心、智能标准厂房、便企政务服务中心、农村产权交易中心等。健全冷链物流设施，建设冷库、生鲜食品低温加工处理中心、冷链物流前置仓等。提升农贸市场水平，改善交易棚厅、在批发型农贸市场配置检测检疫设备、在零售型农贸市场和社区菜市场完善环保设施、改造畜禽定点屠宰加工厂等。

3. 鼓励和引导小城镇因地制宜发展，加强对乡村经济社会的直接带动辐射作用

按照产业集聚地区、生态优势地区、传统农业地区三个区域和"一镇一特色，一镇一风情，一镇一产业"的总体思路加强分区分类指导，制定差异化策略，有序发展一批特色鲜明、要素集聚、产城融合、充满魅力的特色小城镇。以现代工业为基础的重点镇，围绕城市产业发展需求，积极开展产业链协作配套，大力发展劳动密集型产业，加快传统产业绿色化改造升级，推动制造业与服务业融合发展，做好集中就业技能培训，发挥对周边区域的就业带动作用。

以文化旅游为基础的重点镇，要充分挖掘历史文化内涵，丰富充实文化形态，以文化保护、传承和利用引领旅游业发展，推进文化与旅游结合，旅游和农业、商贸、工业结合，规划建设一批精品旅游景区、旅游服务综合体等项目，统筹旅游资源开发、历史文化保护、城镇风貌打造、基础设施建设和生态环境保护，充分彰显自然山水资源特质，打造休闲康养新空间，建设生态、文旅、健康等多样化旅游型小城镇。以商贸物流为基础的重点镇，应进一步改善交通基础设施条件，培育壮大商贸物流功能，推进商贸与物流，商贸与文化旅游、会展等融合发展，统筹镇区综合服务功能提升和重点商贸物流功能区布局，构建以小城镇为中心、惠及周边村镇的便捷生活圈、完善服务圈、繁荣商业圈。

（三）打通城乡资源要素双向传导，构建互促共进、共生共存的新型城乡关系

以缩小城乡发展差距和居民生活水平差距为目标，突出以工促农、以城带乡，协调推进乡村振兴战略和新型城镇化战略，以促进城乡生产要素双向自由流动和公共资源合理配置为关键，率先建立起城乡融合发展体制机制和政策体系。

1. 促进城乡生产要素双向流动，激活乡村振兴内在活力

加快破除妨碍城乡要素自由流动和平等交换的体制机制壁垒，推进城乡要素优化配置，促进乡村形成人才、土地、资金、产业、信息汇聚的良性循环。持续推进农业转移人口市民化，建立城市人才入乡激励机制，吸引外出农民工、高校毕业生、退伍军人、城市各类人才返乡下乡创新创业。深化农村土地制度改革，探索农村承包土地"三权分置"有效实现形式，引导农村土地经营权有序流转，开展宅基地"三权分置"试点，加强闲散土地盘活利用，鼓励县（市、区）探索开展全域乡村闲置校舍、厂房、废弃地等整治，有序推进农村集体经营性建设用地入市改革。深化农村集体产权制度改革，探索赋予农民对集体资产股份有偿退出及抵押、担保、继承权权能的有效模式，探索集体经济新的实现形式和运行机制，发展壮大农村集体经济。健全农村产权交易市场体系，完善农村产权流转交易管理制度，提升农村产权交易市场服务功能。健全财政投入保障机制，完善乡村金融服务体系，健全工商资本入乡促进机制等，强化城乡融合发展资金保障。建立科技成果入乡转化机制，加强科技特派员队伍建设，

2. 城市基础设施和公共服务向乡村延伸，加快提升城乡基本公共服务均等化水平

第一，促进公共资源配置向农村、基层延伸和倾斜，推动城乡基础设施、公共服务均等化发展。推动农村基础设施提档升级，实现城乡基础设施统一规划、统一建设、统一管护。实施城乡基础设施一体化规划，以市县域为整体，统筹规划城乡基础设施，加快农村公路改造升级，推动农村公路枢纽的互通联结，强化县城与重点中心镇的交通联系，城乡客运公交化和城乡公交一体化建设，统筹布局城乡供水、供电、信息、广播电视、防洪和垃圾污水处理等设施。开展城乡基础设施一体化建设，加大政府对乡村道路、水利等公益性强、经济性差的设施建设投入，积极引导社会资本参与乡村供水、垃圾污水处理、农贸市场、物流设施等建设。推行城乡基础设施统一管护运行模式，支持以政府购买服务等方式引入专业化企业，提高管护市场化程度。

第二，建立健全有利于城乡基本公共服务普惠共享的体制机制，推动公共服务向农村延伸、社会事业向农村覆盖，健全全民覆盖、普惠共享、城乡一体的基本公共服务体系，逐步推进城乡基本公共服务标准统一、制度并轨。优先发展农村教育事业，深化县域内城乡义务教育一体化改革，落实城乡义务教育经费保障机制，推进县域内义务教育发展基本均衡。健全乡村医

疗卫生服务体系，改善乡镇卫生院和村卫生室条件，加强乡村医疗卫生人才队伍建设，全面建立分级诊疗制度，鼓励县医院与乡镇卫生院建立县域医共体，鼓励城市大医院与县医院建立对口帮扶、巡回医疗和远程医疗机制，实现城乡基本公共卫生服务均等化。健全城乡公共文化服务体系，统筹城乡公共文化设施布局、服务提供、队伍建设，推动文化资源重点向乡村倾斜，提高服务的覆盖面和适用性。健全农村社会保障制度，推动城乡居民医保范围、筹资政策、保障待遇、医保目录、定点管理、基金管理"六统一"。完善城乡居民基本养老保险制度，建立基本养老保险待遇确定和基础养老金标准正常调整机制。统筹城乡社会救助体系，完善最低生活保障制度，做好农村社会救助兜底工作。将进城落户农业转移人口全部纳入城乡住房保障体系。构建多层次农村养老保障体系，优先发展居家、社区养老服务，创新多元化照料服务模式。

3. 构建特色优势、城乡互动的现代产业体系，增强相对贫困地区发展内生动力

首先，立足资源优势打造各具特色的农业全产业链。推动粮经饲统筹、农牧渔结合、种养加一体，构建特色高效农业。优化农业种养结构，在保障国家粮食安全的同时，发展高效经济作物、特色养殖和林下经济。以"粮头食尾""农头工尾"为抓手，引导农产品在县域范围内就地就近深加工，提高加工转化率和附加值，建成一批农产品专业村镇和加工强县。强化农产品质量安全和追溯体系建设，加强绿色食品、有机农产品、地理标志农产品认证和管理，打造若干地方和区域性知名农产品品牌。培育壮大家庭农场、农民合作社等新型农业经营主体，引进域外龙头企业，鼓励工商资本、科技人才下乡，建立健全"公司＋合作社＋农户"等农民分享产业链增值收益机制。建设一批现代农业产业园和农村产业融合发展示范园，支持有条件的城市建立农业科研机构。

其次，加快现代服务业发展。充分发挥生态、文化优势，发展文化旅游、餐饮民宿、健康养生、养老服务等产业，大力发展电子商务，鼓励农超对接，建设"田头市场＋电商企业＋城市终端配送"的全流程冷链物流体系，推动更多优质绿色农产品进入大城市。结合工农业发展需求，配套发展现代金融、商务服务、科技服务等生产性服务业。

（四）确保"能融入、稳得住、能致富"，支持易地搬迁后续发展

1. 推动搬迁人口市民化，全方位融入城市生产生活

第一，推动搬迁人口从职业、消费、心理、文化、社会关系等多方面全方位实现市民化。职业市民化就是要使搬迁人口生产方式从第一产业为主，向从事非农领域职业转变。消费水平市民化就是要提升搬迁人口的消费水平和消费方式。心理市民化就是要搬迁人口进入城镇后适应城镇文化，心理上逐渐模糊移民身份，从心理上认同新社区、新生活。社会关系市民化就是要促进搬迁人口与城镇原住民之间的良性互动，让搬迁人口逐渐感受到信任与认同感，建立完善的多元主体利益诉求表达机制。

第二，加大移民融入新市民社区力度。加快城镇化、跨区域搬迁步伐，加快新市民社区住房、配套设施、公共服务设施建设速度，加快移民思想观念和行为习惯转变，加快就业方式变革，促进移民快速融入新环境，享受新生活，成为新市民。

第三，拓宽社区群众就业渠道。移民受教育水平限制，技能水平较低，难以满足城市工作岗位的要求，要提升其技能水平，政府可以鼓励通过开展职业院校教育，以市场需求为导向，组织"订单式"教育培训。鼓励用人单位、各类培训机构和其他中介组织，为移民提供多渠道、多形式的技能培训，拓宽劳务输出渠道。

第四，丰富社区群众文化生活。丰富新市民社区文化生活，促进来自不同地方移民之间的沟通和交流，创造条件增进移民与新社区周边原居民交往，逐渐淡化移民与原居民之间的界线，拓展移民的社会关系网络。加大新市民社区文体娱乐场所建设力度，通过丰富新市民社区文化内涵，结合新市民社区建设实际，实现创新发展，从而培育移民对新市民社区的归属感和认同感。

2. 盘活迁出区各项资源，增加搬迁农户长期稳定收益

第一，积极盘活耕地、林地、宅基地"三块地"资源，保障搬迁农户收益。大力推进农户承包地、山林地有偿流转，支持农业产业化龙头企业对

迁出区土地进行集中开发经营，积极扶持迁出区农业专业合作社发展。保障政策性林权补助收益。搬迁农户迁出后，按照相关政策享受的公益林补助、抵押担保、林业增值收益等政策继续予以保障，确保离地不离权。保障宅基地复垦收益。坚持搬迁后保留的旧房、宅基地以及复垦的耕地等资源所有权均归原集体经济组织所有，认真组织实施搬迁农户旧房拆除和宅基地复垦，对搬迁后原旧房及宅基地进行分类处置，具备条件的要优先复垦为耕地，对确实不宜复垦为耕地的，宜林则林、宜园则园、宜开发则开发、宜生态则生态。做好旧房、宅基地以及复垦耕地等资源的收益分配，充分尊重集体经济组织成员意见，做到合理、公平、公正，切实维护迁出地群众利益。

第二，合理有序推进后续开发。支持后续扶持发展公司深入挖掘绿水青山、田园风光、乡土文化等资源，有针对性地发展农业旅游、生态旅游、民俗旅游、休闲旅游、红色旅游。加大服务业发展引导基金、畜禽粪污资源化利用整县推进项目资金等国家、省有关财政资金和基金对后续开发的支持力度，总结推广能人带户、企业（合作社）+农户等多种类型的扶贫开发新模式，有序引导耕地、林地、宅基地等生产要素向现代龙头企业、农民专业合作社、种养大户集中，积极引入社会资本开发休闲农庄、特色民宿、山地运动、快递下乡等项目，实现"一个企业引领一片，一个典型带动一方"。

3. 开展生态宜居搬迁，巩固易地扶贫搬迁成果

实施生态宜居搬迁，重点将居住在生态环境脆弱、生存条件恶劣、自然灾害频发、人地矛盾紧张地区的村庄搬迁，将农户搬迁至特色小镇、县城、城区集中安置，减少人为干预和破坏，长久巩固提升生态保护和修复成果。配套完善就业、教育、医疗、社保、养老等各类公共服务设施和保障体系，着力补齐民生短板、放大生态优势，努力打造群众安居乐业的美丽家园，实现农业向集约化发展、农村向城镇化迈进、农民向职业化转型，推动乡村振兴战略取得重要进展。

（五）聚焦衰退型城市和城边缘阶层，未雨绸缪应对城市新贫困

1. 完善城乡低保制度，不断增强兜底保障能力

稳步提高城乡低保标准，扩大低保覆盖面，到 2025 年将常住人口（含

农民工）全部纳入城市居民最低生活保障体系，实现城乡低保标准一体化。科学确定低保对象，定期按照城乡居民家庭收入与财产变化动态调整城乡居民低保对象，确保低保发放的精准性。加强低保资金的财政供应与管理，建立中央财政对中西部地区低保专项转移支付制度。加强低保制度与养老保险制度、其他社会救助制度、扶贫政策的配套，统筹最低生活保障、特困人员供养救助、孤困儿童保障、教育救助、医疗救助、临时救助、慈善救助等各部门的专项救助，构建社会救助兜底保障网络，提高低保资金的宏观调控效果，为更好地开展救助工作提供服务支持，实现城乡困难群体救助全覆盖。加强低保制度和就业政策配合，健全低保户创业与就业的税收优惠政策与财政补贴政策。

2. 瞄准结构性失业群体，积极提升就业技能

积极应对结构性失业，加快发展现代职业教育，把既有和潜在结构性失业群体纳入职业培训体系。加强农民工职业技能培训，围绕城市产业升级需求优化课程设置，通过政府补贴和购买扩大培训覆盖人群范围，提升农民工的就业能力。提高新生代农民工的就业技能，使他们成为高端制造业和新兴产业所需要的技术工人和技术人才。拓展中级教育劳动者人力资本积累渠道和提升现有中层教育劳动者的教育质量。加大对在职人员的培训力度，增加培训经费。扩大培训机会，提高培训水平。扩大全民教育学习资源，通过带薪学习假、终身学习等方式，鼓励全民参与学习。鼓励企业和社会力量参与职业教育办学，不断提高广大劳动者的业务素养，帮助其发展"一技之长"，成为相关领域的"行家里手"。拓宽生产工人和技术工人的技能、教育培训渠道，强化教育激励，推动形成一套紧密结合行业和区域发展、符合现代化经济体系建设需要的职业技能培训体系。

四、政 策 建 议

聚焦资金投入、土地资源配置、城市开发建设与管理等方面，健全投入保障制度，完善政府投资体制，充分激发社会投资的动力和活力，积极融入重大国家战略，为相对贫困地区新型城镇化提供制度保障。

（一）健全城乡多元投入保障机制

健全投入保障制度，完善政府投资体制，充分激发社会投资的动力和活力，深入推进农村金融改革试点工作，加快形成财政优先保障、社会积极参与、金融重点倾斜的多元投入格局。

1. 优化财政支出和政府投资结构

合理确定各级政府在教育、基本医疗、社会保障等公共服务方面的事权，建立健全城镇基本公共服务支出分担机制。争取中央和省财政转移支付，建立财政转移支付同农业转移人口市民化挂钩机制。坚持把农业农村作为财政支出的优先保障领域，提高土地出让收益用于农业农村的比例，理顺专项资金使用管理机制和涉农资金统筹整合长效机制，推进行业内资金整合与行业间资金统筹相互衔接配合。动态细化乡村振兴重点投资项目目录，建立与规划任务和经济实力相匹配的政府投资机制。

2. 拓展城乡建设投融资渠道

积极争取中央预算内投资、地方政府债券和政策性贷款等资金支持，采取项目投资、风险补偿、财政补助、税收优惠、绩效奖励等方式，发挥财政资金的杠杆作用，引导社会资本公共基金、保险资金等参与城镇基础设施建设、旧城改造、市政设施运营、乡村振兴领域。探索设立乡村振兴基金，由政府引导资金牵头吸引民营企业和社会资本注入，重点支持乡村新产业新业态和农村产业融合发展项目。推广一事一议、以奖代补等方式，鼓励农民对直接受益的乡村基础设施建设投工投劳，让农民更多参与建设和管护。协调商业银行对有市场需求、有发展潜力的小微企业加大信贷支持力度，扩大面向中小外贸企业的融资服务。

（二）提高土地资源配置和利用效率

1. 健全节约集约用地制度

完善各类建设用地标准体系，严格执行节约集约用地标准。规范建设新城新区、产业园区，要以人口密度、投入产出强度和资源环境承载力为基准，严格控制用地规模，防止土地过度超前开发和基础设施过度超前投入。提高工业项目投资强度、产出率和容积率门槛，探索租让结合、分阶段出让的工业用地供应机制。建立健全规划统筹、政府引导、市场运作、公众参与、利益共享的城镇低效用地再开发机制，盘活利用现有城镇存量建设用地，建立存量建设用地退出激励机制，推进棚户区、旧厂房、城中村改造，发挥政府土地储备对盘活城镇低效用地的作用。

2. 积极探索推进农村土地管理制度改革

赋予农民对土地经营权、林权、房屋使用权等产权的自由处置权，允许农民以出租、转换、置换、赠与、继承、作价入股等方式流转，允许农民自愿有偿退出土地承包经营权、宅基地使用权以及集体收益分配权，让进城农民从中受益。鼓励有条件的农户退出宅基地进城落户，政府或农村集体经济组织按退出的宅基地面积给予一定的经济奖励。农民退出宅基地后的土地承包经营权、集体收益分配权、农民身份享有的政策待遇保持不变，允许农民持股进城。积极探索农村住房就近置换城镇商品房试点，支持实行"承包地换保障、宅基地换住房"。结合城乡建设用地增减挂钩引导宅基地集中布局，土地增值收益用于支持城镇建设和农村发展、改善农民生产生活条件和易地扶贫搬迁。

（三）提高城乡规划、建设与管理水平

1. 创新规划理念

坚持集约发展，树立"精明增长""紧凑城市"理念，统筹老城区更新规划与新区建设规划，促进城市用地功能适度混合。科学划定城市开发边界，合理划定城市"三区三线"，确定城市规模、开发强度和保护性空间，加强城市空间开发利用管制。以空间规划为依据，完善城市规划前期研究、规划编制、专家论证、公众参与、审查审批、实施管理、评估修编等工作程序。在新型城镇化、全域旅游、交通和信息等基础设施、基本公共服务供给等方面，率先推进城乡规划一体化，把工业和农业、城市和乡村作为一个整体统筹谋划，促进城乡在规划布局、要素配置、产业发展、公共服务、生态保护等方面相互融合和共同发展。积极推动镇域发展规划、镇区建设规划、

产业发展规划、土地利用规划、美丽乡村建设规划等"多规合一",促进实现城乡规划一张蓝图干到底。

2. 提高城乡建设水平

体现尊重自然、顺应自然、天人合一的理念,依托山水脉络等独特风光,加强园林绿化建设,拓展城镇生态空间,发展绿色建筑,倡导绿色生活,打造"城在山中、山在城中,城在绿中、绿在城中,城在景中、景在城中"的绿色生态城镇。彰显民族特色,保护和弘扬传统优秀文化,延续黄河沿岸城市历史文脉,加强对历史文物、民风民俗、自然景观和人文景观的挖掘、保护和合理利用,让居民望得见山、看得见水、记得住乡愁。丰富城市(镇)文化内涵,打造城市(镇)亮点,塑造城市(镇)品牌,形成独具地方特色的城市(镇)形象。

3. 强化规划管理

要加强规划实施全过程监管,确保依规开发建设。进一步强化规划的强制性,凡是违反规划的行为都要严肃追究责任。健全规划监督管理体制机制,以规划强制性内容为重点,加强对规划实施情况的督导检查。严格实行规划实施责任追究制度,加大对政府部门、开发主体、个人违法违规行为的责任追究和处罚力度。制定城市规划建设考核指标体系。运用卫星遥感监测等信息化手段,保障对城市规划管控的技术支撑。通过城乡规划统筹衔接和一体化,有序推动开展乡村田园综合体、特色种养殖基地、乡村旅游景区(点)和农村综合服务中心等建设项目的规划工作,引导城乡人口、土地、资金等要素合理高效配置,避免建设项目低端化重复建设,鼓励探索以项目整合带动资金整合、催生业态融合,切实发挥重点项目的支撑和带动作用。

(四) 推动区域开发发展

区域开发应融入重大国家战略。深度参与国家重大区域战略,促进东西双向开发开放。紧紧抓住国家构建国内循环为主体、国内国际双循环格局的重大战略机遇,发挥生态安全屏障、战略腹地的作用,坚持点状开发、面上保护,探索生态优先、绿色发展的城乡协调发展之路。优化全面开放环境。加强政府自身改革,转变政府职能,精简审批事项和审批程序,提高办事效率和服务水平，大力优化政务环境。加快诚信体系建设，规范市场经济秩序，加强知识产权保护，营造各类投资者公平参与竞争的市场环境。进一步加大环境整治力度，完善优化投资环境评价体系，切实维护投资者合法权益，打造投资贸易法治化、国际化、便利化的营商环境。

主要参考文献

[1] 郭远智，周扬，刘彦随. 贫困地区的精准扶贫与乡村振兴：内在逻辑与实现机制 [J]. 地理研究，2019，38（12）：2819 – 2832.

[2] 杨发萍. 中国城乡关系的结构困境与区域发展 [J]. 华南农业大学学报（社会科学版），2019，18（3）：1 – 10.

[3] 郑瑞强，王强，赵晨刚，Sarah Rogers. 新型城镇化的农村贫困减缓：空间重构、效应测度及策略优化 [J]. 湖北民族学院学报（哲学社会科学版），2019，37（2）：65 – 73.

[4] 王玉玲，程瑜. 新型城镇化对缓解贫困的作用 [J]. 城市问题，2019（11）：30 – 37.

[5] 杨海波. 山地地区城乡发展一体化研究 [D]. 北京：中共中央党校，2017.

[6] 吕翠丽，何玲玲. 易地扶贫搬迁与新型城镇化耦合发展研究 [J]. 经济师，2018（9）：14 – 16.

[7] 王金涛，陈琪. 动员力度、心理聚合与搬迁绩效：以陇中某地易地搬迁为例 [J]. 中国行政管理，2016（9）：82 – 87.

[8] 张明珠. 新型城镇化下基本公共服务均等化探讨 [J]. 宏观经济管理，2016（2）：64 – 66.

[9] 王志章，刘天元. 连片特困地区农村贫困代际传递的内生原因与破解路径 [J]. 农村经济，2016（5）：74 – 79.

[10] 何得桂. 西部山区避灾扶贫移民型社区管理创新研究：基于安康的实践 [J]. 国家行政学院学报，2014（3）：97 – 101.

[11] 张晨. 城市化进程中的"过渡型社区"：空间生成、社会整合与治理转型 [M]. 广州：广东人民出版社，2014：170.

[12] 苏涛，马德富，张明. 贫困山区县农村人口向城镇转移的特点、意愿、影响及对策——以湖北省五峰县为例 [J]. 湖北社会科学，2017

（5）：63 - 69.

　　［13］侯建华. 推进贫困山区人口向城镇适度集中的思路与对策 ［J］.
经济论坛，2019（7）：12 - 15.

　　［14］解垩. 城镇化与中国农村减贫 ［J］. 经济科学，2020（3）：5 - 16.

　　［15］陈丽莎，孙伊凡. 城镇化对中国农村减贫的效应分析及对策建议
［J］. 河北学刊，2019，39（5）：217 - 221.

　　［16］冯丹萌，陈洁. 2020 年后我国城市贫困与治理的相关问题 ［J］.
城市发展研究，2019，26（11）：102 - 107.

　　［17］王锴. 以相对贫困来看城市贫困：理念辨析与中国实证 ［J］. 北
京社会科学，2019（7）：74 - 83.

　　［18］龚勤林，王婧，王莉. 基于英美国家实践的中国内城贫困问题化
解思路 ［J］. 区域经济评论，2018（1）：78 - 87.

　　［19］王金营，王子威. 中国人力资本产业配置在城镇化中的作用研究
［J］. 中国人口科学，2014（5）：79 - 87，127 - 128.

　　［20］陈春林. 人力资本驱动与中国城镇化发展研究 ［D］. 上海：复旦
大学，2014.

专题研究报告五

区域援助和区域协作减贫机制研究

内容提要： 区域援助和区域协作减贫机制是与我国社会主义发展的分阶段性相适应，并体现社会主义制度优越性的重要的减贫扶贫机制。历经几十年的发展演变，其内容更加丰富、手段更加多样、形式更加多元、覆盖范围更加合理。在相对贫困阶段，区域援助和区域协作减贫机制将继续发挥重要的作用。对此，应深入推进四大转变，即"输血"向"造血"转变、"协作"向"合作"转变、政府单一主导向政府和市场双主体格局转变、单一的经济帮扶向多维提升转变，并以监督评估考核机制为保障，提升协作减贫机制的组织力和有效性。需充分认识到区域援助和协作减贫的长期性，注重长期合作和规划对接，继续在产业合作、劳务协作、人才支援、资金支持等方面深耕细作，并更加注重优势互补和互惠互利、更加注重内生发展，积极引入社会资本和市场机制壮大合作减贫力量、提升合作效率。

充分认识到区域援助和区域协作减贫的长期性，注重长期合作和规划对接，继续在产业合作、劳务协作、人才支援、资金支持等方面组织开展区域扶贫协作，并更加注重优势互补和互惠互利、更加注重内生发展，积极引入社会资本和市场力量提升合作效率。

一、我国区域援助和区域协作减贫机制的发展

东西部扶贫协作和对口支援是我国主要的区域援助和区域协作减贫机

制，是具有中国特色的重要的减贫机制。习近平总书记在 2016 年 7 月主持召开东西部扶贫协作座谈会上指出，东西部扶贫协作和对口支援，是推动区域协调发展、协同发展、共同发展的大战略，是加强区域合作、优化产业布局、拓展对内对外开放新空间的大布局，是实现先富帮后富、最终实现共同富裕目标的大举措。东西部扶贫协作和对口支援必须长期坚持下去。

东西部扶贫协作和对口支援之间既有紧密的联系，又有区别，且有融合统一的趋势。二者都是中央对西部欠发达地区、贫困地区做出的一项加快扶贫开发进程的重大决策，都是围绕扶贫攻坚，坚持精准扶贫、精准脱贫的战略。不过，东西部扶贫协作的支援方一般是东部地区，对口支援的支援方则还有中西部地区，且受援方有时候专指西藏、新疆和青川滇陇四省藏区。二者在协作或帮扶的方式和内容上也有一些区别，例如对口援藏明确要求支援方按本省市上年度地方财政一般预算收入的千分之一安排援助资金。当然，从实质上到名义上，二者的区别越来越不明显，而且很多时候对二者不再进行区分，或者统称为扶贫协作、对口支援、对口帮扶等，或者组合在一起，即东西部扶贫协作和对口支援。

（一）东西部扶贫协作

东西部扶贫协作是我国根据东西部地区之间发展不平衡的现状，依托我国社会主义的制度优势和政治优势，由中央政府组织、东西部地区地方政府与企业协作开展的一种特殊扶贫形式，也是一种具有中国特色的实现共享发展的重要方式。

1. 东西部扶贫协作的提出和初步建立

东西部扶贫协作在 1994 年实施的《国家八七扶贫攻坚计划（1994~2000 年）》中被正式提出，并在 1996 年召开的全国扶贫工作会议及相关文件上确立了协作关系和内容。1994 年 4 月，国务院印发的《国家八七扶贫攻坚计划（1994~2000 年）》指出，北京、天津、上海等大城市，广东、江苏、浙江、山东、辽宁、福建等沿海较为发达的省，都要对口帮助西部的一两个贫困省、区发展经济，东西部扶贫协作机制开始逐步建立。1996 年 5 月，国务院扶贫开发领导小组召开全国扶贫协作工作会议，做出了由北京帮扶内蒙古，天津帮扶甘肃，上海帮扶云南，广东帮扶广西，江苏帮扶陕西，浙江帮扶四川，山东帮扶新疆，辽宁帮扶青海，福建帮扶宁夏，深圳、青岛、大连、宁波帮扶贵州的扶贫协作安排。同年7月，国务院办公厅转发了《关于组织经济较发达地区与经济欠发达地区开展扶贫协作的报告》，对扶贫协作的意义、形式、任务、要求等做了具体部署。其中，扶贫协作的主要内容包括：帮助贫困地区培训和引进人才，引进技术和资金，传递信息，沟通商品流通渠道，促进物资交流；开展经济技术合作；组织经济较发达地区的经济效益较好的企业，带动和帮助贫困地区生产同类产品的经济效益较差的企业发展生产；开展劳务合作，组织贫困地区的剩余劳动力到经济较发达地区从业；发动社会力量，开展为贫困地区捐赠生活用品的活动。1996年10月在《中共中央　国务院关于尽快解决农村贫困人口温饱问题的决定》中，进一步强调和部署了此项工作。至此，扶贫协作在全国23个省、区、市正式开启。1997年重庆直辖市设立后，国务院扶贫开发领导小组又于2002年1月决定由珠海、厦门对口帮扶重庆市。

2. 东西部扶贫协作的发展和完善

此后，伴随着国内一些重大政策、战略的发展以及为了更好地满足脱贫攻坚需要，东西部扶贫协作机制一直都在不断优化和完善之中，协作关系不断调整优化，协作内容和方式不断完善。而且，2016年，东西部扶贫协作开展20年之际，中央召开东西部扶贫协作座谈会，更加强调协作关系与协作双方经济发展水平、扶贫难度的适用性，以及更加重视对协作成效的考核。

2008年2月，国务院扶贫办颁布了《2008年东西扶贫协作工作指导意见》，强调要在现有扶贫协作关系不变的前提下，适当调整2008～2010年双方区县级对口帮扶结对关系，优先把集中连片特殊困难地区纳入对口帮扶范围。

2010年6月，国务院扶贫办对浙江、四川、天津、甘肃、辽宁、青海、上海、云南、山东、重庆、新疆、厦门、珠海等13个省区市的东西扶贫协作关系进行了调整，具体安排是：山东省的东西扶贫协作任务由原帮扶新疆10个县调整为帮扶重庆市国家扶贫开发工作重点县，原对口帮扶重庆的厦门、珠海分别调整至甘肃临夏回族自治州、四川凉山彝族自治州，辽宁与青海重点推进西宁市和海东地区的东西扶贫协作。①

为了帮助贵州尽快缩小与全国的发展差距，2013 年 2 月 4 日，国务院办公厅颁布了《关于开展对口帮扶贵州工作的指导意见》，在综合考虑原有东西扶贫协作关系、帮扶方财力状况、受帮扶地区困难程度以及双方合作基础等因素的基础上，决定由辽宁、上海、江苏、浙江、山东、广东等 6 个省（直辖市）的 8 个城市，分别对口帮扶贵州的 8 个市（州），即：大连市对口帮扶六盘水市、上海市对口帮扶遵义市、苏州市对口帮扶铜仁市、杭州市对口帮扶黔东南州、宁波市对口帮扶黔西南州、青岛市对口帮扶安顺市、广州市对口帮扶黔南州、深圳市对口帮扶毕节市。

2016 年 7 月，东西部扶贫协作开展 20 年之际，习近平总书记主持召开东西部扶贫协作座谈会，指出为进一步做好东西部扶贫协作和对口支援工作，要提高认识，加强领导；完善结对，深化帮扶；明确重点，精准聚焦；加强考核，确保成效。同时，强调了在产业协作、劳务协作、人才支援、资金支持等重点举措上精准聚焦；在完善省际结对关系基础上，实施"携手奔小康"行动，着力推动县与县精准对接，还可以探索乡镇、行政村之间结对帮扶。

针对完善结对关系和加强考核的要求，一方面，国务院扶贫开发领导小组召开专题会议确定了东西部扶贫协作结对关系调整的基本思路：原有的东西部扶贫协作各省之间结对关系不变，原有的对口支援西藏、新疆和四省藏区对口帮扶关系不变，原有的东西部扶贫协作和对口支援管理体制不变；对一些经济下行压力较大、帮扶任务和自身扶贫任务较重的东部省市适当调减帮扶任务，对贫困程度较深、脱贫任务重的西部省市，协调东部省市适当调增帮扶力量；落实京津冀扶持贫困地区发展的任务。

2016 年 12 月，中共中央、国务院印发《关于进一步加强东西部扶贫协作工作的指导意见》，调整了东西部扶贫协作结对关系，在完善省际结对关系的同时，实现对民族自治州和西部贫困程度深的市州全覆盖。其中，加强了云南、四川、甘肃、青海等重点贫困市州的帮扶力量，调整了辽宁、上海、天津的帮扶任务。调整或增加了江苏省和青岛、济南、杭州、宁波、福

---

① 浙江与四川的东西扶贫协作扩大到四川甘孜藏族自治州、阿坝藏族羌族自治州、凉山州木里藏族自治县，天津与甘肃的东西扶贫协作扩大到甘肃省甘南藏族自治州、武威市天祝藏族自治县，也属于本次调整安排，归入后文的援藏机制调整中。

州、广州、深圳、珠海、中山、东莞、佛山等省市的结对帮扶关系，增加了北京市帮扶河北省张家口市和保定市，天津市帮扶河北承德市，以落实京津冀协同发展中"扶持贫困地区发展"的任务。根据2015年贫困发生率、贫困人口数，对西部的115个地市和全国30个少数民族自治州进行排名，梳理出16个贫困程度较深、脱贫攻坚任务重、尚没有落实结对帮扶或帮扶力量较弱的怒江、昭通、凉山、陇南、定西、湘西、恩施等市州，协调新增东部城市帮扶。

调整后，共有东部9省（直辖市）、13个城市对口帮扶西部10个省（区、市），吉林、湖北、湖南的3个少数民族自治州和河北省张家口、承德、保定3市也对接起来。调整后的东西部扶贫协作结对关系具体为：北京市帮扶内蒙古自治区、河北省张家口市和保定市；天津市帮扶甘肃省、河北省承德市；辽宁省大连市帮扶贵州省六盘水市；上海市帮扶云南省、贵州省遵义市；江苏省帮扶陕西省、青海省西宁市和海东市，苏州市帮扶贵州省铜仁市；浙江省帮扶四川省，杭州市帮扶湖北省恩施土家族苗族自治州、贵州省黔东南苗族侗族自治州，宁波市帮扶吉林省延边朝鲜族自治州、贵州省黔西南布依族苗族自治州；福建省帮扶宁夏回族自治区，福州市帮扶甘肃省定西市，厦门市帮扶甘肃省临夏回族自治州；山东省帮扶重庆市，济南市帮扶湖南省湘西土家族苗族自治州，青岛市帮扶贵州省安顺市、甘肃省陇南市；广东省帮扶广西壮族自治区、四川省甘孜藏族自治州，广州市帮扶贵州省黔南布依族苗族自治州和毕节市，佛山市帮扶四川省凉山彝族自治州，中山市和东莞市帮扶云南省昭通市，珠海市帮扶云南省怒江傈僳族自治州。

另外，《关于进一步加强东西部扶贫协作工作的指导意见》还要求开展携手奔小康行动，其中对西部贫困程度深的县要县县结对，携手奔小康。东部省份组织本行政区域内经济较发达的县（市、区）与扶贫协作省份和市州扶贫任务重、脱贫难度大的贫困县开展携手奔小康行动。探索在乡镇之间、行政村之间结对帮扶。截至2017年初，共确定东部地区267个经济较发达县（市、区）与西部地区390个贫困县开展携手奔小康行动，其中少数民族贫困县占绝大多数。

另一方面，2017年8月，国务院扶贫开发领导小组印发《东西部扶贫协作考核办法（试行）》，从组织领导、人才支援、资金支持、产业合作、劳务协作、携手奔小康行动六个方面构造一系列指标，并按照省市总结、交又考核、综合评议步骤对东西部扶贫协作中的帮扶方和被帮扶方进行年度考核。

（二）对口支援

1. 对口支援的提出和早期发展

对口支援是在中国特定政治生态中孕育、发展和不断完善的一项具有中国特色的政策模式。其萌芽于 20 世纪 50 ~ 60 年代城市支援农村、沿海支持内地两个领域。20 世纪 50 年代在城市与农村之间出现了较为广泛的"四级挂钩""八行对口"等模式，1960 年正式提出"厂厂包社对口支援"。此后，逐步发展出目前对边疆地区的对口支援（如援疆、援藏）、对重大工程的对口支援（如对口支援三峡库区）、对灾害损失严重地区的对口支援（如对唐山大地震、汶川大地震受灾地区对口支援）三种对口支援主要模式。本报告中的对口支援主要指针对新疆、西藏（包括四省藏区）等边疆和民族地区的对口支援，这也是上述三种对口支援的主要形式。

对口支援于 20 世纪 70 年代末正式提出并实施。为了增强民族团结，巩固边防，加速少数民族地区的经济文化建设，党的十一届三中全会以后，中央在 1979 年召开的全国边防工作会议上指出，国家要组织内地发达省、市，实行对口支援边疆地区和少数民族地区，并确定了东部经济发达的省对口支援 5 个自治区和 4 个少数民族比较集中的省（云南、贵州、青海、甘肃）的具体方案：北京支援内蒙古，河北支援贵州，江苏支援广西、新疆，山东支援青海，天津支援甘肃，上海支援云南、宁夏，全国支援西藏。从此，对口支援工作被正式提出并确定下来。

此后，根据政策实施情况，中央又对其进行了多次重申、补充和调整。其中，针对西藏、新疆这两个情况更为特殊的少数民族地区的对口支援是相关政策的重点。为了更好地实施对口支援政策，促进少数民族和贫困地区的经济社会发展，1982 年 10 月，国家计划委员会、国家民族事务委员会组织召开了经济发达省市同少数民族地区对口支援和经济技术协作工作座谈会。1983 年 1 月，国务院批转了这次座谈会议纪要，并明确了对口支援工作的原则、重点、任务等问题，强调对口支援必须坚持"共同发展"和"互利互惠"的方针，正确处理支援同互利的关系，坚持"经济效益与互助风格的有机结合"的原则，把经济发达省、市的技术、经济优势同民族地区的资源优势和生产潜力结合起来，实际上开始把扶贫与协作结合起来。1984年9月召开的全国经济技术协作和对口支援会议增加上海支援新疆、西藏，广东支援贵州，湖北省、辽宁省和武汉市、沈阳市支援青海等对口支援任务。1984年通过并于2001年修订的《中华人民共和国民族区域自治法》规定，"上级国家机关应当组织、支持和鼓励经济发达地区与民族自治地方开展经济、技术协作和多层次、多方面的对口支援，帮助和促进民族自治地方经济、教育、科学技术、文化、卫生、体育事业的发展"，即以国家基本法律的形式明确了对口支援制度。1991年12月16日国家民委转发了《全国部分省、自治区、直辖市对口支援工作座谈会纪要》，指出对口支援应按照"支援为主，互补互济，积极合作，共同繁荣"的原则进行。

2. 对口支援西藏及四省藏区

西藏是新中国成立以来最先实施对口支援的地区，相较于其他地区，对口支援在西藏实施的广度和深度最高，学术界和实践层的关注度也最高。改革开放以来，在前期探索基础上，中央以"西藏工作座谈会"方式不断推进援藏机制的形成、发展、完善与运用。从第一次西藏工作座谈会（1980年）提出的"中央关心西藏、全国支援西藏"口号，到第二次西藏工作座谈会（1984年）拉开全国支援西藏的行动序幕，到第三次西藏工作座谈会（1994年）提出"分片负责、对口支援、定期轮换"的援藏工作机制，再到第四次西藏工作座谈会（2001年）把西藏所有县（市、区）纳入对口支援范围，实现对口支援西藏的全覆盖，援藏机制最终得以基本成型。第五次西藏工作座谈会（2010年）对成型化的援藏机制再次进行深化、完善并且运用到其他藏区（四省藏区）及边疆民族地区（如2010年中央新疆工作座谈会后建立全面的援疆机制）。

1980年3月中央召开第一次西藏工作座谈会，提出"中央关心西藏，全国支援西藏"的口号，要求中央各部门、全国各有关地方和单位，根据西藏特殊需要，在物质、资金、技术和人才方面给予积极支援，特别是经济、文教、卫生等部门要制定长远援藏规划和年度计划。1983年8月，国务院做出"在坚持全国支援西藏的方针下，由四川、浙江、上海、天津四省（市）重点对口支援西藏"的决定。同时，四省市连同北京、江苏和陕西与西藏建立了项目上的对口支援和协作。

在 1984 年中央第二次西藏工作座谈会上，确定了由北京、上海、天津、江苏、浙江、四川、广东、山东、福建 9 省市和水电部、农牧渔业部、国家建材局等有关部门帮助西藏建设涉及能源、交通、建材、饲料加工、商业、教育、文体、卫生、市政和旅游设施 10 个领域的"金钥匙计划"43 项工程，总投资 4.8 亿元人民币。

1994 年中央召开的第三次西藏工作会议，提出了"分片负责、对口支援、定期轮换"的援藏方针和"长期支援、自行轮换"的干部援助方式，确定了由北京、江苏、上海、山东、湖北、湖南、天津、四川、广东、福建、浙江、辽宁、河北、陕西 14 个省市（后增加重庆市）分别对口支援西藏的拉萨、日喀则、山南、昌都、林芝、那曲和阿里 7 个地市，分布于 44 个县。两个省市分片负责西藏的一个地区。同时，由国务院 29 个部委对口支援西藏自治区区直各部门。

2001 年中央召开的第四次西藏工作座谈会，决定将原定 10 年的"对口援藏"计划再延长 10 年，对口支援关系基本保持不变，新增 3 个省、17 家中央直属企业对口支援西藏。对原来未列入受援范围的西藏的 29 个县，以不同方式纳入对口支援范围。至此，西藏 74 个县（市、区）全部纳入了对口支援的范围。此后，援藏方式和内涵不断拓展，由最初的干部援藏渐渐发展为以干部援藏为核心，经济援藏、人才援藏、科技援藏、教育援藏相结合的工作格局。对口援藏格局基本完成，对口援藏机制正式确立。援藏格局中，主要涉及 17 个省市（不含已不再承担对口支援任务的四川省）、61 个中央部委和 17 户中央企业。基本格局如下：北京、江苏对口支援拉萨市；湖北、湖南、安徽和中粮集团对口支援山南地区；广东、福建对口支援林芝地区；重庆、天津、中国电信、中国一汽、东风汽车、武钢集团、中国铝业和中国远洋对口支援昌都地区；浙江、辽宁、中石油、神华集团、中海油、中石化和中国信托对口支援那曲地区；河北、陕西、国家电网、中国移动和中国联通对口支援阿里地区；上海、山东、黑龙江、吉林和中化集团、上海宝钢对口支援日喀则地区。

2010 年 1 月，中央召开第五次西藏工作座谈会，全面部署推进西藏跨越式发展和长治久安的各项工作。一是将对口支援西藏政策延长到 2020 年，并对加快四川、云南、甘肃、青海四省藏区经济社会发展做出全面部署，考虑把青甘川滇四省藏区纳入对口支援范围。对此，2010年，浙江与四川的东西扶贫协作扩大到四川甘孜藏族自治州、阿坝藏族羌族自治州、凉山州木里藏族自治县，天津与甘肃的东西扶贫协作扩大到甘肃省甘南藏族自治州、武威市天祝藏族自治县。北京、上海、天津、江苏、山东、浙江6个发达省（市）则分别对口支援青海省玉树、黄南、果洛、海南、海北和海西6个藏区自治州。为了加大帮扶力度，2014年8月，国务院办公厅印发《发达省（市）对口支援四川云南甘肃省藏区经济社会发展工作方案》，按照一省（市）对一州的原则，确定由天津市、上海市、浙江省、广东省对口支援川滇陇三省藏区4个藏族自治州和2个藏族自治县，期限暂定为2014～2020年。① 具体结对关系为：天津市对口支援甘南藏族自治州和天祝藏族自治县；上海市对口支援迪庆藏族自治州；浙江省对口支援阿坝藏族羌族自治州和木里藏族自治县；广东省对口支援甘孜藏族自治州。二是建立援藏资金稳定增长机制，规定对口支援省市年度援藏投资实物工作量，在现行体制下需按本省市上年度地方财政一般预算收入的千分之一安排；强调援藏继续坚持倾斜基层，着重民生，持续不断地打造强农惠农工程。

3. 对口支援新疆

在总结借鉴对口支援西藏经验基础上，中央组织召开新疆工作座谈会并开启了新一轮更大规模、更大力度、更高效率的对口支援新疆行动。2010年，中央新疆工作座谈会召开，自1996年以来对口支援历史上支援地域最广、涉及人口最多、资金投入最大、资助领域最全的一次对口支援新疆行动开始。会议确定北京、天津、上海、广东、深圳、黑龙江、吉林、辽宁、河北、山西、山东、河南、江苏、安徽、湖北、湖南、浙江、江西、福建等19个对口援疆省（市）将建立起资金、技术、人才、管理等全方位援疆的机制，且优先改善和保障民生问题，即着力帮助新疆各族民众解决教育、就业、住房等基本民生问题。同时，扶持新疆优势、特色产业的发展。即从2010年开始的未来10年内，中东部19个省市悉数参加，新疆受援地（州、市）除乌鲁木齐和克拉玛依外，实现新疆12个地（州）、82个县（市）和

---

① 对口支援比东西部扶贫协作相对帮扶力度更大、要求更高。

新疆生产建设兵团全覆盖。结对关系如表 1 所示。

表 1　　　　　　　　当前 19 个省（市）对口援疆结对关系

支援方	受援方	
深圳	喀什地区	喀什市、塔什库尔干塔吉克自治县
广东		疏附县、伽师县、兵团农三师图木舒克市及团场
上海		莎车县、泽普县、叶城县、巴楚县
山东		麦盖提县、疏勒县、岳普湖县、英吉沙县
北京	和田地区	和田市、和田县、墨玉县、洛浦县、兵团农十四师团场
天津		民丰县、策勒县、于田县
安徽		皮山县
江苏	克孜勒苏柯尔克孜自治州	阿图什市、乌恰县、阿合奇县
江西		阿克陶县
浙江	阿克苏地区	阿克苏市、阿瓦提县、温宿县、新和县、沙雅县、拜城县、库车县、乌什县、柯坪县、兵团农一师图阿拉尔市及团场
江苏	伊犁哈萨克自治州直属县市	察布查尔锡伯自治县、奎屯市、伊宁市、霍城县、新源县、伊宁县、尼勒克县、巩留县、昭苏县、特克斯县、兵团农四师团场、兵团农七师团场
河北	巴音郭楞蒙古自治州	库尔勒市、和静市、焉耆回族自治县、和硕县、博湖县、且末县、若羌县、轮台县、慰犁县、兵团农二师团场
湖南	吐鲁番地区	吐鲁番市、善县、托克逊县
河南	哈密地区	哈密市、巴里坤哈萨克自治县、伊吾县、兵团农十三师团场
湖北	博尔塔拉蒙古自治州	博乐市、精河县、温泉县、兵团农五师团场
福建	昌吉回族自治州	木垒哈萨克自治县、吉木萨尔县、呼图壁县、昌吉市、玛纳斯县、奇台县
山西		阜康市、兵团农六师五家渠市及团场
辽宁	塔城地区	塔城市、乌苏市、额敏县、和布克赛尔蒙古自治县、托里县、裕民县、沙湾县、兵团农九师团场、兵团农八师石河子市及团场
吉林	阿勒泰地区	阿勒泰市、哈巴河县、布尔津县、吉木乃县
黑龙江		青河县、富蕴县、福海县、兵团农十师团场

二、区域援助和区域协作减贫
典型案例及经验启示

（一）东西部扶贫协作和对口支援典型模式和案例

各结对帮扶地区积极探索、加强实践，政府和社会力量联动，在产业合作、劳务协作、人才支援、资金支持、市场开拓等方面积累了丰富的经验，打造了诸多典型模式和案例。

1. 闽宁模式——全国东西部扶贫协作的典范[①]

本着"宁夏所需，福建所能"，既雪中送炭又互惠双赢的原则，福建的人才、资金、科技、经验、市场要素等不断植入宁夏，不断充实与再塑宁夏的经济、行政、教育、文化、医疗等方方面面，闽宁互助从"输血模式"不断向"造血模式"转变，实现了由"救济式扶贫"向"开发式扶贫"、"粗放式扶贫"向"精准式扶贫"、"政府单一驱动扶贫"向"政社集体行动扶贫"的大转变，成功地建构了全国东西部扶贫协作的典范——"闽宁模式"。2020年，"闽宁对口扶贫协作援宁群体"被授予"时代楷模"荣誉称号。闽宁模式经验如下：

第一，强化扶贫协作顶层设计。闽宁对口扶贫协作以来，两省区坚持高层引领，强化顶层设计，形成了政府主导、多方参与、落实有力的工作格局。一是坚持联席会议制度。从1996年开始，两省区建立了联席会议制度，每年轮流举办一次，党委、政府主要负责同志出席，总结对口协作工作，商定协作帮扶方向、内容和重点。通过坚持联席会议制度，扶贫协作工作始终与两省区的发展大局紧紧相扣，做到"宁夏所需、福建所能"。而且，第一次联席会议就确定了建立扶贫协作发展基金（福建省援助资金）、市县对接帮扶、互派挂职干部、部门对口协作等事宜。建立县级联席会议制度，强化县级结对帮扶关系，以问题为导向，每年召开联席会议，共同研究对口帮扶

---

① 资料来源：笔者整理。

的重大事项和重大问题。二是完善执行机制。两省区历届党委、政府始终坚持把抓落实作为推进扶贫协作的首要任务，做到"优势互补、互惠互利、长期合作、共同发展"，先后建立完善了"市县结对帮扶""互派挂职干部""部门对口协作"等机制，形成了协商、推进的日常机制，明确了路线图，增强了执行力，确保联席会议议定的事情件件能落实，承诺的协作事项件件能兑现。福建宁夏两省区组织、教育、文化、卫生、经贸、旅游、妇联、工商联等几十个部门和群众团体组织，都在力所能及的范围内发展了对口协作关系。三是丰富协作内涵。两省区始终坚持围绕经济社会发展大局，不断丰富扶贫协作内涵。例如，2014 年第十八次联席会议上，两省区党委主要负责同志研究提出抓住国家推进"一带一路"建设的重大战略机遇，发挥福建海峡西岸经济区、宁夏内陆开放型经济试验区的区位交通优势，进一步深化合作，拓展"闽宁模式"，做到年年有新举措、年年有新成果。四是编制《"十三五"闽宁扶贫协作规划》，注重中长期谋划和落实保障。

第二，创新扶贫协作形式。20 多年来，两省区开展了形式多样的交流协作，闽宁扶贫协作由单一的经济援助，发展为在教育、医疗、文化等多领域推进合作。一是延伸扶贫协作链条。在省区对口协作的基础上，将扶贫协作链条向市县、乡镇和村延伸。以改善贫困群众生产生活条件作为重点，福建先后安排 30 多个经济较发达县（市、区），参与对口帮扶宁夏 9 个贫困县（区）。2014 年，在市县结对帮扶的基础上，确定福建漳州市台商开发区角美镇与宁夏银川市永宁县闽宁镇、福建南安市梅山镇蓉中村与宁夏永宁县闽宁镇原隆村实行结对帮扶，开创了扶贫协作中乡（镇）和行政村结对帮扶的先河。二是开展教育培训扶贫协作。包括援建学校、培训教师、派遣支教教师，开展"百所学校一帮一"活动，推动厦门大学、福州大学、福建中医药大学与宁夏大学、宁夏医科大学、宁夏师范学院、银川能源学院之间开展课题研究、学术交流、实验室开放、联合招生和人才培养等多领域合作。两省区联手实施"阳光工程""雨露计划""闽宁月嫂"等活动，举办贫困村创业致富带头人培训班，建立劳务基地和劳务工作站，"订单式"培训实用技术人员，使一大批经过技能培训的农村劳动力进入福建打工。劳务经济被宁夏西海固地区群众称为增加收入的"铁杆庄稼"。三是拓宽扶贫协作领域。例如，金融服务方面，在两省区党委、政府和两省区金融办、银监局等部门的推动下，兴业银行在宁夏设立了分支机构。福建企业家还在宁夏设立小额贷款公司、融资性担保公司、闽宁村镇银行等，为宁夏中小企业和贫困群众发展生产提供服务。社会事业方面，福建先后援建妇幼保健院、医护培训中心、卫生院（所）等卫生项目，选派医疗技术人员到宁夏帮助工作，为贫困地区医院培训了一大批技术骨干，开展了"母婴工程""母亲水窖""关爱回族女童"等扶贫公益活动；援建了一批儿童福利院、敬老院等社会福利项目和微波站、广播电视塔、体育馆、艺术馆、文化广场、科技文化活动中心等文化体育设施。四是注重互利互惠，打造优势互补、合作共赢模式。2014 年，宁夏哈纳斯集团投资 110 亿元在福建莆田建设国家级天然气战略储备基地项目，将福建向宁夏单向投资的"传统"改写为双向互助的"新态"，正式开启了"互惠、互利"的东西部合作篇章。另外，自 2016 年起，宁夏所有 4A 级以上景区对福建籍游客实行门票半价政策，其中 5 月份是全免门票。在"一带一路"倡议的实施中，宁夏是陆路丝绸之路上的重要省份之一，福建是海上丝绸之路的重要起点之一，两省区在合作共建"一带一路"中有更多的优势互补、合作共赢空间。五是十分注重培育和借助企业等社会力量。确立闽商入宁的激励制度，从经济援助入手，每年促成大量的投资项目落地，越来越多的闽商到宁夏开办企业，仅 2012 年末至 2017 年的五年中，就有 5600 家福建企业入驻、800 亿元资金注入。

第三，提升产业扶贫协作层次。两省区坚持完善造血机制，不断提升产业协作层次，闽宁扶贫协作从单向的扶贫解困，发展到经济合作、产业对接、互利共赢的新阶段。一是发挥互补优势。两省区充分发挥资金、技术、资源等方面的互补优势，推动产业共同发展。例如，福建华林蔬菜公司在宁夏西吉县建立出口型冷凉蔬菜生产基地，解决了贫困地区富余劳动力的就业问题。结合"一带一路"倡议和福建的沿海区位优势，宁夏企业也紧抓福建打造海上丝绸之路重要桥头堡的机遇，利用福建与中东地区联系紧密的优势，完善企业布局，抢占发展先机。二是借助对方平台。两省区充分利用对方的对外开放平台，引导和支持企业开展合作。例如，借助中国国际投资贸易洽谈会（每年 9 月 8 日至 11 日在厦门举行）、海峡论坛和中阿博览会、宁夏枸杞节等平台，组织政企人士互访考察，寻求经济协作结合点，促进两地产业对接、优势互补、共同发展。三是共建产业园区。两省区把共建扶贫产业园作为提升产业协作层次的重点，推动人才、资金、技术、市场等要素有效对接，带动区域优势特色产业发展和贫困群众转移就业，增强贫困地区发展内生动力，形成造血式扶贫协作体系。例如，先后在银川市永宁县建设闽宁产业城，在吴忠市盐池县、固原市西吉县和隆德县建设闽宁产业园，引入了数十家劳动密集型企业投资兴业。

总之，回顾闽宁对口扶贫协作，它的发展和成功得益于以下几点：一是高层重视、强力推动：联席会议制度自建立以来从未间断，合作协作领域不断拓宽，内容不断丰富，两省区主要负责同志每年出席，亲自推动落实；二是机制健全、整体推进，推动经济合作、产业对接、科教文卫多领域交流，将帮扶工作制度化、规范化、长期化，保证了工作的连续性；三是民生优先、基础扎实，把对口协作重点更多地向民生、基层、困难群众、迫切需要倾斜，把有限的资金投入到贫困地区大多数群众能长期受益的项目上；四是共同发展、互利双赢。立足市场机制，依托经贸平台，从单向的政府扶贫解困，拓展为政府、企业、社会相结合，经济交往更密切、产业协作更深入、利益联结更紧密的新格局。

2. 上海 2019 年东西部扶贫协作和对口支援十大典型案例①

（1）"百县百品"树标杆——架设农产品入沪快捷通道。上海对口帮扶地区农产品种类丰富、绿色有机，但也存在分布散、批量小、组织化程度低、质量不稳定的问题，难以在上海打开市场。对此，2019 年以来，上海相关部门组织开展了对口帮扶地区"百县百品"活动，旨在通过当地政府推荐、产品现场展示、专家及消费者评审的方式，遴选出近百种特色鲜明、品质稳定、竞争力强、带贫机制完善的对口地区品牌农产品，稳定进入上海大市场、大平台，促进农产品产销对接。入围产品会统一使用公共品牌标识，并将成为上海市党政机关、企事业单位和社会组织优先采购的扶贫产品；同时，通过相关政策支持，入围产品将会越来越多地进入上海主流商业圈、对口地区特色产品体验馆、标准化菜场等渠道销售，各大电商平台也将给予流量支持和产品策划服务。通过开展"百县百品"，不仅鼓起了当地群众的钱袋子，也丰富了上海市民的"菜篮子"，上海的产业帮扶正在从"当地所需、上海所能"向"上海所需、当地所能"转变。

（2）"彝绣云裳"助脱贫——文化帮扶楚雄彝文化走出大山、登上大舞

---

① 资料来源：笔者根据上海市对口支援与合作交流工作领导小组办公室提供的资料整理。

台。云南楚雄彝族自治州具有美丽的自然风光和独特的彝乡文化，文化旅游资源十分丰富。为助力楚雄彝乡文化传承发展，沪滇两地文旅、宣传等相关部门不断加强对接，利用上海文化产业优势和当地丝路云裳·七彩云南民族赛装文化节平台，帮助楚雄州深入挖掘彝乡文化资源，联袂打造文化影视精品，推出了《彝乡之恋》宣传片和《云绣彝裳》彝族服饰音乐舞剧，展示了楚雄绚丽多彩的人文和自然景色，推动当地文化旅游产业发展。通过非遗传承人和骨干企业牵引带动，大力发展民族服装服饰产业，采用"公司 + 合作社 + 绣娘 + 订单"的模式，建立彝绣合作社 57 个、经营户 400 余户，带动 7 万绣娘实现家门口就业增收，形成年产值突破 1.5 亿元的彝绣产业链。利用上海企业行业龙头优势，助力楚雄彝族服装专题展示先后登上 4 月上海时装周和 9 月纽约时装周大舞台，不断打开品牌销售渠道。组织上海社科院、复旦大学等围绕彝族文化保护传承开展专项课题研究，为打造"中国彝乡"品牌、实现当地文旅产业可持续发展贡献智慧力量，以文旅帮扶助力当地脱贫攻坚。

（3）挂村联户扶贫扶志——市属国企携手奔小康结对全覆盖。2018 年上海市"双一百"村企结对工作启动以来，市属 45 家企业集团尽锐出战，全部参与到携手奔小康村企结对行动中，分别与云南 5 个州市和贵州遵义 4 个县的 112 个深度贫困村结对。市属国企积极履行社会责任，主要负责同志率队实地调研，聚焦精准扶贫要求，以"三带两转"（带人、带物、带产业和转观念、转村貌）为抓手，因地制宜采取帮扶举措，促进扶智扶志并重。太平洋保险公司与帮扶村签署"防贫保"协议，针对因病、因灾、因学三大致贫返贫原因，提供救助保障，精准覆盖 7000 余贫困户家庭，破解"沙漏式"扶贫难题。东方航空通过职教联盟和劳务协作推进就业扶贫，为上海对口帮扶地区贫困家庭的孩子创造了"起飞"的平台和机会。光明食品集团、百联集团依托产业、市场和管理优势，帮助结对村解决产业发展后劲问题。上海联合投资、衡山集团、市供销社、联交所等 10 家国企"组团式帮扶"，与云南省大理州云龙县 12 个贫困村结对，发挥企业优势推动产销对接，支持建设"积分银行"。

（4）共享优质医疗资源——组团式援藏让日喀则群众在家门口看好病。上海对口支援西藏日喀则五县以来，根据上海市援藏工作实际，整合协调全市卫生医疗优势资源，积极参与日喀则市及对口县乡卫生机构的帮扶建设，建立"上海+市医院+县乡"三位一体新模式，成立西藏首家医学院士专家工作站，打造以日喀则市人民医院为龙头，带动各县区，辐射周边地区的新型医联体，全力解决优质医疗资源下沉问题，不断提升当地公共医疗卫生水平。通过援派上海专家带教、开展远程教学等方法，接受当地专业技术骨干来沪进修，帮助培训医务人员，努力为当地打造一支"带不走"的人才队伍。大力发展智慧医疗、数字化医院建设和远程医疗服务，节约群众就医成本，让当地老百姓在家门口就能享受到上海优质的医疗服务。

（5）西宁果洛中学——打造高海拔地区现代化学校。青海果洛藏族自治州地处青藏高原腹地，平均海拔 4000 米以上，生存环境恶劣，且当地长期以来教育基础设施较差、教学水平较低、师资力量薄弱。针对这一情况，上海结合两地三市各自的优势，创新用好帮扶政策，历时三年在条件相对较好的西宁市为果洛打造了第一所"易地学校"——西宁果洛中学，并于 2019 年 8 月投入使用。这是上海针对高海拔地区特点开展教育帮扶阻断代际贫困传递的一次创新尝试。西宁果洛中学作为一所全日制完全中学，首批 396 名学生均来自果洛州各县，含初、高中两个阶段。崭新的基础设施和现代化的教学设备，跨越式提升了学校的办学条件，对解决果洛学子上好学、获得优质教育资源，推动果洛教育事业发展具有里程碑意义。此外，上海教育系统努力帮助西宁果洛中学提升软实力，吸收其以成员学校身份加盟上海大同教育集团，在学校发展规划、教学课程以及师资管理培训等方面得到专项指导，学校 55 名教师中已有 24 名前往上海大同中学完成 3 个月培训，为当地教师的能力提升打下了坚实的基础。

（6）赶着麻羊奔小康——全链条帮扶习水贫困户发展麻羊产业。黔北麻羊是贵州特有的优良品种，过去由于受山区地理和气候影响，麻羊生长慢、产量低，加之当地以散养为主，导致出现大量杂交，种源逐年减少。近年来，上海援黔干部支持当地养殖合作社和生产户，围绕麻羊产业链改造，在品种保护、生产加工、品牌建设、市场开拓等关键环节上精准发力，帮助习水麻羊产业从无到有、从弱到强，成为习水县一张亮丽的名片。通过引入龙头企业，扶持建设麻羊基地，严格羊种筛选、繁育，使"习水麻羊"获得国家地理标志认证；依托"生产基地+中央厨房+餐饮门店"的产供销模式，通过龙头企业带动，年加工肉羊 20 万只；通过"龙头企业+合作社+贫困户"带贫模式，贫困户从订单养殖、保底收购、牧草种植以及工厂就业等环节中直接受益；通过线上线下销售渠道，全方位开拓市场渠道，让习水麻羊走向全国。

（7）喀什美味香飘上海——上海援疆"双线九进"加力消费扶贫。上海"双线九进"做法在第七次全国对口支援新疆工作会议上得到肯定。上海市援疆工作前方指挥部积极探索消费扶贫模式，融合"大仓东移"和"十城百店"的经验，采取政府搭台、企业对接、自负盈亏的市场化方式创造性地开展"双线九进"活动。"双线"即线上销售和线下推广＋宣传＋销售；"九进"即进商圈、进社区、进菜场、进机关、进学校、进企业、进地铁、进宾馆、进银行。通过在上海城郊接合部设立 10 个农产品仓库，缩短了末端配送距离；通过在上海支持 8 个区设立 20 个沪喀农产品专卖店、直销店和体验店，以及 18 个电商销售平台和 2702 个实体销售网点和商超专柜，在各区菜场、社区、机关等场所举办系列推介活动，为"喀什美味"香飘上海提供平台。2019 年上半年，共举办活动 210 场，销售商品 51.6 吨，销售金额 459.45 万元；20 个展销窗口销售商品 708.3 吨，销售金额 1782.99 万元。

（8）对接产业促进就业——同济大学助力云南省培养高技能人才。近年来，围绕沪滇扶贫协作总体框架和新时期云南省现代职业教育服务体系的建设目标，同济大学会同云南省教育厅，聚焦当地主导产业开展职教培训，培育培养专业技术技能人才，帮助培训骨干教师和管理团队，共同推进建设云南中德学院。云南中德学院引入德国双元制模式，即"校企双主体、招生即招工"的育人模式，聚焦云南八个主要产业，同济大学牵头联合上海外服集团、京东物流、华为、科大讯飞、复星康养集团等行业标杆企业，共建八大产业平台学院，培育符合云南当地产业发展需要的专业技术人才，2019 年中德学院实现招生 3015 人，其中建档立卡户家庭学生超过 1000 人。为帮助当地打造一支"带不走"的教师和管理队伍，同济大学计划用三年时间为云南培养 1000 名骨干教师、300 名专业带头人和 100 名校长，2019年暑期已完成了 533 名教师和管理人员的培训。针对贫困群众的技能培训问题，同济大学还在云南建设中德跨企业培训中心，形成总部设在昆明、覆盖 88 个贫困县的培训服务体系，为所有贫困群众提供终身技能提升培训服务。

（9）把利益留给农民，把人才留在农村——"多多农园"探索电商扶贫新模式。传统农业生产链条里，农产品要经历"农民—原产地收购商贩—产地批发市场—销售地商贩—销售地批发市场—终端—消费者"等多个环节，每个环节都有物流、仓储成本支出和极高的损耗。为了"把利益留给农民，把人才留在农村"，拼多多推出了"多多农园"电商扶贫项目。通过"新农人 + 新合作社 + 新电商平台"的机制，建立以项目村建档立卡户为成员的农民专业合作社，培育和遴选新农人负责合作社运营管理，最终建立农货上行和品牌培育的自我循环发展模式。首批在云南保山市试点，投入 220 余万元组织成立咖啡种植专业合作社，覆盖 2 个深度贫困村 103 户建档立卡贫困户；联合云南热带经济作物研究所的农科专家，帮助当地复合套种经济作物，进一步提升每亩土地的经济收益。目前，这一模式已复制到云南、新疆喀什等 8 个"多多农园"项目，覆盖 774 户建档立卡贫困户。"多多农园"积极探索消费端"最后一公里"和原产地"最初一公里"直连，快速有效地带动贫困地区农货上行。

（10）联产联业联心——助力万州打造全域旅游示范镇。重庆万州区太安镇生态宜居环境美，具有良好的自然、人文旅游资源禀赋，但地处边远，镇内经济发展水平较低，村民主要依靠外出务工收入。近年来，太安镇依托上海帮扶资金撬动，整合各类资源，坚持"生态优先、绿色发展"思路，加快"茶园、花园、田园"建设，不断建设完善各类文化旅游基础设施，打造了"凤凰花果山"等一批景区。为避免国有资产流失，同时充分发挥上海援外资金的带贫益贫作用，上海与当地共同摸索出了一条保障"景区、村社集体及农户共赢"的利益联结机制和"资源变股权、资金变股金、农民变股东"为核心的"联产联业，联股联心"和谐发展模式。通过集体经济所有权不变、业主有偿经营使用的方式，让市场经营主体更好地运营管理景区，镇财政每年按景区门票收入的 15% 参与分红，保底额度 50 万元。相关红利收益用于相关贫困村基础设施建设和贫困农户产业发展，促进村民早日脱贫致富。

3. 青岛东西部扶贫协作中的"三个机制"①

山东省青岛市 1996 年与贵州省安顺市建立扶贫协作关系，2016 年与甘

---

① 资料来源：青岛建立"三个机制" 打造东西部扶贫协作模式［EB/OL］. http：//district. ce. cn/zg/201912/26/t20191226_33983158. shtml.

肃省陇南市建立扶贫协作关系。在推进脱贫攻坚工作中，青岛市始终把机制建设放在首位，通过建立动员机制、市场机制和保障机制三个机制，全力打造东西部扶贫协作模式。

第一，发挥制度优势，建立动员机制。在推进脱贫攻坚工作中，青岛始终把机制建设放在首位。广泛动员使扶贫协作变成了全社会的事，国有企业、民营企业、社会机构、医疗、教育等青岛社会各界纷纷到安顺、陇南等地对接协作。一是在顶层设计上，坚决落实"五级书记抓扶贫"，强化党政"一把手"负总责的责任制，层层立下军令状，压紧压实脱贫攻坚责任。青岛市调整完善了市对口支援和扶贫协作工作领导小组，由市委书记和市长担任双组长，成员单位扩大到 62 个，对扶贫协作工作实行"一月一调度，一月一通报"。二是出台了《关于深入推进东西部扶贫协作工作的意见》，配套形成了 7 个专项文件，各有关部门还制定了一批专项政策措施，全市形成了"1＋7＋X"的扶贫协作政策体系，动员群团组织、社会各界、各类企业积极参与脱贫攻坚，尽锐出战，精准发力，综合施策，推动产业、教育、医疗、住房、社会保障等各项政策落实落地。三是出台《企业赴扶贫协作地投资兴业财政专项奖励工作实施细则》，鼓励青岛企业到扶贫协作地投资兴业。其中对在扶贫协作地固定资产实际投资额达 500 万元以上的青岛企业，按固定资产实际投资额的 5% 给予奖励，最高奖励 100 万元。

第二，发挥产业优势，建立市场机制。实施园区共建，促进协作地产业发展，是青岛"产业造血"的重要载体。青岛与安顺共建青安产业园，与陇南共建青陇产业园，目标是集聚产业发展要素，发挥辐射引领作用。据统计，青岛目前已累计帮助安顺、陇南两市引进项目 74 个，实际到位资金 8.56 亿元，帮助 11.36 万贫困人口脱贫。而青岛企业也在帮扶中拓展了新的市场空间。例如，青岛红星化工集团控股的贵州企业研发出适合高海拔山区坡地种植的高辣度高品质辣椒品种，丰富了公司的产品体系，年营收接近 5 亿元。

第三，发挥区域优势，建立保障机制。充分发挥各方面优势，青岛建成了一系列常态化保障机制，保障扶贫协作区域多领域、全方位发展。一是志智双扶。青岛累计向安顺、陇南两市派出挂职干部 74 人，选派教师 362 人、医生 374 人，组织全市 501 家学校、114 家医院参与"手拉手"结对共建，实施"团队带团队""专家带骨干"，助推两市教育、医疗水平提高。二是技术帮扶。采取到青岛培训、开设"空中课堂"等方式，仅 2019 年就完成在青岛培训党政干部 4226 人次、各类技术人才 1.2 万人次，派专家到安顺、陇南培训 1.5 万人次。三是促进就业。实行就业、交通、租房、培训 4 项稳岗补贴，新出台劳务中介补助政策，组织开展"春风行动"系列劳务招聘活动 70 余场，提供就业岗位 5 万多个。开展订单式、定向式技能培训，累计带动 1.4 万名贫困劳动力实现就近就业创业。四是结对帮扶。实施"携手奔小康三百工程"，组织青岛 100 个强镇、100 个强村、100 个强企结对帮扶。目前，青岛 164 个乡镇（街道）、321 个村、215 家企业、57 个社会组织，与安顺、陇南两市 328 个贫困乡镇、593 个贫困村结对。五是消费扶贫。搭建经贸、商超、电商、直购、推介五大消费扶贫平台，累计开设协作地特色产品专卖店、体验店、特色馆 23 家，2016 年以来累计实现消费扶贫额 6.9 亿元。

4. 以消费扶贫为重点的苏州—铜仁模式①

2013 年，江苏省苏州市与贵州省铜仁市成为东西扶贫协作城市。苏铜两市将两地资金、技术、市场和资源、生态、劳动力等优势充分结合，不断加大东西协作力度，取得了积极成效，有力助推了铜仁市的脱贫攻坚进程。在这一过程中，消费扶贫作为两地产业合作的重要手段，对加快提升铜仁市农业和旅游业发展水平，促进贫困人口尤其是农村建档立卡户的增收脱贫，发挥了重要作用。据统计，2017～2019 年底，铜仁市通过东西部扶贫协作平台，累计向江苏地区特别是苏州地区销售农特产品 3.8 亿元，超过 2 万名贫困户直接受益实现脱贫；引导 15 万余名江苏游客到铜仁观光旅游，有效带动 6000 余名贫困户增收脱贫。苏州—铜仁模式的主要做法及成效如下：

一是强化政策激励。加大政府引导力度，结合铜仁实际需求，先后出台《关于进一步做好农业专家人才精准服务脱贫攻坚有关工作的通知》《关于选好优势产业深入推进农村产业革命的实施意见》《铜仁市促进农村电子商务与物流快递融合发展实施方案》《铜仁市"梵净山珍·健康养生"绿色农产品品牌创建三年行动方案（2018～2020 年）》《铜仁市文化旅游扶贫三年

---

① 资料来源：苏州市深化东西协作　助推消费扶贫——江苏省苏州市对口帮扶贵州省铜仁市典型案例 [J]. 中国经贸导刊, 2019 (21)：9–11.

行动实施方案（2017～2019年）《2019～2020年苏州·铜仁农业农村东西部扶贫协作工作方案》《铜仁市电商扶贫实施方案》《关于印发支持铜货出山产销对接奖励办法（试行）的通知》等一系列优惠政策措施，切实做到产业项目选择有专家把关、生产发展有技术服务团队、市场销售有渠道，确保适应新形势下消费扶贫协作新要求，有力地保证了消费扶贫产业能发展、有收益、能带贫。

二是强化载体建设。做大做强"供"的载体。针对铜仁农特产品质量好、品种多，但产地分布散、单品供应量小的问题，苏铜两市下辖各结对县级市（区、县）积极开展现代农业园区共建，并通过发展设施农业和利用现代农业技术进一步提高单位土地面积产出量和产品附加值。通过主流电商平台、电商企业、商超、展销平台等开辟线上线下销售渠道。

三是强化龙头带动。充分发挥苏州农业龙头企业优势，搭建产销对接平台，建立长期定向采购合作机制，实施订单式生产认购模式。

四是强化模式创新。鼓励苏州农产品龙头企业、批发市场、电商企业、大型超市到铜仁采取"农户＋合作社＋企业"模式开展农业生产、流通和销售，并通过健全完善公司、合作社、创业致富带头人与贫困人口的利益联结机制，促进铜仁村集体经济发展壮大，帮助贫困户增收脱贫。积极发展"互联网＋消费"扶贫模式，如苏州布瑞克农业大数据公司为石阡县援建农业大数据平台，开创了"农业大数据＋品牌农业电商"模式。实施乡村旅游扶贫模式，开展"景区＋项目＋就业＋村寨＋智慧扶贫＋结对"的旅游消费帮扶模式。

五是强化人才支撑。充分发挥苏州帮扶专家作用。从2017年起，依托苏州市开展的"五个100工程"（苏州市每年选派教师、医生、专家教授、艺术家、旅行社导游各100名以上到铜仁帮扶）和"三支"人才计划（苏州市每年选派医疗、教育、农技方面专家，到铜仁市驻点开展1个月以上帮扶），积极引进农业技术、市场营销等方面专家到铜仁开展帮扶工作。

六是强化帮扶合力。加大宣传力度，积极运用和鼓励各类媒体、媒介、展销会、推介会，通过多种形式，向社会积极宣传铜仁市深入开展消费扶贫助力打赢打好脱贫攻坚战的相关政策和有益经验，大力推介铜仁市优质特色农产品和精品特色旅游，调动社会各方主动参与东西部扶贫协作工作的积极性和主动性，不断壮大参与消费扶贫的"朋友圈"，破解"养在深山人未识"局面，营造出各种力量集聚，人人皆愿为、人人皆可为、人人皆能为的良好社会扶贫氛围，推动形成消费扶贫的强大合力。如苏州银行主动与铜仁市扶贫办、商务局以及万山区电商生态城等相关单位合作，专门在该行手机银行 App 中开发出"黔货进苏"手机平台模块，并通过银行积分兑换、优惠购买等活动，使苏州银行 200 多万名客户能在线上选购铜仁优质农产品，助推"黔货出山"。

5. 张家港与沿河基层政府东西部扶贫协作中的"三个全覆盖"①

江苏省张家港市与贵州沿河自治县于 2017 年 3 月正式启动扶贫协作，两地抢抓机遇、主动对接，围绕"优势互补、长期合作、精准聚焦、共建共赢"的思路，探索建立"五位一体"全方位结对帮扶机制，在协作机制、合作领域、帮扶要素上实现了"三个全覆盖"，各项扶贫协作工作取得一定成效。

第一，在协作机制上实现全覆盖。一是建立市县协作机制。两地签订对口帮扶合作框架协议，制定《沿河县·张家港市扶贫协作工作方案》，设立全国首家东西部扶贫协作办事处——沿河土家族自治县驻张家港市东西部扶贫协作办事处。建立互动交流与联席会议机制，明确党政主要领导每年互访考察交流 1 次以上、对口协作部门每季度对接洽谈 1 次以上。二是建立区镇结对机制。张家港市 10 个镇（区）与沿河自治县 22 个乡镇（街道）实现结对帮扶全覆盖，在全国东西部扶贫协作县市中率先实现乡镇结对双向全覆盖。张家港市各区镇还派出年轻干部定期驻沿河帮扶乡镇开展帮扶工作。三是建立村村结对机制。张家港 18 个行政村与沿河 18 个深度贫困村建立结对帮扶关系，村与村之间通过互访考察对接，有针对性地开展各项帮扶工作。率先探索实践村村结对的"整村推进结对帮扶"新模式，重点围绕党组织建设、文化建设、乡村治理、产业发展等内容开展帮扶。四是建立企业帮村机制。张家港积极组织和动员企业和行业协会参与脱贫攻坚工作。通过村村结对、村企帮扶、行业协会挂扶和机关部门联挂，张家港市在 2018 年 5 月完成对沿河 50 个深度贫困村的全面结对帮扶，在全国县域率先实现深度贫

① 资料来源：陈世海."三个全覆盖"探索东西部扶贫协作新模式［J］.当代贵州，2019（40）：50－51.

困村结对帮扶全覆盖。五是建立园区共建机制。张家港2个国家级开发区和1个省级开发区一同参与沿河自治县经济开发区建设。两地农业部门签订合作框架协议，共建现代农业园区。张家港市对沿河自治县企业实行同城同待遇，支持沿河企业到张家港开展电商B2C、线下零售，并给予相应补贴。同时，沿河也相应制定系列优惠政策，争取更多张家港市企业和东部沿海发达地区企业落户沿河。

第二，在协作领域上实现全覆盖。一是加强教育领域协作。张家港市中小学校幼儿园与沿河中小学校幼儿园"一对一"结对帮扶，张家港市安排有丰富教学经验的骨干教师到沿河支教，沿河安排骨干教师到张家港市学校跟班学习，在全国县域教育系统东西部扶贫协作中，率先实现各个乡镇、各类学校、各个学段"三个全覆盖"帮扶。同时，开展以张家港市张家港中等专业学校为牵头单位对沿河中等职业教育学校开展"组团式"帮扶。二是加强医疗领域协作。在全国县域卫健系统率先实现县级医院、镇级医院、公共卫生单位"三个全覆盖"结对帮扶，张家港市13家医疗卫生单位与沿河自治县人民医院、妇保院、22个乡镇（街道）卫生院（社区卫生服务中心）共26家基层医疗卫生单位，通过"一对一""一对多""多对一"方式开展帮扶，以张家港第一人民医院为牵头单位对沿河自治县人民医院开展"组团式"帮扶。三是加强旅游领域协作。建立张家港·沿河旅游协作长效机制，由两地共同组建旅游开发公司，深度开发沿河文化旅游资源，提升沿河旅游景区景点品位级。出台奖励支持政策，鼓励张家港等地旅游企业和媒体参与沿河旅游宣传推介、旅游产品开发等，鼓励旅行社组织游客到沿河旅游、考察、投资，助推沿河旅游业发展。四是加强精神文明领域协作。两地党委宣传部门共同实施"长江水·乌江情 文明共建助脱贫"工程，连续两年联合举办"长江水·乌江情"张家港市—沿河土家族自治县文化交流周活动。张家港市出资在沿河自治县民族文化广场建设全国首家24小时土家书房，为沿河量身定制的两家全国首创"24小时新时代文明实践驿站"已建成并试开放，打通宣传群众、关心群众、服务群众的"最后一公里"。五是加强产业领域协作。坚持产业合作项目化运作，高点定位、因地制宜、精准布局，形成可持续发展动力，带动沿河实现产业脱贫。截至2019年10月，累计投入对口帮扶资金5000多万元用于帮扶产业发展。围绕沿河生态茶、生态果蔬、生态畜牧、生态中药材、生态旅游五大主导产业先后实施项目40个。

第三，在协作要素上实现全覆盖。一是激活人才要素。签订《干部人才交流培训及就业保障百千万工作协议》，采取双向挂职、两地培训、定向派驻等方式，加大党政干部、教育医疗卫生和农村致富人才的交流培养。二是激活资金要素。争取江苏苏州及张家港市帮扶资金，支持沿河产业发展、基础设施建设、教育医疗、危房改造、劳务协作和文化交流等方面项目，通过项目实施，助力贫困人口脱贫。三是激活土地要素。在沿河成立用地指标增减挂钩跨省流转工作领导小组，利用国家支持深度贫困地区脱贫攻坚政策，积极争取城乡建设用地增减挂钩指标跨省流转，既破解了沿河土地撂荒问题，增加了沿河财政收入，又缓解了张家港城乡建设用地指标不足的压力。四是激活技术要素。张家港市农业委员会在沿河自治县成立了张家港—沿河农业科技对口帮扶办公室，搭建起农业技术服务平台，为沿河自治县多名贫困劳动力开展了现场培训。同时，围绕沿河空心李、千年古茶、中药材（铁皮石斛）、白山羊等优势产业，以"公司＋合作社＋基地＋农户"合作形式，利用张家港市企业专业技术和市场开拓能力，精心包装沿河优质农特产品，打造绿色、环保、有机品牌形象，提升产品附加值。五是激活市场要素。签订优质农特产品产销定向合作框架协议，根据张家港市农产品市场需求，由双方共同明确农产品种类、种植面积、上市时间、产量预测等，按需制定收购、运输、储藏和营销计划。出台"沿货出山"奖励办法，在张家港市部分超市、农贸市场设沿河农特产品专柜和体验店。合力打造农特产品"淘品牌"，借助张家港电商产业园平台，推动农产品网销。

（二）问题、经验及启示

东西部扶贫协作和对口支援在促进欠发达地区发展、增强区域发展协调性、加强地区间经济交流以及促进民族团结等方面发挥了相当积极的作用，产生了良好的政治效益、经济效益和社会效益。当然，在互利互惠、统筹协调、市场开发、内生发展等方面仍存在诸多问题。

1. 问题

第一，优势互补挖掘不够，互惠互利体现不足，协作或支援的自主性、积极性和可持续性有待提升。虽然中央政府一直提倡在协作或支援双方比较优势的基础上通过加强双方的经济技术协作来实现扶贫开发的目的，但长期以来，东西扶贫协作和对口支援都表现为扶贫有余而协作不足，单向支援比较明显，基于充分挖掘双方比较优势而合作开发、共建共享的互惠互利不足，合作收益对于优势方表现得较为微弱。虽然很多帮扶地区十分重视这一工作，无论从组织配套、人员选派以及资金技术投入等方面都做了大量的工作，但是仍然存在着这是一个短期的经济帮扶的认识，或者仅仅当作一项政治任务来完成，合作愿望并不强烈，一些帮扶计划没有充分认识到该项工作在全面建成小康社会以及社会主义现代化建设阶段作用的长期性的战略意义。这种理念和行动上的局限会损害东部地区或援助方参与扶贫的主动性、积极性，以及协作或支援深化拓展的可持续性。这在经济下行压力下会更为凸显。

第二，重个体而轻统筹，地区间、部门间、政府与企业间缺乏协同，协作或支援的组织效率不高、资源浪费问题突出。东西部扶贫协作和对口支援包括一对多、多对一、多对多等各种协作或援助组合，协作或援助组织方不仅有各级政府，还有企事业单位。在这样一个多主体、多方式的组织体系中，协同合作尤为重要。然而，当前的东西部扶贫协作和对口支援仍以"单兵作战"为主，组织协调性不高，政出多门、多头指挥所带来的相互掣肘，分散决策、零散布局所带来的低效浪费，以及重复投资等问题较为突出。

第三，重政府而轻市场，"计划"色彩过于浓厚，市场力量和机制引入不足，合作效益和自我发展激励不足。东西部扶贫协作和对口支援以政府推动为主，过于依赖行政命令，较少借助企业和市场力量，带有明显的计划经济特征。方案一般都是由中央政府和支援省市以及受援地政府用行政手段制定计划并组织实施，而且实施的主体大多是各级地方政府，较少发挥市场调节作用，参与的企业也以国有企业为主，政治任务驱动明显。这种重政府作用、轻市场机制现象，一方面导致资源配置效率低下，协作或援助过程中不同程度地存在着形式主义、走过场现象，重投入、轻产出，对基于成本—收益等市场化原则的效益和效率考虑不足；另一方面，计划性过强易于导致"依赖症"的出现，造成干部群众抱有"等、靠、要"的思想，削弱了地方自我发展意愿和能力。

第四，以经济援助与技术合作为主的援助方式和内容已不适应多维贫困和能力贫困理念发展需要，对贫困地区和人群内生发展支撑不足。能力贫困理论认为，贫困必须被视为基本可行能力的被剥夺，而不仅仅是收入低。从根本上说，贫穷是因为缺乏最基本的个人发展机会和选择权、缺乏有效参与社会的基本能力。从能力角度考虑，单纯增加收入并不一定能改变贫困者的贫困状况。良好的教育和技能水平、健康状况，与时俱进的理念观念等多元化因素都是贫困地区和贫困人群摆脱贫困、获得发展的必要条件，而且即使脱离了外力干预，也能自主发展。当前，东西部扶贫协作和对口支援的内容和方式在适应这种需要方面仍较为欠缺。例如，产业合作方面，对贫困地区资源禀赋优势及配套的本地人才技能开发和培育不足；劳务协作方面，贫困人口在支援地务工仍难以享受教育、医疗、住房等当地公共服务，难以融入当地社会并获得公平的长远发展机会；人才支援方面，互派干部挂职受期限较短、培训内容单一、水土不服等因素制约，对本地人才提升有限，且非长久之策；资金支持方面，缺乏产业资本支持，投向以短期见效的经济项目为主，对教育、医疗卫生等方面的投资仍不足，对贫困地区经济社会整体发展的溢出效应不大。

2. 经验及启示

总的来说，我国东西部扶贫协作和对口支援仍处在由"输血"向"输血"与"造血"并重、由偏重"政治动员"向偏重"协作共赢"、由单向帮扶向互利共赢、由单一的政府主导向多元社会主体共同参与、由给钱给物向多维帮扶、由只关注经济增长向追求高质量发展等的转变之中，并积累了较为丰富的经验。

第一，领导重视、各级政府积极主导和大力支持仍然是协作和支援取得成效的保障。东西部扶贫协作和对口支援的形成与发展体现了各级政府的主导作用，形成了各地之间明晰的权责关系，从而为这一机制运行绩效的提升奠定了基础。总的来说，这一机制的运作过程有一个强大的政府作为其主导机构，并将参与协作或支援的各方力量进行组织和匹配。一方面，中央政府通过政治指令确立援助双方的协作关系，制定、协调并管理这一机制运作的具体框架；另一方面，政府、学校、企业、社会组织和民间力量在这一机制中的参与，也是在地方政府的协调之下进行的。从效用上来说，这种政府主导的运作机制也为参与各方厘清各自的权责关系提供了基础和保障，使各方的权责关系更为明确，出台的政策能够得到有效执行，尤其在协作或支援中的市场机制和力量不足时效用尤为明显。例如，闽宁模式中，省、市、县各层级领导之间不间断的联席会议是该模式成功的保障之一。

第二，产业援助和合作是增强受援地区造血功能的关键，共建产业园区是其中的重要方式。特色优势产业发展是增强贫困地区自我造血功能，带动群众增收致富的重要手段，尤其是发展符合协作或援助双方资源要素禀赋和优势的产业效果更为明显，而优势产业园区化发展是集聚资源、发挥合力的重要形式。前面梳理的较为典型的案例均属此类。例如，闽宁模式中很早就在受援各县市建立了符合当地资源禀赋特色的闽宁产业园，张家港2个国家级开发区和1个省级开发区一同参与了沿河自治县经济开发区建设。还有，浙江省在对口支援西藏、新疆、青海等省份中，把产业援助放在优先地位，结合本省市场、技术、资金和受援省资源状况，加强特色产业培育。如在支援新疆阿克苏的过程中，浙江发挥纺织服务业优势和阿克苏棉花产业优势，依托阿克苏浙江产业园南园、西园及阿拉尔工业园区建设浙江工业园区，积极引进华孚、洁丽雅等知名纺织服装企业。在支援青海海西州的过程中，浙江把搭建受援地区特色农产品销售平台作为重点，在嘉兴市现代综合物流园"多德福"食品城开辟青海柴达木枸杞一条街，吸引14家海西州枸杞企业组团入驻，为柴达木枸杞、福牛、藜麦等特色农产品走向长三角乃至全国市场提供了良好推介窗口，有力地带动了海西农牧业的发展。

第三，从投资、贷款、土地、税收、补贴等方面出台政策激励和引导企业参与是借助市场力量和机制提高协作和支援力度与效率的有力举措。为了吸引东部发达地区企业积极参与扶贫协作工作，协作双方通过政策引导、资金支持、舆论鼓励等多种方式，激励和引导企业到西部贫困地区投资兴业、带动就业，帮助脱贫致富。通过企业合作推动产业转移，在实现企业继续发展的同时，帮助带动西部贫困地区加快发展。例如，上海积极制定赴包括云南在内的协作和支援地区投资的优惠政策，对赴对口帮扶地区投资的上海企业给予新增固定资产投资额20%的政府财政资金补助。另外，还对雇用对口帮扶地区贫困劳动力就业的上海企业，按照每人每月不超过1000元给予补助；上海企业采购并销售至上海的对口帮扶地区扶贫产品金额达到40万元（含）以上的，按照不超过采购并销售金额的3%补助，多措并举引导上海各类型企业在对口帮扶地区投资兴业、带动就业。青岛市制定了《鼓励开展对口支援工作的若干规定》，出台了《企业赴扶贫协作地投资兴业财政专项奖励工作实施细则》，对在扶贫协作地固定资产实际投资额达 500 万元以上的青岛企业，按固定资产实际投资额的 5% 给予奖励，最高奖励 100 万元。再如，北京市从 2006 年开始每年拿出 500 万元，通过贴息方式支持北京市企业在内蒙古贫困地区开展生态环境建设、能源开发、农牧业产业化等帮扶工作。内蒙古贫困地区通过基础设施建设、资源利用、贷款担保、税收减免等方面的优惠政策，为北京市企业参与贫困地区建设创造条件。

第四，加强各领域交流合作，实现单向援助向互利共赢转变是协作或支援可持续的保障。东西部协作扶贫和对口支援，应该是两个地区在优势上的互补和资源上的取长补短，既有帮扶也有协作。结对帮扶关系的确定和深度挖掘要考虑双方的资源禀赋优势、产业结构、合作基础等特点，尽量提升互补性，这对结对帮扶的成功至关重要。例如，2014 年宁夏哈纳斯集团投资110 亿元在福建莆田建设国家级天然气战略贮备基地项目，将福建向宁夏单向投资的"传统"改写为双向互助的"新态"，正式开启了"互惠、互利"的东西合作篇章。而且，自 2016 年起，宁夏所有 4A 级以上景区对福建籍游客实行门票半价政策。另外，G20 峰会期间，结对的贵州省向浙江省公民推出了半价旅游的优惠措施，使得贵州不再仅仅作为单纯的资源接受方，并为黔浙双方良性协作关系的维系夯实了基础。

第五，结对帮扶要注重优势互补、集中力量提高针对性，推动结对关系和帮扶措施下沉。我国东西部扶贫协作和对口支援经历了从省级层面结对帮扶到结对关系下沉到市、到县区、到乡镇，甚至到村的发展。例如，福建、宁夏两省早在 2014 年就在市县结对帮扶的基础上，开创了扶贫协作中乡（镇）和行政村结对帮扶的先河。这种下沉有利于落实帮扶政策，通过聚焦提高帮扶措施的针对性，激发基层的积极主动性，更好地发挥基层的主观能动性和信息优势。

第六，由以给钱给物为主的单一的经济帮扶向注重贫困人口和地区全面发展的多维帮扶转变。正如上一小节列举问题时所指出的，当前以经济援助与技术合作为主的援助方式和内容对贫困地区和人群内生发展支撑不足。但是，随着东西部扶贫协作和对口支援的不断推进，注重贫困人口和地区全面发展的多维帮扶的方式和举措正不断涌现，助力贫困地区和贫困人口培育和积累长远发展动能。例如，更加注重教育，尤其是基础教育领域的补短板。

上海在青海果洛藏族自治州打造高海拔地区现代化学校，并持续提供软件上的支持。上海文化帮扶楚雄彝文化走出大山、登上大舞台，促进当地文旅产业可持续发展。再如，针对贫困地区干部人才队伍"量少质弱"的情况，浙江省坚持"输血"与"造血"、"硬件"与"软件"相结合，通过"派进去、请出来、结对子"等方式，突出抓好"双语"师资培训、职教师资培养、赴浙培训挂职等项目。同时，浙江省各个对口支援指挥部着眼当地实际，通过"柔性支持、专家面授、远程互动"等方式，建立起远程教学、教研、医疗网络平台，实现各类优质资源实时共享。

三、完善我国区域援助和区域
协作减贫机制的思路

做好相对贫困阶段的区域扶贫协作，需实现四个重大转变，即"输血"向"造血"的转变、"协作"向"合作"的转变、政府单一主导向政府和市场双主体格局的转变、单一的经济帮扶向多维提升的转变，并以监督评估考核机制为保障，提升协作扶贫机制的组织力和有效性。

（一）以提升相对贫困地区内生发展动力为核心，实现"输血"向"造血"的转变

受援地区由于受各种不利因素制约，不仅交通、信息、电力、水利等基础设施建设滞后，而且缺乏支撑经济持续发展的自生能力，如果不解决欠发达地区自我发展能力不足问题，这些地区很可能陷入"贫穷—援助—贫穷"的恶性循环陷阱而不能自拔。长期以来，发达地区在对口帮扶西部贫困地区过程中，对"输血"与"造血"的关系把握不足，重视通过各种资源的投入加大对贫困地区的"输血"，忽视对贫困地区和贫困人口自身"造血"能力的培养，由此导致一些贫困地区和贫困农户脱贫的积极性和主观能动性不强。

为此，相对贫困阶段，支援省市在加快民生项目、基础设施建设的同时，应立足受援地区长远发展和内生发展动力，"硬件"与"软件"结合、"输血"与"造血"并重，提高贫困地区和贫困人口自身脱贫的主动性、积

极性和自我发展能力，把工作重点放在提高受援方"自身造血"功能上。在加大各级对扶贫开发支持力度的同时，要通过建立约束与退出机制、媒体宣传以及政府鼓励等各种方式充分调动贫困地区和贫困群众的主动性、积极性，并通过产业培育、人才培养、就业创造等方式挖掘内部发展潜力、激发内生发展动力，在"输血"的基础上不断增强"造血"能力，逐步实现"输血"向"造血"的转变。

（二）以优势互补、互利共赢为方向，实现"协作"向"合作"的转变

绝对贫困阶段的东西部扶贫协作和对口支援，更多的是一种单向输出，即发达地区基于自身发展优势向贫困地区输出资金、技术、人才等核心要素，支援地区和受援地区之间更多的是一种被动型、非对等的协作关系，以发达地区的优势弥补贫困地区的短板，贫困地区从中获得的收益远大于其成本，发达地区则正好相反。相对贫困阶段，这种非对等、非互补和非共赢的协作关系必然要转向优势互补、互利共赢的合作关系。一是因为前者的不可持续性；二是这种转变有助于充分挖掘、利用和提升贫困地区的优势和自我发展能力；三是能够提升发达地区的积极性、主动性，促使区域合作扶贫机制的长期性与相对贫困阶段的长久性相匹配。这种转变也具备现实基础。支援地区和受援地区在经济发展水平、发展理念和生产要素等方面虽存在较大差距，但后者具有资源、劳动力、市场、生态等优势，双方在拓展发展空间和弥补发展短板，土地、劳动力等生产要素的输入输出，生态资源的保护开发和利用等方面具有广阔的合作空间。要实现这种转变，首先要转变观念，变被动为主动、变消极为积极，形成互利共赢的合作扶贫理念；其次要充分认识和评估双方的优劣势，寻求合作机遇；最后是在调整结对关系、优势扶贫方式和内容、评估考核成效中深入贯彻实施和适应这种转变。

（三）培育壮大市场和社会力量，实现政府单一主导向政府和市场双主体格局的转变

要正确认识政府和市场在区域扶贫合作中的作用。区域扶贫合作是一个系统工程，需要充分发挥政府、市场和社会各自的优势和长处。既离不开政府的支持、规划和引导，同时也离不开市场在资源配置中的决定性地位。一

方面要通过政府引导，鼓励和支持各地区搭建区域经济协作和技术、人才合作的良好平台，建立制度化的区域合作机制，开展多层次、多形式、多领域的区域扶贫合作，形成以东带西、东中西共同发展的格局；另一方面要充分利用市场的力量，促进生产要素在区域间自由流动和合理配置，引导产业由东部沿海地区向中西部地区有序转移，逐步改变西部地区市场经济落后的局面，通过市场机制的作用将内地发达省市的外生援助转化为西部地区自我发展的内生机制。同时，提升非政府组织、群众团体等社会力量在区域扶贫合作中的主体作用，鼓励社会各界捐资捐物，推动社会参与机制的创新，使社会各界成长为政府引导与市场主导之间的纽带和桥梁。

（四）以多维贫困理念为指引，实现单一的经济帮扶向多维提升转变

多维贫困理论和能力贫困理论均认为，贫困不是仅指经济层面的收入低，而是基本可行能力的被剥夺，受教育水平、健康状况、个人发展机会等也都是贫困的重要方面，相对贫困阶段更是如此。贫困呈现的多维特征决定了贫困治理必须从多维度展开，既要解决收入等经济层面"贫"的问题，也要解决公共服务、社会保障领域"困"的问题。以经济帮扶为主的区域扶贫协作具有明显的绝对贫困烙印，相对贫困阶段必然要以多维贫困理念为指引，进一步推进基本公共服务均等化，加强对脆弱人群的社会保护，积极"赋权提能"，实现由侧重于物质基础的经济帮扶转向"软硬兼帮"推动贫困人群和贫困地区全面发展。

（五）以监督评估考核机制为保障，提升协作扶贫机制的组织力和有效性

构建监督、评估和考核三位一体的组织保障机制，提升区域协作扶贫的规范性、针对性和执行力。首先，打造由支援方与受援方、多级政府、社会力量等多方参与的大监督体系，提升监督的全面性和公信力。其次，优化考核指标和方法，建立以结果为导向的扶贫合作考核评估制度和指标，在注重经济指标的同时，将发达地区协助提升教育、卫生、文化和社区发展能力纳入双方考核指标，以促进贫困地区可持续减贫和发展能力建设。再次，可考虑对照社会项目评估理论，构建层级清晰且逻辑依存的扶贫考核框架，包括

扶贫需求评估、扶贫项目理论评估、扶贫执行评估、扶贫影响评估和扶贫成本与效率评估。最后，加强扶贫考核制度改革和创新，完善机构保障，发挥制度的刚性作用，进一步增强扶贫考核制度的协调性和内在统一性。考核实施主体要保持客观性，相关方案应由专业的独立评估机构操作，并强化公众参与，推进政务公开，增强政府公信力，提高考核工作的透明度。

四、完善我国区域援助和区域协作减贫机制的主要任务

区域援助和区域协作减贫实践在绝对贫困阶段积累了丰富的经验，产业合作、劳务协作、人才支援、资金支持等举措在相对贫困阶段同样适用。不过，着眼于相对贫困阶段的长期性和对减贫扶贫机制可持续性的要求，相对贫困阶段的区域援助和区域协作减贫机制应放眼长期合作、注重规划衔接、更加注重优势互补和互惠互利、更加注重内生发展，并积极引入社会资本和市场力量提升合作效率。

（一）放眼长期合作，注重规划衔接

相对贫困阶段将是一个伴随经济社会发展的长期过程，基于我国区域发展差距的长期存在和中国特色社会主义的制度优势，区域扶贫合作也将是相对贫困阶段减贫扶贫的长期重要举措。与此相适应，应摒弃对区域扶贫合作短期经济帮扶或政治任务的认识，充分认识到该项工作在全面建成和巩固小康社会成果以及社会主义现代化建设阶段的长期战略意义，以此为基础加强顶层设计、规划对接和合作部署。一是立足于长期合作框架，深入分析扶贫协作各方发展实际和优劣势，调整优化结对帮扶关系，并构建动态调整机制，提升互补性，为合作的长期深度开展奠定基础。二是丰富帮扶结对形式，采用一对一、一对多、多对一、多对多等多种灵活形式，打造大合作体系，便利合作空间和内容的拓展。三是加强沟通交流和实地调研，共同研究制定能够体现和适应扶贫协作特点的中长期规划，加强协作各方重要规划和发展战略的对接合作。同时，协作各方要精心组织实施规划，切实推动扶贫协作工作有力有效有序开展。

（二）坚持优势互补，加强产业合作

相对贫困阶段的产业合作，不是一个简单的、星星点点的产业搬迁和转移，而应是结合各方优势、体现互惠互利的系统性的产业转移、升级和创新开发的过程，从根本上改变扶贫协作中单一输出的弊端。首先，结合贫困地区优势发展特色产业。产业合作的关键在于帮助贫困地区实现自我发展、自我脱贫，因此必须结合当地产业发展实际，发展特色产业。要在资金技术上、产业布局上、经营管理上、销售渠道上结合当地实际，整合资源，推动特色优势产业做大做强。其次，构建利益联结机制，组建不同的专业合作社，提升生产的组织化水平，引导和鼓励贫困人口以参股经营、直接参与、农业工人等各种联结途径参与产业发展。最后，基于各方优势打造利益共同体，不仅支援方要深度嵌入受援方的产业链、供应链，而且受援方也要以资源、生态、劳动力、土地等优势深度融入支援方的产业体系，实现支援方、受援方之间发展空间拓展与后发地区开发、产品供给与需求、产业迭代升级与产业承接等之间的有机衔接和互补互惠互利。

（三）注重教育培训，组织劳务协作

劳务协作是将贫困地区的劳动力数量优势转化为经济效益的重要举措，而加强劳务协作中的教育培训是将劳动力数量优势进一步提升为质量优势的关键，这在相对贫困阶段的扶贫协作中尤为重要。第一，应强化责任落实，明确输出地的主体责任，强化输入地的帮扶责任，促进贫困劳动力就业意愿、就业技能与就业岗位精准对接，共同做好有组织输入输出工作。第二，聚力信息互通行动，搭建劳务输转平台，提升岗位匹配度，加强"岗位供给清单"和"就业需求清单"的精准匹配，确保每一位有转移就业意向的贫困劳动力获得多个有针对性的岗位信息。第三，聚力志智双扶行动，实施就业技能培训，重点基于输入地的产业特点和岗位需求对劳务人员开展全周期培训，提升劳动技能，支持支援地产业发展。第四，聚力就近就业行动，支持受援地大力发展本地特色优势产业，拓展完善就业渠道，支持相对贫困阶段的人口就近就地城镇化。第五，加强对贫困地区职业教育支持力度，开展订单式招生和技能培训，打通支援地和受援地劳动力市场。例如，同济大学在云南共同打造中德学院，引入德国双元制模式，聚焦云南主要产业并依托上海行业标杆企业，开展教育培训。第六，支援地要加大对受援地劳务输入人员平等享受当地公共服务的支持力度，适应相对贫困阶段的户籍制度改革需要，加快推进其市民化进程。

（四）完善激励机制，加强人才支援

人才对于谋划和落实减贫协作重要举措、促进相对贫困地区发展至关重要。绝对贫困阶段所采取的干部双向挂职交流和锻炼、急需紧缺人才引进等人才支援举措在相对贫困阶段仍然适用。而且，通过完善人才激励机制能够发挥更大的作用。首先，完善人才晋升和薪酬激励机制，营造"引得来、能留住、用得好、能干事"的良好氛围。根据工作性质适度延长交流时间并给予一定灵活自由度，在福利薪酬待遇、职务、职称等方面加大倾斜力度。建立健全扶贫协作优秀人才信息库，组织开展各个层面的优秀人才表彰活动。其次，积极组织挂职交流干部与本地干部的交流活动，或对挂职交流干部针对当地实际情况开展的调研或学习活动给予一定程度的物质条件保障，促进挂职交流干部更好地服务当地经济社会发展或学习当地发展经验。最后，拓宽激励机制的应用范围和领域，吸引医生、教师、专家等各领域优秀人才踊跃参与人才支援活动，促进贫困地区和贫困人群的全面发展。

（五）引入社会资本，加大资金支持

相比于绝对贫困阶段，相对贫困阶段的区域扶贫合作对可持续性的要求更高，因而发达地区对贫困地区的资金支持，需更加重视资金使用效果的评估和使用效率的提升。其中，引入社会资本是关键。一方面，通过政府与社会资本合作、产业投资引导基金等方式引入社会资本，发挥财政资金"四两拨千斤"作用，支持产业、基础设施、民生等领域重点项目建设；同时，制定符合区域扶贫合作和合作各方实际情况的财政资金绩效评估指标体系，实现绩效预算对财政资金使用效率的提升作用与对贫困地区和贫困人群生产生活水平的提升作用高效融合和协调统一。另一方面，通过投资补贴、税收优惠、用地保障、负面清单等手段支持发达地区企业和资本积极参与贫困地区发展建设；同时，借助政策倾斜和引导、重大项目布局等手段鼓励发达地区金融机构在贫困地区设立分支机构或优先满足扶贫协作项目的资金需求。

（六）突出企业主体，动员社会参与

我国政府、市场和社会"三位一体"大扶贫的实践经验表明，政府的优势在于总体规划和组织动员，市场的优势在于配置资源和提升效率，而社会的优势体现在其专业性、灵活性上。政府、市场和社会协同推进的区域扶贫合作格局，有助于充分发挥中国特有的政治优势、制度优势和市场力量。相对贫困阶段的区域扶贫合作，涉及的领域范围更宽，对可持续性的要求更高，因而更需要发挥企业主体作用，动员社会力量参与，打造扶贫开发的强大合力。首先，建立市场化的跨地区企业协作机制，突出企业主体地位，出台支持和优惠政策，优化友好营商环境，调动企业积极性。政府应发挥积极的引导作用，进一步加强政府间、政府与市场间的交流，在投资、贷款、土地、税收、补贴等方面出台支持政策和奖励措施，构筑"政府搭台，企业唱戏"的平台，加强本地在外企业联合会的组建，构筑企业合作平台，促进企业之间的跨地区联合、扩张和生产要素跨地区流动，吸引更多企业参与区域扶贫协作。在此过程中，政府不能越俎代庖，主体始终是企业及其中介组织，切实体现市场化特征。其次，加快非政府组织（NGO）等社会组织的培育和发展，遵循和尊重非政府组织的发展规律和发展需求，充分发挥发达地区社会组织优势，充实区域扶贫协作中的社会力量。最后，充分挖掘和宣传贫困地区特色优势产品和服务，通过消费扶贫、旅游扶贫等灵活多样形式动员协作各方社会大众的广泛参与和积极行动。

主要参考文献

［1］李勇．中国东西扶贫协作的政策背景及效果分析［J］．老区建设，2011（14）．

［2］韩广富，周耕．我国东西扶贫协作的回顾与思考［J］．理论学刊，2014（7）．

［3］董珍，白仲林．对口支援、区域经济增长与产业结构升级——以对口援藏为例［J］．西南民族大学学报（人文社科版），2019，40（3）．

［4］贺新元．中央"援藏机制"的形成、发展、完善与运用［J］．西藏研究，2012（6）．

［5］赵明刚．中国特色对口支援模式研究［J］．社会主义研究，2011

(2).

[6] 贾海薇. 中国的贫困治理：运行机理与内核动力——基于"闽宁模式"的思考 [J]. 治理研究, 2018, 34 (6).

[7] 祝慧, 雷明. 东西部扶贫协作场域中的互动合作模式构建——基于粤桂扶贫协作案例的分析 [J]. 苏州大学学报（哲学社会科学版）, 2020, 41 (1).

[8] 刘铁. 从对口支援到对口合作的演变论地方政府的行为逻辑——基于汶川地震灾后恢复重建对口支援的考察 [J]. 农村经济, 2010 (4).

[9] 吴国宝. 东西部扶贫协作困境及其破解 [J]. 改革, 2017 (8).

专题研究报告六

建立有利于解决相对贫困的
生态产品价值实现机制研究

内容提要：党的十八大以来，在习近平生态文明思想的指引下，党中央国务院先后实施了多项生态扶贫的政策，对提供生态服务的贫困地区实现脱贫攻坚目标、巩固脱贫成果起到了非常重要的作用。2020年后，生态地区仍是解决相对贫困的重要战场，要立足相对贫困地区生态环境优势，积极探索生态产品价值实现机制，以实施重点生态环境保护工程项目为依托，以生态资源的多层次利用和转化为基础，以资源产权与有偿使用制度建设为扶贫核心，以实施生态产业项目为扶贫抓手，加快发展生态农业、生态旅游等产业，促进生态产品价值转化，最终提升生态地区相对贫困人口的可持续生计能力，实现生态环境保护、资源可持续利用和乡村振兴紧密结合，实现相对贫困地区和相对贫困人口"生态环境保护—实现生态产品价值—脱贫—生态环境保护"的良性循环。

2020年后，伴随着绝对贫困的消失，大部分生态地区经济发展水平与全国平均水平的比例关系仍然没有改变，仍然是相对贫困地区，区域内相对贫困人口也较为集中。应进一步建立健全生态产品价值实现机制，搭建"绿水青山"与"金山银山"之间的桥梁，充分挖掘生态保护缓解相对贫困的潜力，提升相对贫困人口的可持续生计能力，为生态地区实现可持续发展提供重要支撑。

一、生态地区与相对贫困地区耦合度分析

联合国千年发展目标和可持续发展目标，均将自然环境保护和生态系统修复作为实现人类减贫和发展目标的重要方面。我国地域广阔，作为生态系统服务的供给区域和处于生态环境脆弱的地区与相对贫困地区呈现高度耦合的现象。

（一）生态地区

在《全国主体功能区规划》中定义了国家重点生态功能区。国家重点生态功能区是指生态系统十分重要，关系全国或较大范围区域的生态安全，目前生态系统有所退化，需要在国土空间开发中限制进行大规模高强度工业化城镇化开发，以保持并提高生态产品供给能力的区域。国家重点生态功能区以保护和修复生态环境、提供生态产品为首要任务，因地制宜地发展不影响主体功能定位的适宜产业，引导超载人口逐步有序转移。全国主体功能区规划确定的第一批国家重点生态功能区包括大小兴安岭森林生态功能区、三江源草原草甸湿地生态功能区等 25 个地区，436 个生态功能县，总面积约 386 万平方公里，约占全国陆地国土面积的 41%，分为水源涵养型、水土保持型、防风固沙型和生物多样性维护型四种类型（见表 1）。经过 2016 年调整，国家重点生态功能区的县市区数量由原来的 436 个增加至 676 个，占国土面积的比例从 41% 提高到 53%。

表1　　　　　　　　　　　国家重点生态功能区及其综合评价

区域	类型	综合评价
大小兴安岭森林生态功能区	水源涵养	森林覆盖率高，具有完整的寒温带森林生态系统，是松嫩平原和呼伦贝尔草原的生态屏障。目前原始森林受到较严重的破坏，出现不同程度的生态退化现象
长白山森林生态功能区	水源涵养	拥有温带最完整的山地垂直生态系统，是大量珍稀物种资源的生物基因库。目前森林破坏导致环境改变，威胁多种动植物物种的生存

区域	类型	综合评价
阿尔泰山地森林草原生态功能区	水源涵养	森林茂密，水资源丰沛，是额尔齐斯河和乌伦古河的发源地，对北疆地区绿洲开发、生态环境保护和经济发展具有较高的生态价值。目前草原超载过牧，草场植被受到严重破坏
三江源草原草甸湿地生态功能区	水源涵养	长江、黄河、澜沧江的发源地，有"中华水塔"之称，是全球大江大河、冰川、雪山及高原生物多样性最集中的地区之一，其径流、冰川、冻土、湖泊等构成的整个生态系统对全球气候变化有巨大的调节作用。目前草原退化、湖泊萎缩、鼠害严重，生态系统功能受到严重破坏
若尔盖草原湿地生态功能区	水源涵养	位于黄河与长江水系的分水地带，湿地泥炭层深厚，对黄河流域的水源涵养、水文调节和生物多样性维护有重要作用。目前湿地疏干垦殖和过度放牧导致草原退化、沼泽萎缩、水位下降
甘南黄河重要水源补给生态功能区	水源涵养	青藏高原东端面积最大的高原沼泽泥炭湿地，在维系黄河流域水资源和生态安全方面有重要作用。目前草原退化沙化严重，森林和湿地面积锐减，水土流失加剧，生态环境恶化
祁连山冰川与水源涵养生态功能区	水源涵养	冰川储量大，对维系甘肃河西走廊和内蒙古西部绿洲的水源具有重要作用。目前草原退化严重，生态环境恶化，冰川萎缩
南岭山地森林及生物多样性生态功能区	水源涵养	长江流域与珠江流域的分水岭，是湘江、赣江、北江、西江等的重要源头区，有丰富的亚热带植被。目前原始森林植被破坏严重，滑坡、山洪等灾害时有发生
黄土高原丘陵沟壑水土保持生态功能区	水土保持	黄土堆积深厚、范围广大，土地沙漠化敏感程度高，对黄河中下游生态安全具有重要作用。目前坡面土壤侵蚀和沟道侵蚀严重，侵蚀产沙易淤积河道、水库
大别山水土保持生态功能区	水土保持	淮河中游、长江下游的重要水源补给区，土壤侵蚀敏感程度高。目前山地生态系统退化，水土流失加剧，加大了中下游洪涝灾害发生率
桂黔滇喀斯特石漠化防治生态功能区	水土保持	属于以岩溶环境为主的特殊生态系统，生态脆弱性极高，土壤一旦流失，生态恢复难度极大。目前生态系统退化问题突出，植被覆盖率低，石漠化面积加大
三峡库区水土保持生态功能区	水土保持	我国最大的水利枢纽工程库区，具有重要的洪水调蓄功能，水环境质量对长江中下游生产生活有重大影响。目前森林植被破坏严重，水土保持功能减弱，土壤侵蚀量和入库泥沙量增大
塔里木河荒漠化防治生态功能区	防风固沙	南疆主要水源，对流域绿洲开发和人民生活至关重要，沙漠化和盐渍化敏感程度高。目前水资源过度利用，生态系统退化明显，胡杨木等天然植被退化严重，绿色走廊受到威胁

172

续表

区域	类型	综合评价
阿尔金草原荒漠化防治生态功能区	防风固沙	气候极为干旱，地表植被稀少，保存着完整的高原自然生态系统，拥有许多极为珍贵的特有物种，土地沙漠化敏感程度极高。目前鼠害肆虐，土地荒漠化加速，珍稀动植物的生存受到威胁
呼伦贝尔草原草甸生态功能区	防风固沙	以草原草甸为主，产草量高，但土壤质地粗疏，多大风天气，草原生态系统脆弱。目前草原过度开发造成草场沙化严重，鼠虫害频发
科尔沁草原生态功能区	防风固沙	地处温带半湿润与半干旱过渡带，气候干燥，多大风天气，土地沙漠化敏感程度极高。目前草场退化、盐渍化和土壤贫瘠化严重，为我国北方沙尘暴的主要沙源地，对东北和华北地区生态安全构成威胁
浑善达克沙漠化防治生态功能区	防风固沙	以固定、半固定沙丘为主，干旱频发，多大风天气，是北京乃至华北地区沙尘的主要来源地。目前土地沙化严重，干旱缺水，对华北地区生态安全构成威胁
阴山北麓草原生态功能区	防风固沙	气候干旱，多大风天气，水资源贫乏，生态环境极为脆弱，风蚀沙化土地比重高。目前草原退化严重，为沙尘暴的主要沙源地，对华北地区生态安全构成威胁
川滇森林及生物多样性生态功能区	生物多样性维护	原始森林和野生珍稀动植物资源丰富，是大熊猫、羚牛、金丝猴等重要物种的栖息地，在生物多样性维护方面具有十分重要的意义。目前山地生态环境问题突出，草原超载过牧，生物多样性受到威胁
秦巴生物多样性生态功能区	生物多样性维护	包括秦岭、大巴山、神农架等亚热带北部和亚热带—暖温带过渡的地带，生物多样性丰富，是许多珍稀动植物的分布区。目前水土流失和地质灾害问题突出，生物多样性受到威胁
藏东南高原边缘森林生态功能区	生物多样性维护	主要以分布在海拔900~2500米的亚热带常绿阔叶林为主，山高谷深，天然植被仍处于原始状态，对生态系统保育和森林资源保护具有重要意义
藏西北羌塘高原荒漠生态功能区	生物多样性维护	高原荒漠生态系统保存较为完整，拥有藏羚羊、黑颈鹤等珍稀特有物种。目前土地沙化面积扩大，病虫害和溶洞滑塌等灾害增多，生物多样性受到威胁
三江平原湿地生态功能区	生物多样性维护	原始湿地面积大，湿地生态系统类型多样，在蓄洪防洪、抗旱、调节局部地区气候、维护生物多样性、控制土壤侵蚀等方面具有重要作用。目前湿地面积减小和破碎化，面源污染严重，生物多样性受到威胁
武陵山区生物多样性及水土保持生态功能区	生物多样性维护	属于典型亚热带植物分布区，拥有多种珍稀濒危物种。是清江和澧水的发源地，对减少长江泥沙具有重要作用。目前土壤侵蚀较严重，地质灾害较多，生物多样性受到威胁

续表

区域	类型	综合评价
海南岛中部山区热带雨林生态功能区	生物多样性维护	热带雨林、热带季雨林的原生地，我国小区域范围内生物物种十分丰富的地区之一，也是我国最大的热带植物园和最丰富的物种基因库之一。目前由于过度开发，雨林面积大幅减少，生物多样性受到威胁

资料来源：《全国主体功能区规划》。

（二）相对贫困地区

根据本书专题研究报告二的研究，按照农村居民人均可支配收入低于全国平均水平的75%作为相对贫困县的标准，则共识别出608个县（市、区）作为相对贫困地区，结果如表2所示。这些相对贫困县分布在我国22个省份。北京、天津、上海、江苏、浙江、福建、山东、广东、辽宁、海南10个省份没有贫困县，贫困县最多的省份是云南省，共71个贫困县，其次是甘肃，有56个贫困县，排名第三的是贵州，有54个贫困县。

表2　　　　　　　　　　　　相对贫困县分布

省份	相对贫困县
河北	行唐县、灵寿县、赞皇县、平山县、青龙满族自治县、临城县、巨鹿县、新河县、广宗县、平乡县、威县、涞水县、阜平县、唐县、涞源县、易县、曲阳县、顺平县、张北县、康保县、沽源县、尚义县、蔚县、阳原县、怀安县、赤城县、承德县、滦平县、隆化县、丰宁满族自治县、围场满蒙自治县、海兴县、盐山县、南皮县、武邑县、武强县、饶阳县、阜城县
山西	阳曲县、娄烦县、阳高县、天镇县、广灵县、灵丘县、浑源县、大同县、平顺县、黎城县、壶关县、武乡县、沁县、陵川县、应县、右玉县、榆社县、左权县、和顺县、昔阳县、万荣县、闻喜县、绛县、垣曲县、夏县、平陆县、五台县、代县、繁峙县、宁武县、静乐县、神池县、五寨县、岢岚县、河曲县、保德县、偏关县、古县、安泽县、浮山县、吉县、乡宁县、大宁县、隰县、永和县、蒲县、汾西县、文水县、交城县、兴县、临县、石楼县、岚县、方山县、中阳县、交口县
内蒙古	清水河、武川县、林西县、宁城县、阿鲁科尔沁旗、巴林左旗、巴林右旗、翁牛特旗、库伦旗、莫力达瓦达斡尔族自治旗、鄂伦春自治旗、卓资县、化德县、商都县、兴和县、察哈尔右翼中旗、四子王旗、阿尔山市、科尔沁右翼前旗、科尔沁右翼中旗、扎赉特旗、突泉县

续表

省份	相对贫困县
吉林	靖宇县、镇赉县、通榆县、洮南市、大安市、汪清县、安图县、龙井市、和龙市
黑龙江	延寿县、泰来县、甘南县、富裕县、拜泉县、绥滨县、饶河县、林甸县、桦南县、桦川县、汤原县、抚远市、同江市、兰西县、青冈县、明水县
安徽	凤台县、石台县
江西	莲花县、修水县、都昌县、上犹县、崇义县、安远县、定南县、全南县、宁都县、于都县、兴国县、会昌县、寻乌县、石城县、遂川县、万安县、永新县、井冈山市、铜鼓县、乐安县、广昌县、上饶县、横峰县、余干县、鄱阳县
河南	洛宁县、鲁山县、范县、台前县、舞阳县、卢氏县、民权县、睢县、宁陵县、西华县、商水县、沈丘县、淮阳县
湖北	郧西县、竹山县、竹溪县、房县、秭归县、长阳县、五峰县、孝昌县、罗田县、恩施市、利川市、建始县、巴东县、宣恩县、咸丰县、来凤县、鹤峰县
湖南	茶陵县、炎陵县、新邵县、邵阳县、隆回县、洞口县、绥宁县、新宁县、城步县、平江县、慈利县、桑植县、安化县、宜章县、汝城县、桂东县、安仁县、双牌县、江永县、新田县、江华县、沅陵县、辰溪县、会同县、麻阳县、新晃县、芷江县、靖州县、通道县、新化县、涟源、吉首、泸溪县、凤凰县、花垣县、保靖县、古丈县、永顺县、龙山县
广西	马山县、灌阳县、资源县、苍梧县、蒙山县、德保县、那坡县、凌云县、乐业县、西林县、隆林县、靖西市、昭平县、南丹县、天峨县、凤山县、东兰县、罗城县、环江县、巴马县、都安县、大化县、金秀县、龙州县、天等县
重庆	城口县、巫山县、巫溪县、酉阳县
四川	宣汉县、万源市、道孚县、炉霍县、新龙县、德格县、石渠县、色达县、理塘县、得荣县、木里藏族自治县、普格县、布拖县、金阳县、昭觉县、喜德县、越西县、甘洛县、美姑县、雷波县
贵州	水城县、盘州市、正安县、道真仡佬族苗族自治县、务川仡佬族苗族自治县、习水县、普定县、镇宁布依族苗族自治县、关岭布依族苗族自治县、紫云苗族布依族自治县、大方县、黔西县、金沙县、织金县、纳雍县、威宁彝族回族苗族自治县、赫章县、江口县、石阡县、思南县、印江土家族苗族自治县、德江县、沿河土家族自治县、松桃苗族自治县、兴仁县、普安县、晴隆县、贞丰县、望谟县、册亨县、安龙县、黄平县、施秉县、三穗县、镇远县、岑巩县、天柱县、锦屏县、剑河县、台江县、黎平县、从江县、雷山县、麻江县、丹寨县、福泉市、荔波县、贵定县、独山县、平塘县、罗甸县、长顺县、惠水县、三都水族自治县

续表

省份	相对贫困县
云南	禄劝彝族苗族自治县、寻甸回族彝族自治县、会泽县、施甸县、龙陵县、昌宁县、鲁甸县、巧家县、盐津县、大关县、永善县、绥江县、镇雄县、彝良县、威信县、水富市、永胜县、宁蒗彝族自治县、宁洱哈尼族彝族自治县、墨江哈尼族自治县、景东彝族自治县、景谷傣族彝族自治县、镇沅彝族哈尼族拉祜族自治县、江城哈尼族彝族自治县、孟连傣族拉祜族佤族自治县、澜沧拉祜族自治县、西盟佤族自治县、凤庆县、永德县、镇康县、双江拉祜族佤族布朗族傣族自治县、沧源佤族自治县、双柏县、牟定县、南华县、姚安县、大姚县、永仁县、武定县、屏边苗族自治县、元阳县、红河县、金平苗族瑶族傣族自治县、绿春县、砚山县、西畴县、麻栗坡县、马关县、丘北县、广南县、富宁县、勐腊县、漾濞彝族自治县、弥渡县、南涧彝族自治县、巍山彝族回族自治县、永平县、云龙县、洱源县、剑川县、鹤庆县、梁河县、盈江县、陇川县、泸水市、福贡县、贡山独龙族怒族自治县、兰坪白族普米族自治县、香格里拉市、德钦县、维西县
西藏	南木林县、定日县、萨迦县、拉孜县、昂仁县、谢通门县、仁布县、康马县、定结县、亚东县、吉隆县、聂拉木县、萨嘎县、岗巴县、江达县、贡觉县、类乌齐县、丁青县、察雅县、八宿县、左贡县、芒康县、洛隆县、边坝县、墨脱县、察隅县、错那县、浪卡子县、聂荣县、安多县、申扎县、索县、班戈县、巴青县、尼玛县、双湖县、札达县、革吉县、改则县、措勤县
陕西	宜君县、陇县、千阳县、麟游县、太白县、永寿县、长武县、旬邑县、淳化县、潼关县、合阳县、澄城县、白水县、富平县、华阴市、延川县、城固县、洋县、西乡县、勉县、宁强县、略阳县、镇巴县、留坝县、佛坪县、绥德县、佳县、吴堡县、清涧县、子洲县、汉阴县、石泉县、宁陕县、紫阳县、岚皋县、平利县、镇坪县、旬阳县、白河县、洛南县、丹凤县、商南县、山阳县、镇安县、柞水县
甘肃	永登县、皋兰县、榆中县、靖远县、会宁县、景泰县、清水县、秦安县、甘谷县、武山县、张家川县、古浪县、天祝县、泾川县、灵台县、崇信县、华亭县、庄浪县、静宁县、庆城县、环县、华池县、合水县、正宁县、宁县、镇原县、通渭县、陇西县、渭源县、临洮县、漳县、岷县、成县、文县、宕昌县、康县、西和县、礼县、徽县、两当县、临夏市、临夏县、康乐县、永靖县、广河县、和政县、东乡县、积石山县、合作市、临潭县、卓尼县、舟曲县、迭部县、玛曲县、碌曲县、夏河县
青海	湟中县、民和回族土族自治县、互助土族自治县、化隆回族自治县、循化撒拉族自治县、同仁县、尖扎县、泽库县、河南蒙古族自治县、同德县、贵德县、贵南县、班玛县、甘德县、达日县、久治县、玛多县、玉树市、杂多县、称多县、治多县、囊谦县、曲麻莱县
宁夏	盐池县、同心县、西吉县、隆德县、泾源县、彭阳县、海原县
新疆	乌什县、柯坪县、阿图什市、阿克陶县、阿合奇县、乌恰县、疏附县、疏勒县、英吉沙县、莎车县、叶城县、麦盖提县、岳普湖县、伽师县、巴楚县、塔什库尔干塔吉克自治县、和田市、和田县、墨玉县、皮山县、洛浦县、策勒县、于田县、托里县、吉木乃县

（三）生态地区与相对贫困地区的耦合

通过对比分析，发现重点生态功能区与贫困县重合率较高，全国有318个县既是生态功能区又是贫困县，重点生态功能区县中有47.04%是贫困县，而贫困县中有52.03%是重点生态功能区。分省区来看，山西、贵州、宁夏、云南、西藏重点生态功能区中超过70%的县是贫困县，中西部地区的重合率明显要高于东部地区。既是重点生态功能区又是贫困县的比较集中的地区分布在青藏高原、陕甘宁地区和西南地区（见表3）。

表3　　　　各省区重点生态功能区县与贫困县的分布及重合情况

省份	重点生态功能区县（个）	贫困县（个）	既是生态功能区又是贫困县（个）	重点生态功能区县中贫困县的比例（%）	贫困县中重点生态功能区县的比例（%）
北京	0	0	0	0.00	0.00
天津	0	0	0	0.00	0.00
河北	28	38	19	67.86	50.00
上海	0	0	0	0.00	0.00
江苏	0	0	0	0.00	0.00
浙江	11	0	0	0.00	0.00
安徽	15	2	1	6.67	50.00
福建	9	0	0	0.00	0.00
山东	13	0	0	0.00	0.00
广东	21	0	0	0.00	0.00
海南	4	0	0	0.00	0.00
辽宁	4	0	0	0.00	0.00
吉林	13	9	5	38.46	55.56
黑龙江	51	16	5	9.80	31.25
山西	18	56	17	94.44	30.36
内蒙古	43	22	11	25.58	50.00
江西	26	25	15	57.69	60.00
河南	10	13	1	10.00	7.69

省份	重点生态功能区县（个）	贫困县（个）	既是生态功能区又是贫困县（个）	重点生态功能区县中贫困县的比例（%）	贫困县中重点生态功能区县的比例（%）
湖北	30	17	14	46.67	82.35
湖南	43	39	24	55.81	61.54
广西	27	25	13	48.15	52.00
重庆	10	4	3	30.00	75.00
四川	56	20	19	33.93	95.00
贵州	25	54	23	92.00	42.59
云南	39	71	31	79.49	43.66
西藏	30	40	22	73.33	55.00
陕西	36	45	26	72.22	57.78
甘肃	37	56	25	67.57	44.64
青海	21	23	13	61.90	56.52
宁夏	8	7	7	87.50	100.00
新疆	48	25	23	47.92	92.00
总计	676	608	318	47.04	52.30

二、生态产品价值实现促进减贫的现状及进展

由于历史基础、利益分配、区域功能分工等原因，我国形成了生态环境富集区却往往是欠发达区域的非均衡空间格局。党的十八大以来，生态文明体制逐步建立，我国也先后制定了多个政策，促进在保护生态环境的道路上进行扶贫开发工作，将生态补偿、生态工程建设、生态产业发展等与扶贫机制有机结合，取得了积极的效果。

（一）已有政策梳理

从中国扶贫发展的政策实践来看，《中国农村扶贫发展纲要（2011～2020年）》作为中国扶贫开发工作的纲领性文件，强调了建立生态补偿机制

的重要性，尤其是加大贫困地区、生态脆弱区和重点生态功能区的生态补偿力度。2015 年精准扶贫战略将生态补偿脱贫作为多元化精准扶贫的重要形式之一，再度强调了生态补偿机制对中国扶贫攻坚战的重要性，尤其重视贫困地区的生态修复力度和生态功能转移支付，将贫困人口通过生态保护和资源管护行为纳入生态补偿范围。2018 年，《生态扶贫工作方案》出台，旨在充分理解并利用环境与贫困、人与自然资源、贫困人口脱贫与生态保护之间的关系，为统筹协调生态建设和反贫困的工作实践提供了重要支撑。2019年，《生态综合补偿试点方案》出台，旨在提升生态补偿资金使用效益和生态保护地区造血能力等。具体政策如表4 所示。

表4　　　　　　　　　　国家针对生态地区的扶贫政策

时间	颁布机关	名称	内容
2010	国务院	《中国农村扶贫开发纲要（2001～2010 年)》	扶贫开发必须与资源保护、生态建设相结合。实施西部大开发要注意与扶贫开发相结合，安排的水利、退耕还林、资源开发项目，在同等条件下要优先在贫困地区布局
2011	国务院	《中国农村扶贫开发纲要（2011～2020 年)》	结合生态保护补偿推进精准脱贫。生态保护补偿资金、国家重大生态工程项目和资金按照精准扶贫、精准脱贫的要求向贫困地区倾斜，向建档立卡贫困人口倾斜。开展贫困地区生态综合补偿试点，创新资金使用方式，利用生态保护补偿和生态保护工程资金使当地有劳动能力的部分贫困人口转为生态保护人员。对在贫困地区开发水电、矿产资源占用集体土地的，试行给原住居民集体股权方式进行补偿
2012	农业部	《农业部关于加强农业行业扶贫工作的指导意见》	不断加大生态保护与建设力度。进一步加大退牧还草扶贫工作的指导意见牧还草等工程实施力度，大力加强草原建设与保护，采取禁牧、休牧、轮牧等措施，恢复天然草原植被和生态功能。深入实施草原生态保护补助奖励政策，推进草原畜牧业发展，促进牧民增收
2013	国务院	《中共中央关于全面深化改革若干重大问题的决定》	实行资源有偿使用制度和生态补偿制度。全面反映市场供求、资源稀缺程度、生态环境损害成本和修复效益。坚持使用资源付费。坚持"谁受益、谁补偿"原则，完善对重点生态功能区的生态补偿机制，推动地区间建立横向生态补偿制度
2014	农业部财政部	《中央财政农业资源及生态保护补助资金管理办法》	草原生态保护与治理所需的草原禁牧补助、牧民生产资料综合补贴、绩效奖励、牧草良种补贴，飞播种草补助等

时间	颁布机关	名称	内容
2015	国务院	《关于打赢脱贫攻坚战的决定》	要结合生态保护脱贫。国家实施的退耕还林还草、天然林保护、防护林建设、石漠化治理防沙治沙、湿地保护与恢复、坡耕地综合整治退牧还草、水生态治理等重大生态工程，在项目和资金安排上进一步向贫困地区倾斜，提高贫困人口参与度和受益水平。利用生态补偿和生态保护工程资金使当地有劳动能力的部分贫困人口转为护林员等生态护林人员。开展贫困地区生态综合补偿试点，健全公益林补偿标准动态调整机制，完善草原生态保护补助奖励政策，推动地区间建立横向生态补偿制度
2016	国务院	《"十三五"脱贫攻坚规划》	处理好生态保护与扶贫开发的关系，加强贫困地区生态环境保护与治理修复，提升贫困地区可持续发展能力。逐步扩大对贫困地区和贫困人口的生态保护补偿，增设生态公益岗位，使贫困人口通过参与生态保护实现就业脱贫
2016	国务院	《关于健全生态保护补偿机制的意见》	结合生态环境保护和治理，探索生态脱贫新路子。生态保护补偿资金、国家重大生态工程项目和资金按照精准扶贫、精准脱贫的要求向贫困地区倾斜，向建档立卡贫困人口倾斜
2017	农业部财政部	《2017年重点强农惠农政策》	草原生态保护补助奖励。在内蒙古、四川、云南、西藏、甘肃、宁夏、青海、新疆8个省（自治区）和新疆生产建设兵团实施禁牧补助、草畜平衡奖励和绩效评价奖励
2018	国务院	《关于打赢脱贫攻坚战三年行动的指导意见》	新生态扶贫机制加大贫困地区生态保护修复力度，实现生态改善和脱贫双赢。加大对贫困地区天然林保护工程建设支持力度。建设生态扶贫专业合作社，吸纳贫困人口参与防沙治沙、石漠化治理、防护林建设和储备林营造。完善横向生态保护补偿机制，让保护生态的贫困县、贫困村、贫困户更多受益

（二）生态产品价值实现促进减贫的进展

针对生态功能区经济社会发展较为落后、贫困人口较集中的特点，我国积极加强对这些地区的扶持力度，同时在生态文明思想的指导下，开展了生态补偿、发展生态产业等一系列有利于生态产品价值转化的探索和实践，取得了积极的效果。

1. 完成了一批重大生态建设扶贫工程

国家实施的退耕还林还草、天然林保护、防护林体系建设、石漠化治理、防沙治沙、湿地保护与恢复、坡耕地综合整治、退牧还草、水生态治理等重大生态工程，在项目和资金安排上向贫困地区倾斜，提高贫困人口参与度和受益水平。"十三五"期间国家重大生态建设工程对扶贫的要求见表5。

表5　　　　　　　　"十三五"期间国家重大生态建设工程对扶贫的要求

生态工程	扶贫要求
1. 退耕还林还草工程	在安排新一轮退耕还林还草任务时，向扶贫开发任务重、贫困人口较多的省份倾斜。各有关省份要进一步向贫困地区集中，向建档立卡贫困村、贫困人口倾斜
2. 退牧还草工程	继续在内蒙古、辽宁、吉林、黑龙江、四川、贵州、云南、西藏、陕西、甘肃、青海、宁夏、新疆和新疆生产建设兵团实施退牧还草工程，并向贫困地区、贫困人口倾斜，合理调整任务实施范围，促进贫困县脱贫攻坚
3. 青海三江源生态保护和建设二期工程	继续加强三江源草原、森林、荒漠、湿地与湖泊生态系统保护和建设，治理范围从15.2万平方公里扩大至39.5万平方公里，从根本上遏制生态整体退化趋势，促进三江源地区可持续发展
4. 京津风沙源治理工程	继续加强燕山—太行山区、吕梁山区等贫困地区的工程建设，建成京津及周边地区的绿色生态屏障，沙尘天气明显减少，农牧民生产生活条件全面改善
5. 天然林资源保护工程	扩大天然林保护政策覆盖范围，全面停止天然林商业性采伐，逐步提高补助标准，加大对贫困地区的支持
6. 三北等防护林体系建设工程	优先安排贫困地区三北、长江、珠江、沿海、太行山等防护林体系建设，加大森林经营力度，推进退化林修复，提升森林质量、草原综合植被盖度和整体生态功能，遏制水土流失。加强农田防护林建设，营造农田林网，加强村镇绿化，提升平原农区防护林体系综合功能
7. 水土保持重点工程	加大长江和黄河上中游、西南岩溶区、东北黑土区等重点区域水土流失治理力度，加快推进坡耕地、侵蚀沟治理工程建设，有效改善贫困地区农业生产生活条件
8. 岩溶地区石漠化综合治理工程	继续加大滇桂黔石漠化区、滇西边境山区、乌蒙山区和武陵山区等贫困地区石漠化治理力度，恢复林草植被，提高森林质量，统筹利用水土资源，改善农业生产条件，适度发展草食畜牧业
9. 沙化土地封禁保护区建设工程	继续在内蒙古、西藏、陕西、甘肃、青海、宁夏、新疆等省（区）推进沙化土地封禁保护区建设，优先将832个贫困县中适合开展沙化土地封禁保护区建设的县纳入建设范围，实行严格的封禁保护

续表

生态工程	扶贫要求
10. 湿地保护与恢复工程	对全国重点区域的自然湿地和具有重要生态价值的人工湿地，实行优先保护和修复，扩大湿地面积。对东北生态保育区、长江经济带生态涵养带、京津冀生态协同圈、黄土高原—川滇生态修复带的国际重要湿地、湿地自然保护区和国家湿地公园及其周边范围内非基本农田，实施退耕（牧）还湿、退养还滩
11. 农牧交错带已垦草原综合治理工程	在河北、山西、内蒙古、甘肃、宁夏、新疆开展农牧交错带已垦撂荒地治理，通过建植多年生人工草地，提高治理区植被覆盖率和饲草生产、储备、利用能力，保护和恢复草原生态，促进农业结构优化、草畜平衡，实现当地可持续发展

资料来源：《"十三五"脱贫攻坚规划》。

2. 基本建立了生态补偿制度

多年来的实践证明，生态保护补偿有利于拓宽贫困人口增收渠道，促进生产生活方式转变，提高保护生态的积极性，恢复和扩大绿色生态空间。生态补偿也已经成为贫困地区缓解贫困、促进发展的有效手段，而扶贫开发也在缓解落后地区经济社会发展对生态环境压力方面发挥了重要作用。近年来，各地区、各有关部门有序推进生态保护补偿机制建设，总体上看，我国已经初步建立了较为全面的生态补偿机制，形成了三种生态补偿类型：重点领域补偿、重点区域补偿和地区间补偿。其中，在森林、草原、湿地、荒漠、海洋、水流、耕地七大领域都制定并实施了相应的生态补偿政策；重点区域补偿主要探索了重点生态功能区和禁止开发区的生态补偿，出台了《国家重点生态功能区转移支付办法》等系列举措和试点示范；地区间补偿主要开展了南水北调中线工程水源区对口支援、新安江水环境生态补偿试点，京津冀水源涵养区、广西广东九州江、福建广东汀江—韩江、江西广东东江、云南贵州广西广东西江等开展跨地区生态保护补偿试点，以地方补偿为主、中央财政给予支持的生态保护补偿机制办法也在不断探索之中。整体上看，目前我国已经初步形成了以政府为主导的，包含中央、省级和地方三个层次的生态补偿政策体系，其中以中央的生态补偿政策所涉及的资金金额最多、行政区域最广，影响力也最大。2019 年，重点生态功能区转移支付金额达到 811 亿元。截至 2019 年 11 月，我国已发布的生态补偿政策如表 6 所示。

表 6　　　　　　　　　　　我国已发布的生态补偿政策

发布日期	政　策
2004 – 10 – 21	《中央财政森林生态效益补偿基金管理办法》
2006 – 02 – 10	《关于逐步建立矿山环境治理和生态恢复责任机制的指导意见》
2007 – 08 – 24	《关于开展生态补偿试点工作的指导意见》
2010 – 12 – 31	《关于做好建立草原生态保护补助奖励机制前期工作的通知》
2011 – 06 – 30	《湖泊生态环境保护试点管理办法》
2011 – 07 – 19	《国家重点生态功能区转移支付办法》
2011 – 08 – 22	《关于完善退牧还草政策的意见》
2012 – 05 – 11	《船舶油污损害赔偿基金征收使用管理办法》
2012 – 10 – 30	《大中型水库移民后期扶持结余资金使用管理暂行办法》
2013 – 07 – 04	《关于进一步规范矿产资源补偿费征收管理的通知》
2014 – 01 – 29	《水土保持补偿费征收使用管理办法》
2014 – 05 – 20	《关于深入推进草原生态保护补助奖励机制政策落实工作的通知》
2016 – 06 – 20	《关于扩大新一轮退耕还林还草规模的通知》
2016 – 08 – 23	《国务院办公厅关于健全生态保护补偿机制的意见》
2019 – 11 – 21	《国家发展改革委关于印发〈生态综合补偿试点方案〉的通知》

在生态补偿对贫困人口的减贫作用方面，生态补偿资金以及引导贫困人口有序转产转业，使当地有劳动能力的部分贫困人口转化为生态保护人员，引导贫困群众依托当地优势资源发展"绿色产业"，不仅能够促进贫困地区人口保护生态，还能够通过各种途径帮助贫困地区人口脱困。针对生态地区人群的生态补偿政策主要包括生态管护公益岗位制度、草原奖补政策、生态公益林补偿制度等。如三江源国家公园生态管护公益岗位制度是为协调牧民群众脱贫致富与国家公园生态保护的关系，创新建立的一项生态管护公益岗位机制，按照精准脱贫的原则，先从园区建档立卡贫困户入手，整合原有林地、湿地等单一生态管护岗位，2017 年全面落实"一户一岗"政策，目前共有 17211 名生态管护员持证上岗，三年来青海省财政统筹安排 4.8 亿元资

金，户均年收入增加 21600 元，既保护了三江源区生态环境，又增加了当地群众收入，取得了显著成效。

3. 开展了生态产业扶贫

大力发展生态产业扶贫是实现贫困地区生态效益和经济效益相统一的有效途径，是在充分满足当地人自用性实物资源的基础上实施的产业化、规模化开发，可以尽快地从根本上摆脱贫困，促进生态保护与扶贫的良性互动。近年来，国家出台了一系列政策来促进贫困地区生态产业的发展。2016 年农业部等九部委发布意见指出，要大力发展循环农业、休闲农业等生态产业。同年，国家林业局发出通知，要求大力发展林下经济。2016 年国家发改委等部门出台意见，要求在 2020 年之前，在 16 个省份中的 471 个县约 3.5 万个贫困村，实施光伏扶贫，确保 200 万无劳动能力贫困户每年每户增加收入 3000 元以上。与此同时，国家旅游局出台《乡村旅游扶贫工程行动方案》，要求通过发展乡村旅游，实现精准脱贫，计划通过发展乡村旅游业带动 25 个省份 2.26 万个贫困村、230 万贫困户、747 万贫困人口脱贫。2018 年出台的《生态扶贫工作方案》提出，到 2020 年，要在贫困地区打造具有较高知名度的 10 处全国森林体验和森林养生试点基地、20 条精品森林旅游线路、30 个森林特色小镇、50 处精品森林旅游地等，大力发展生态旅游业，力争到 2020 年通过大力发展生态产业，带动约 1500 万贫困人口增收。通过发展绿色农业、光伏发电、乡村旅游等生态产业，既增加了农民的收入，实现脱贫目标，又保护了生态环境，实现可持续发展。

4. 组织了较大规模的易地扶贫搬迁

易地扶贫搬迁是一项政府主导、群众自愿参与的贫困人口的迁移活动，旨在通过人口的空间转移，打破贫困陷阱的内生性及资源型系统的封闭性，破解一方水土养不起一方人的发展困境，即帮助由于自然因素造成的贫困人口搬迁到有生存与发展条件好的地方，以摆脱贫困实现可持续发展的一种扶贫模式。由于生态环境资源的脆弱性与贫困人口生产生活具有较大的矛盾，政府在实现贫困人口从生态脆弱地区搬迁到资源承载力较好的地方后，引导贫困人口由农业生产向非农化生产转型，这一方面提高了贫困人口的自身可持续发展、脱贫致富的能力，另一方面降低了其对自然资源和环境的依赖程度，实现了对生态脆弱地区的修复和保护。

我国在 20 世纪 80 年代就开始尝试将甘肃定西、宁夏西海固等自然条件严酷贫困地区的人口迁移到河西走廊、西海固黄河沿岸等生存条件较好的地区，进行开发性建设；90 年代起又在贵州、广西等西部省份先后实施了以工代赈扶贫移民试点项目、易地扶贫搬迁试点项目、扶贫生态移民项目等，都取得了显著的成效。2015 年底，国家结合过去 30 多年的实践经验和脱贫攻坚总体需要，启动了新一轮易地扶贫搬迁，在"十三五"期间对 1000 万生活在"一方水土养不起一方人"地方的建档立卡贫困人口实施搬迁，并在组织实施搬迁之后实施后续扶持措施，保障搬迁贫困人口具有相应的可持续生计能力。

三、总体思路

立足相对贫困地区生态环境优势，积极探索生态产品价值实现机制，以实施重点生态环境保护工程项目为依托，以生态资源的多层次利用和转化为基础，以资源产权与有偿使用制度建设为扶贫核心，以实施生态产业项目为扶贫抓手，加快发展生态农业、生态旅游等产业，促进生态产品价值转化，最终提升生态地区相对贫困人口的可持续生计能力，实现生态环境保护、资源可持续利用和乡村振兴紧密结合，实现相对贫困地区和相对贫困人口"生态环境保护—实现生态产品价值—脱贫—生态环境保护"的良性循环。

（一）以提升生态产品供给质量为核心，加大对相对贫困地区投入力度

良好的生态环境是生态地区摆脱相对贫困实现发展的前提，绿水青山是实现生态产品价值的前提和基础。没有良好的生态环境，生态产品的供给无从保障，就更谈不上生态产品价值实现，从而促进相对贫困地区发展。因此，对于生态资源富集的相对贫困地区而言，实现要坚持保护优先，像保护眼睛一样保护生态环境，像对待生命一样对待生态环境，强化生态环境保护

的前提和基础地位，统筹推进山水林田湖草一体化治理，通过保护和修复生态环境不断增加生态产品供给，为生态产品价值实现奠定物质基础，促进生态价值可持续转化。一是中央要加大对相对贫困地区的生态补偿力度，让贫困人口在生态补偿中获得经济收益，如不断完善森林生态效益补偿补助机制，增加对重点生态功能区的中央转移支付等；同时，在重大生态工程建设中优先安排贫困人口参与，增加贫困人口的收入。二是加强相对贫困地区生态保护与修复，大力实施生态工程。通过加大对相对贫困地区政策的影响，在生态脆弱地区推进退牧还草、退耕还林、石漠化综合治理、湿地保护与恢复等工程的建设。三是对居住在生态环境脆弱、交通闭塞地区的居民实施生态宜居搬迁，帮助相对贫困群众改善生产生活条件，实现稳定脱贫致富。

（二）以提高生态补偿的减贫效果为方向，推动单项生态补偿向综合性生态补偿转变

从国家目前开展生态补偿的政策实践来看，在现行管理体制下，单项补偿存在诸多问题：一方面，补偿规模偏低，难以满足地方生态保护事权支出的要求；另一方面，不同部门规定生态补偿用途的专项转移支付资金分散、专款专用，造成资金统筹使用难度大，难以对地方政府的生态建设形成必要的财力支持。有鉴于此，从提升生态产品供给能力的角度，为地方综合利用资金提升自身生态建设能力和发展水平考虑，生态补偿政策调整思路应推动单项生态补偿向综合性生态补偿转变，在国家和省级层面上整合各部门针对生态补偿的各项政策和项目资金，建立生态补偿资金池，同时取消生态补偿专项的地方配套，并在资金使用上赋予地方政府一定的自主权，最大限度地提高生态补偿资金使用效率和调动地方政府的积极性。具体来看，一是从源头整合资金。加大政府部门资金整合力度，在划分事权和支出责任的基础上，从预算编制和控制专项入手，重点整合中央财政及相关部门、省财政及相关部门生态补偿资金和生态保护专项资金，形成合力。改进预算管理，将不同层面、不同渠道的资金整合后统筹分类使用。合并中央财政、省财政名目繁多的生态补偿类资金，统一资金拨付渠道，提高政府财政资金使用效率。二是发挥财政生态补偿资金的引导作用，建立以项目、产业、园区、规划等形式的资金整合平台，从社会、市场与民众等途径筹措资金，根据项目

性质, 采取财政补助、财政贴息、投资参股、以奖代补、贷款担保等灵活方式进行补偿。

(三) 以健全资源环境产权制度为手段, 不断扩大相对贫困群众可持续生计资本

确定资源环境产权归属是促进生态价值转化的关键环节。贫困人口将拥有的生态资源转化成生态资产和资本, 才能实现可持续的生计。因此, 在开展生态产品价值转化的过程中, 要以健全资源环境产权制度为手段, 不断扩大相对贫困群众的可行能力和生计资本。在提升生态贫困地区群众的可行能力方面, 一是加大职业技能培训力度, 组织专家对合作社、企业、生态产业经营大户进行技术指导, 同时在生态贫困地区培养一批技术能手和乡土专家, 提升基层工作人员的能力。二是转变相对贫困地区居民的思想观念, 提高其对生态文明与绿色发展的认识, 使其牢固树立"绿水青山就是金山银山"的生态理念。在提升生态贫困地区群众的生计资本方面, 明晰各类资源资产使用权转让、出租、抵押、继承、入股等权能的统一界定, 适度扩大使用权的出让、转让、出租、抵押、担保、入股等权能, 推广林地经营权、经济林木所有权等新型林权抵押贷款改革, 推进森林资源有序流转, 增加贫困人口的收入门路。同时, 在生态贫困地区推进农村集体产权制度改革, 通过多种方式将符合条件的集体所有农村土地资源、森林资源转变为合作社、企业的股权, 盘活农村资源、资产、资金。

(四) 以构建"生态+"产业体系为目的, 提升相对贫困地区自身发展能力

将生态富集区生态优势就地科学地转化为发展优势, 变"绿水青山"为"金山银山", 构建具有区域特色的生态产业体系, 推动相对贫困地区走出一条生态环境保护与经济发展双赢之路, 在取得减贫效果的同时, 不减少生态产品的存量。一是大力发展具有区域特色的生态产业, 既要关注相对贫困地区自然资源的可持续利用, 又要关注发展条件改善、产业竞争力提升等方面。要把相对贫困地区资源优势转化为市场相对稳定的生态特色产业。如在风景优美的生态贫困地区大力发展生态旅游体验, 打造具有地方特色的生

态旅游产品等；在保持生态效益优先的前提下，大力发展市场需求大、经济效益好的特色林果、木本油料、花卉等产业；在生态环境承载力允许的前提下，充分发挥湖泊水库、草原、森林等生态资源优势，因地制宜发展特色水产养殖业、草食畜牧业、林下中药材、林下养殖等特色种养业。二是在发展产业的过程中要增强经济发展的利贫性，提升贫困人口在经济活动中的受益程度。如在生态贫困地区可因地制宜地打造一批各具特色的养殖业、种植业示范基地，把贫困人口引导到生态特色产业发展中来，拓宽贫困人口增收渠道，要提高相对贫困人口的参与度，在生态产业发展的进程中让当地贫困人口更多地参与进来。

四、重点任务

把着力提升优质生态产品供给能力作为相对贫困地区发展的主要抓手，实施一批生态修复重大工程，建立健全综合生态补偿机制，发挥生态比较优势，培育发展生态特色产业，有序推进生态移民工程，促进相对贫困地区探索走出一条生态优先、绿色发展的减贫新路子，实现相对贫困人口稳定增收。

（一）着力提升相对贫困地区优质生态产品供给能力

1. 在相对贫困地区开展生态保护与修复

实施生态保护与修复重大工程，将其作为山水林田湖生态保护和修复工程的重要内容，并将资金向相对贫困地区倾斜。以县级行政区为基本单元制定实施生态系统保护与修复方案。优先保护良好生态系统和重要物种栖息地，建立和完善生态廊道，提高生态系统完整性和连通性。分区分类开展受损生态系统修复，采取以封禁为主的自然恢复措施，辅以人工修复，改善和提升生态功能。切实强化生态保护红线及周边区域污染联防联治，重点加强生态保护红线内入海河流综合整治，通过生态保护和修复工程，提升相对贫困地区生态环境质量。

专栏1

重大生态修复和建设工程

全面实施十大生态修复工程，包括：天然林资源保护工程、退耕还林还草工程、黄土高原水土流失治理工程、西南石漠化治理工程、北方退化草原修复工程、国家公园及自然保护地建设工程、湿地保护与恢复工程、平原绿化工程、长江流域防护林体系建设工程、黄河流域生态修复工程。构建十大生态安全屏障，包括：东北森林屏障、北方防风固沙屏障、东部沿海生态屏障、西部高原生态屏障、长江流域生态屏障、黄河流域生态屏障、珠江生态屏障、中小河流及库区生态屏障、平原农区生态屏障、城市森林生态屏障。

2. 以生态公益性岗位为抓手提高生态环境管护水平

加大对生态公益岗位的扶持力度，推动生态保护与扶贫就业相结合，适度扩大生态公益性岗位规模，明确生态公益性岗位中央和地方事权财权分配机制，提高生态公益岗位收益保障水平，将生态公益性岗位向零就业家庭、困难家庭倾斜，加强就业困难人员就业援助，提高就业水平。全面落实小额担保贷款、岗位补贴、社保补贴、培训补贴、税费减免等扶持政策，重点支持城镇失业人员、失地农民和返乡农民工、大中专毕业生和转业退伍军人自主创业。拓展就业领域，统筹实施高校毕业生民生实事项目和基层服务项目。加强培训基地建设，建设高级技能人才培训基地，构建技能人才培训网络。实施农民工职业技能提升计划和免费职业培训行动，提高就业基本能力。建立失业调控长效机制，防范和化解失业风险。

（二）建立健全综合生态补偿机制

1. 赋予贫困县统筹整合使用财政涉生态补偿资金的自主权

支持相对贫困地区以县为基本单元，统筹来自发展改革、林业、环保、水利、农业等部门具有生态补偿性质的各级各类生态工程建设和生态补偿资金，按照生态工程建设、生态管护、基本公共服务、农牧民增收

（直接到户资金）、产业发展五类，在允许范围内加大资金捆绑式使用，改变治山、治水各自为战，补偿资金使用"碎片化"和效益偏低的困境。相对贫困县要制定整合使用生态补偿资金实施办法，明确部门分工、资金用途、监管措施，让生态补偿资金真正发挥效益。允许生态补偿项目由专业合作组织实施，促进生态保护项目与合作组织有效对接，撬动金融资本和社会资金投入生态保护和修复，全面提升自然生态系统稳定性和生态服务功能。强化国家和省级政府对生态补偿资金使用成效的监督管理，把生态保护成效作为衡量补偿资金整合使用的主要标准，建立奖惩结合的双向激励机制。

2. 推进按要素生态补偿政策的综合集成

适应生态文明体制改革的需要，推动有关部门将财政转移支付生态补偿从按生态工程建设、按要素补偿向区域性综合补偿转变。首先，实施部门内部整合，在保持资金分配权、财务自主权、监督管理权和生态保护目的不变的基础上，加强部门内资金统筹，适当提高地方使用自主权，如将林业部门主管森林资源管护、森林资源培育、生态保护体系建设、林业产业发展资金整合使用。其次，引导按要素补偿向基于主体功能定位的区域综合补偿转变，整合方向相似、资金性质相近、关联性较大的专项生态补偿资金，逐步建立以县级行政区为基本单元、综合多种生态要素的生态综合补偿。最后，健全由政府购买生态服务的生态建设和管护机制，生态建设项目由政府主导实施向企业实施转变。

（三）推进相对贫困地区"生态＋"产业发展

1. 促进生态农业、生态旅游和生态工业发展

积极探索"生态＋"产业发展模式，促进生态产品向下游产业链延伸，实现生态产品向生态经济转化。大力推进水中经济、林下经济、山上经济等农林牧渔产品发展模式，深入挖掘各种"绿色要素"，推进农业清洁生产，发展绿色精品农产品。推进生态与健康、旅游、文化、休闲相融合，通过发展生态旅游业带动运动休闲、养生保健以及配套的导游、餐饮、购物等多产

业、多业态发展；充分利用优质生态产品优势，大力发展环境适应性产业，吸引环境敏感型产业，促进产业与生态"共生"发展。

2. 探索"生态＋"产业新业态

充分挖掘利用农业多种功能，加快发展农业观光体验、电子商务、文化创意等新产业、新业态，不断发掘产业附加值。推进生态与健康、旅游、文化、休闲的融合发展。深化旅游业改革创新，依托大景区，大力挖掘历史传承、人文题材，把美丽乡村旅游、红色旅游、节庆旅游、运动休闲、养生保健、"农家乐"、"民宿"等串点成线、连线成面，配套发展导游、餐饮、购物等服务业，通过生态旅游业实现带动多产业发展。此外，选择生态资源良好的地区，围绕湿地公园、森林公园、自然保护区等生态旅游资源，因地制宜建设一批生态休闲养生福地，积极培育和丰富生态休闲养生产品，打造一批有品牌、有品质、有品位的湖边渔家、温泉小镇、森林小镇、茶叶小镇等生态休闲养生基地。积极推进绿色产品全产业链建设，按照纵向延伸、横向联结的思路，引入和培育龙头企业等产业链的核心组织，通过股权、品牌、战略合作等途径链接产业链各节点，推进一二三产业融合发展。

3. 建立区域绿色产品品牌

加强绿色产品品牌建设，加强品牌整合力度。推进绿色产品品牌标准化建设，把小品牌、散品牌、弱品牌整合成区域性生态产品大品牌，形成规模优势，统一标准、统一要求、统一宣传，加大品牌推广力度，扩大品牌知名度和影响力。通过市政府背书等方式，大力推进公共品牌培育，有效打通生态农产品销售渠道，实现生态农产品价值最大化。加强品牌安全监管，坚持源头治理、标本兼治、综合施策，着力构建质量追溯制度、企业诚信机制、质量监管体系"三位一体"的安全监管模式。倒逼生产经营方式转变，推动产业可持续发展。建设生态产品标准认证标识体系。构建统一的绿色产品标准、认证、标识体系，实施统一的绿色产品评价标准清单和认证目录，健全绿色产品认证有效性评估与监督机制，加强技术机构能力和信息平台建设。

（四）有序实施生态移民及后续扶持工程

1. 开展生态移民搬迁

对接乡村振兴规划中的生态宜居搬迁要求，对符合条件的相对贫困地区逐步推进生态移民，有序推动人口适度集中安置，降低人类活动强度，减小生态压力。利用经济价值高、区位优势突出的中心区、功能齐全的城市规划区土地搬迁群众。以"生产、生活、生态，宜居、宜业、宜游"为规划理念，根据搬迁群众的实际需要，合理规划布局安置区业态，在产业园区、商贸城、物流城等发展空间大，能激发搬迁户内生动力，为搬迁群众提供充足的就业岗位，保障搬迁群众就近就业，能实现先产后搬，解决搬迁后生计问题，落实搬迁群众就学和就医问题，衔接迁出地和迁入地低保、医保和养老保险等问题，确保搬迁群众"搬得出、留得住、有出路"。搬迁群众迁出后，闲置、废弃的农村集体建设用地及腾出的宅基地，根据实际情况大部分转化为生态用地用于生态保护和修复，在不影响生态环境情况下，少部分土地通过土地指标增减挂钩，产生的相应收益用于支持生态移民搬迁及迁出群众后期生活保障、生产发展。

2. 完善有利于"外迁内聚"的基本公共服务体系

通过生态移民搬迁实现相对贫困地区人口外迁内聚，提高居民聚集区公共服务水平，通过公共服务布局引导人口布局改善，降低对生态系统的干扰，提升居民生活质量。推进城乡义务教育均衡发展和各类教育协调发展，进一步提高教育教学质量。鼓励普惠性幼儿园发展，加快实施学前教育推进工程。按照人人享有基本医疗卫生服务的目标要求，构建健康促进新模式。加快完善基层医疗卫生服务网络。推进城乡医疗卫生机构标准化建设，加强公立医院重点学科建设和专业公共卫生机构设备配备。规划建设加强疾病防治、妇幼保健、爱国卫生等公共卫生服务，落实国家免疫规划，加强重大传染病防治，提高卫生监督、应急救治、食品安全风险监测和突发公共卫生事件应急处置能力。推动公共文化惠民工程，加快文化馆、图书馆、博物馆和美术馆建设。全面改善体育基础设施，制定促进发展体育事业规划和行动方案。

五、政 策 建 议

加快建立生态产品价值实现机制，围绕完善市场化多元化生态补偿机制、建立生态产品市场交易机制、建立"生态＋"产业市场规范制度等方面加强对生态富集的相对贫困地区的政策扶持。

（一）完善市场化多元化生态补偿机制

加强中央纵向转移支付力度，加大重点生态功能区转移支付力度，提高草原奖补标准，向公益林补贴标准看齐，充分考虑成本上升因素提高造林等生态建设工程补助。推进横向生态向补偿，吸引社会资本参与。根据各领域、不同类型地区的特点，综合考虑各地生态产品质量、付出的生态保护成本和损失的发展机会成本等因素，完善测算方法，建立生态保护补偿标准体系。进一步合理配置生态补偿资金，提高资金使用效率，建立奖惩分明的激励约束机制，对生态保护任务完成较好、生态产品质量提升的地区加大补偿力度，除资金奖励外，还可以在基础设施建设、公共服务供给等方面提供政策性倾斜；对于生态产品质量下降的地区，则不予补偿或扣减资金，更加合理地分配补偿资金，提升生态补偿效果。

（二）建立生态产品市场化交易机制

产权制度是生态产品交易的前置性基础性制度。生态产品要从公共物品转化为具有商品属性的可交易产品，首先要明确产权，在此基础上，遵循市场经济规律和市场机制原则，通过产权的出让、转让、出租、抵押、担保、入股等方式，促进生态产品权益的市场交易。从自然资源产权的角度来看，主要是确定各类转让、出租、抵押、继承、入股等权能归属。从环境产权角度来看，主要是合理开展环境产权的初始分配并建立统一规范的市场。与自然资源产权不同，环境产权的实质是由环境资源的产权主体分配给企业的有限制的使用权。

健全绿色信贷统计制度，大力发展绿色信贷，支持以林权、水权等资源类权益和用能权、碳排放权、排污权等环境类权益作为抵（质）押的绿色信贷。建立财政补助、金融机构融资相互协作担保机制，对于绿色信贷支持的项目，符合条件的按规定给予财政贴息支持。完善各类绿色债券发行的相关业务指引、自律性规则，积极推动金融机构发行绿色金融债券，支持符合条件的绿色企业上市融资和再融资，引导各类机构投资者投资绿色金融产品。研究设立绿色发展基金，鼓励社会资本按市场化原则设立节能环保产业投资基金。在环境高风险领域建立环境污染强制责任保险制度，鼓励和支持保险机构创新绿色保险产品和服务。

（三）建立"生态+"产业市场规范制度

研究建立生态产品市场化交易的管理标准，依法依规保护生态产品市场的供需双方权益，建立品牌认证制度和市场信息发布制度，积极培育生态产品评估机构，完善生态产品交易流通的管理体系。加强品牌安全监管，坚持源头治理、标本兼治、综合施策，着力构建质量追溯制度、企业诚信机制、质量监管体系"三位一体"的安全监管模式。建设生态产品标准认证标识体系。构建统一的生态产品标准、认证、标识体系，实施统一的生态产品评价标准清单和认证目录，健全生态产品认证有效性评估与监督机制，加强技术机构能力和信息平台建设。

主要参考文献

［1］公丕宏，公丕明. 论中国特色社会主义扶贫实践和理论［J］. 上海经济研究，2017（9）：10-17.

［2］任晓伟. 从体制变革性减贫到精准扶贫：改革开放以来中国共产党扶贫思想的与时俱进［J］. 中共宁波市委党校学报，2018（9）.

［3］汪三贵：中国40年大规模减贫：推动力量与制度基础［J］. 中国人民大学学报，2018（6）.

［4］燕继荣. 反贫困与国家治理——中国"脱贫攻坚"的创新意义［J］. 管理世界，2020，36（4）：209-220.

［5］张化楠，接玉梅，葛颜祥. 国家重点生态功能区生态补偿扶贫长效机制研究［J］. 中国农业资源与区划，2018，39（12）：26-33.

［6］李慧. 我国连片贫困地区生态扶贫的路径选择［J］. 四川行政学院学报，2013（4）：70-75.

［7］胡仪元. 生态补偿的理论基础再探——生态效应的外部性视角 ［J］. 理论探讨，2010（1）：70－73.

［8］方兰，屈晓娟，王超亚. 陕南南水北调水源地生态补偿与减贫扶贫 ［J］. 宏观经济管理，2014（8）：80－82.

［9］曹忠祥. 贫困地区生态综合补偿的总体设想 ［J］. 中国发展观察，2017（22）：44－46.

［10］彭娇婷. 生态红线区综合性生态补偿机制探索 ［J］. 山东林业科技，2016，46（6）：97－99，67.

专题研究报告七

相对贫困地区社会保障
兜底机制问题研究

内容提要： 兜底保障是缓解贫困的重要手段，在脱贫减贫中发挥着"安全网""稳定阀""调节器"的功能。在消除了绝对贫困后，相对贫困阶段的社会保障兜底机制仍将发挥重要作用。建立相对贫困地区社会保障兜底机制，需要在加快城乡兜底保障制度的整合及制度衔接、推动社会保障兜底精准识别实现精准保障、构建发展型的社会保障兜底体系、提升多元化社会保障兜底供给能力等方面多措并举，形成合力。

兜底保障是缓解贫困的重要手段，是巩固脱贫攻坚成果、建立解决相对贫困长效机制的制度安排，在脱贫减贫中发挥着"安全网""稳定阀""调节器"的功能。到 2020 年，现行标准下农村贫困人口已经实现全部脱贫，贫困县全部摘帽，区域性整体贫困得到解决。绝对贫困解决但相对贫困仍将长期存在，贫困人口还存在返贫风险，继续发挥和拓展社会保障兜底保障机制的"托底线、救急难、可持续"功能对缓解相对贫困具有重要意义。

一、我国社会保障兜底缓解贫困的发展

党的十八大以来，我国脱贫攻坚取得决定性成就，农村贫困人口持续大幅减少，贫困发生率显著下降。其中作为"五个一批"重要组成部分的社会保障兜底缓解贫困发挥了重要作用。

（一）城乡兜底保障制度不断完善

实施精准扶贫方略以来，我国城乡社会保障兜底保障机制更加健全，基本形成了以社会救助为核心、以社会保险和社会福利为主体、以社会帮扶为辅助的综合保障体系。当前，我国已经基本确立了政府救助和社会力量参与相结合的"8＋1"社会救助体系，在保障贫困与弱势群体生活方面发挥了重要作用。同时，中央政府不断加强制度统筹，地方政府积极推出创新性政策，我国在相对贫困阶段的兜底保障制度基础更加坚实。

近年来，中央政府对兜住贫困人口基本生存底线的政策框架体系做了更高层次的制度统筹设计。为了实现对贫困人口的保基本、兜底线的制度目标，中央出台了系列政策文件（见表1）。其中，2014年由国务院出台的《社会救助暂行办法》是统筹城乡最低生活保障的纲领性文件，该办法在强调最低生活保障兜底线的基础上，突出了对特困人员供养、受灾人员救助以及在医疗、教育、住房、就业等专项救助措施，加强了消除因病致贫、因学致贫等多维度致贫的关联性。同时，为了更好地规范农村最低生活保障制度与扶贫开发政策的衔接，民政部出台《关于做好农村最低生活保障制度与扶贫开发政策有效衔接指导意见的通知》，提出要做好标准、对象、政策、考核等方面的衔接。2020年2月，民政部、国务院扶贫办颁发《社会救助兜底脱贫行动方案》，提出健全完善监测预警机制、健全完善监测预警机制、加强特殊困难群体关爱帮扶、加大对深度贫困地区倾斜支持力度等重点任务。

表1　　　　　　　　　我国城乡兜底保障制度文件基本情况

年份	文　件	领域
2012	《关于加强和改进城乡最低生活保障工作的意见》	社会救助
2014	《社会救助暂行办法》	社会救助
2014	《关于全面建立临时救助制度的通知》	社会救助
2016	《关于做好农村最低生活保障制度与扶贫开发政策有效衔接指导意见的通知》	社会救助
2016	《关于进一步健全特困人员救助供养制度的意见》	社会救助

续表

年份	文　件	领域
2017	《国务院办公厅关于加强困难群众基本生活保障有关工作的通知》	社会救助
2018	《中共中央、国务院关于打赢脱贫攻坚战三年行动的指导意见》	制度统筹
2020	《社会救助兜底脱贫行动方案》	社会救助

资料来源：根据历年国务院出台的政策文件整理。

从社会保障兜底机制的体系内容看，我国现阶段基本建成了覆盖城乡重点困难人群的兜底框架。一是社会救助体系，包括以城乡最低生活保障制度为主体，以医疗救助、教育救助、住房救助、就业救助等专项救助为辅助的一揽子救助内容。二是贫困地区城乡基本养老保障制度，其基本内容包括基本养老金保障、机构养老保障、家庭养老保障三个层次。三是"三留守人员"和残疾人关爱服务体系，其基本内容包括儿童关爱服务设施和队伍建设、儿童救助保护机制和关爱服务网络，农村特困人员供养服务机构建设、社会养老服务设施建设、留守妇女技能培训和居家灵活就业创业扶持以及困难残疾人生活补贴和贫困残疾人实用技术培训等。尽管我国在制度层面对社会保障兜底机制不断完善，但从总体制度设计理念看，无论是城镇地区还是农村地区的社会保障兜底机制，均是以收入水平作为兜底保障的出发点，以物质帮扶、保障基本生存作为兜底保障目的。

（二）兜底保障覆盖范围持续扩大

作为制度型反贫困的重要措施，社会救助兜底发挥了重要的基础性作用。近年来，随着经济进入高质量发展阶段，我国城镇化水平得到显著提升，城乡人口的自我发展能力不断增强。同时，随着脱贫攻坚的深入推进，贫困人口的内生动力持续提高。总体来看，我国城乡居民领域最低生活保障的人数逐年减少，与脱贫攻坚贫困人口数量的下降基本同步。截至 2019 年底，全国共有 1857 万建档立卡贫困人口纳入低保或特困救助供养。从对象看，老年人、未成年人、重病重残人员是社会兜底保障的大多数，约占 2/3。从 2017 年开始，全国所有县（市、区）的农村低保标准全部达到或超过国家扶贫标准。2019 年，全国城乡领取最低生活保障人数共计 3981.11 万人，其中城市低保人数 524.99 万人，农村低保人数 3456.12 万人。在特困人员救助供养方面，全国农村特困人员共计439.23万人。在临时救助方面，实施临时救助917.69万人，实施传统救济466.23万人。从贫困残疾人救助上看，贫困残疾人扶持力度进一步加大。全国有50.9万人次农村残疾人接受了实用技术培训，6190名贫困残疾人获得康复扶贫贴息贷款扶持，4662个残疾人扶贫基地安置6.2万名残疾人就业，辐射带动10.0万户残疾人家庭增收。从贫困儿童受助情况来看，中国儿童基金会统计数据显示，2019年通过"春蕾儿童"项目共支助"春蕾儿童"373.4万人。

分省份来看，我国农村社会救助兜底人数最多的省份主要集中在中部经济欠发达地区和传统的"三区三州"贫困地区，如四川、河南、广西、贵州等省份。城镇社会救助兜底人数最多的除以上所述省份外，东北地区的城镇社会保障兜底人数也比较多，如黑龙江、吉林、辽宁的城镇低保人数分别为585.99万人、42.94万人和38.90万人，社会保障兜底覆盖面与相对贫困地区具有一定的重合性。

（三）城乡兜底待遇水平不断提高

按照《社会救助暂行办法》对社会救助水平与经济社会发展水平相适应的要求，现阶段我国城乡社会救助兜底待遇标准均实现了动态调整。在此基础上，全国各地城乡社会救助兜底的待遇标准不断提高。2019年，我国城市低保平均标准为624元/月，农村低保平均标准为5336元/年，现阶段的标准均高于我国所划定的绝对贫困收入标准。按照全国城乡五等分收入来看，目前划定的城乡低保标准与低收入户的收入水平基本一致。① 从区域上看，我国城市低保标准和农村低保标准与各省份经济发展水平基本一致，除北京、天津、上海等发达地区率先实现了城乡最低生活保障标准线并轨外，其他省份的城乡标准均存在较大的差距。

从对社会救助的投入来看，近年来中央政府和地方政府不断加大对社会救助各项目的投入。从投入资金的渠道来看，中央转移支付仍然是社会救助资金的主要来源。从城市低保金和农村低保金的支出趋势来看，2010~2018

---

① 左停等学者的研究对全国居民进行了五等分收入分，低收入户6440.5元、中等偏下14360.5元、中等收入23188.9元、中等偏上36471.4元、高收入户70639.5元。见：左停、苏武峥：《乡村振兴背景下中国相对贫困治理的战略指向与政策选择》，载于《新疆师范大学学报（哲学社会科学版）》2020年第4期。

年，我国城市低保金的支出持续下降，而农村低保金的支出不断上升，农村低保在兜底农村绝对贫困人口方面发挥了重要作用。

(四) 多元化兜底保障体系持续完善

多元化的社会保障体系是缓解相对贫困的必然选择，是盘活社会救助资源，实现社会救助多主体、多部门高效利用救助信息、资金、服务，降低社会兜底成本的重要举措。近年来，我国社会保障在兜底城乡相对贫困人口方面的多元化保障体系不断完善，在满足"两不愁、三保障"的基础上，进一步强化了对更优质教育、更好的医疗、更美好的生活等方面的专项救助服务供给。

从兜底的主体看，基本形成了以政府、社会、市场为主体的多元化社会救助体系。从数量上看，2019 年我国共有儿童福利和救助机构 663 家，社会捐赠接收站点慈善超市 1.64 万家，社区服务指导中心 580 家，社区服务中心 2.56 万家，社区服务站 16.70 万家，其他社区服务机构和设施 10.65 万家，社区服务志愿组织 9.6 万个。[①] 从兜底的内容上看，现阶段兜底保障的内容也逐步由过去的强调物质供给向教育、医疗、就业、住房等多维度兜底服务转变。同时，社会组织积极参与兜底服务项目建设，发挥了社会组织多层次、网络化提供兜底保障的独特作用，如中国儿童基金会开展的"春蕾行动"、中国妇女联合会开展的"母亲水窖"工程和巾帼脱贫行动。

从兜底的手段上看，随着各地"互联网 +"扶贫、"互联网 + 救助"的推广，社会保障兜底缓解贫困的手段日益数字化、网络化、智能化。在政务服务领域，社会救助业务一门受理、业务协同网上办理持续推进。在专项兜底领域，"互联网 + 就业""互联网 + 教育""互联网 + 医疗"对相对提升精准兜底效率、降低保障兜底成本方面发挥了重要作用。

二、我国社会保障兜底缓解贫困存在的问题

在消除了绝对贫困后，相对贫困阶段的社会保障兜底机制仍将发挥重要

---

① 《2017 年度中国慈善捐助报告》公布的数据显示，2017 年全年捐赠总额近 1500 亿元，扶贫与发展是社会捐赠最多的领域之一，占捐赠总额的 20% 以上。

作用，但就现阶段我国社会保障兜底机制的情况来看，仍然面临着一些问题。

（一） 兜底保障减贫的相对贫困人口规模庞大

与绝对贫困相比而言，我国处于相对贫困状态的人口规模更加庞大。李实（2020）通过两种方案大致测算了我国的相对贫困人口规模：一是按照"全国一条线"标准，以居民中位收入的40%为标准，全国相对贫困发生率为14%，折算出2018年中国相对贫困人口约2亿人，其中农村贫困人口约1.7亿人，城镇贫困人口约0.3亿人。二是分城乡来看，按照居民中位收入的40%的相对贫困标准，计算得到中国农村相对贫困发生率为11%，折算出农村相对贫困人口约0.6亿人，城镇相对贫困发生率为9%，折算出城镇相对贫困人口约0.7亿人，由农村和城镇加总得到的全国相对贫困人口共计约1.3亿人。[①] 根据课题组初步测算，2019年我国相对贫困地区中的59个地级市单元常住人口共计1.51亿人，占全国的10.8%。

尽管我国脱贫攻坚取得了显著成效，绝对贫困人口已经降到历史最低点，但从我国城乡社会救助的人数来看，农村地区的社会救助兜底压力仍然比较严峻。一方面，在长效脱贫机制还没有完全建立的背景下，当前贫困地区的农村仍面临着产业发展难、个人内生动力不足、社会资本短缺等各种因素的制约，农村地区仍然需要社会救助体系进行兜底保障。另一方面，对于已经脱贫的人口而言，因自身发展能力弱、抗风险能力不强，重大疾病、失业、突发性事故等各种不确定性因素的增多使得致贫因素更加复杂化，会导致返贫人口有增加的风险。同时，从农村最低生活保障兜底的人口和性别结构来看，"三留守"人员中妇女和老人领取低保的比例较高。2018年，全国各省农村低保妇女和老年人占比均高于60%以上，而内蒙古、吉林、黑龙江、山西等省资源枯竭型省份的妇女和老年人占比更高。

随着我国经济进入新常态，受新冠肺炎疫情及全球产业链收缩影响，我国城镇相对贫困和多维贫困问题将更加严峻。一方面，由技术进步推动的产业结构调整使得劳动力市场和就业环境发生了深刻变革，劳动力市场需求增

[①] 沈扬扬、李实：《如何确定相对贫困标准？——兼论城乡统筹相对贫困的可行方案》，载于《华南师范大学学报（社会科学版）》2020年第2期。

速放缓，多数就业岗位对知识、技能的要求不断增加，就业形式、就业方式、就业模式的多元化和弹性化增加了低端劳动者就业的不稳定性倾向。另一方面，目前针对城镇居民的社会救助就业和再就业帮扶力度不足，导致其陷入长期贫困和贫困代际传递的风险增加。由此，在相对贫困阶段，农民工群体，失业人员、下岗工人、因大病等导致的家庭贫困人口将是城镇相对贫困人口的主要组成部分。

（二）相对贫困与社会保障兜底识别不够精准

从顶层制度设计看，我国社会救助领域的综合性基本法一直处于空白状态。从社会保障法律体系架构来看，《中华人民共和国社会保险法》和《中华人民共和国慈善法》已分别于 2010 年和 2016 年通过，相比之下，社会救助立法明显滞后，成为我国社会保障法律体系的"短板"。当前针对解决贫困问题的社会保障兜底机制设计理念仍然强调传统意义上的"救"，而"助"的方面相对较少，表现为对待贫困风险的态度较为消极。与解决绝对贫困的"两不愁、三保障"相对应的传统社会救助功能定位仍着眼于解决基本的生存问题，即过度重视生存救助，轻视受助者的发展权利和发展机会。同时，基于行政指令式的社会救助制度安排迫使地方政府在救助中往往以完成救助任务、发放救助款物为政绩考核目标，过于关注贫困人口的短期和应急性问题，忽视了解决受助对象实现可持续发展的"造血"需求。

此外，城乡低保在实践当中并不能完全识别和瞄准受助人群。就城镇低保制度来说，城镇低保制度的保障对象为城镇户籍人口，导致大量农民工难以享受该项补助，而广大农村转移劳动力已构成我国城镇贫困的主体，该部分人口无法享受农村低保制度的保护，成为我国保障体系的灰色地带。除了制度原因造成的非户籍城镇贫困者不能获得低保收入外，一部分拥有城镇户籍的低收入人口由于各种原因也无法得到低保补助，多维贫困人口的低保覆盖率更低。从农村低保来看，农村最低生活保障制度由地方政府统筹，在具体操作中"低保"识别与"贫困"识别相互割裂，政策间缺乏协调。同时，尽管我国已经开始着手构建多层次的社会救助网络，但在管理过程中，地方政府往往是将专项救助和低保待遇进行简单捆绑，具体来说就是简单地将其他专项救助政策与低保资格挂钩，在低保户和非低保户之间产生了"悬崖效应"和"救助差距"。

（三）社会救助的社会化水平发展不足

长期以来，我国对低收入群体的社会保障兜底都是强调政府的责任，而对于由社会组织和市场主体所提供的救助服务发展不足。在行政主导的社会救助发展格局下，低社会化水平、单一化的供给主体既不利于缓解相对贫困问题，更不利于提升整体的国家贫困治理能力。

一方面，社会救助目标定位于绝对贫困人群，救助标准偏低，救助范围过小。救助方式单一，无法满足救助对象差异性和多样化的救助需求，难以对救助对象的困难和成因采取有针对性的解决措施。近年来，社会救助基层经办能力不足已经成为影响社会救助工作有效开展的突出问题，并且基层社会救助信息互联共享亦存在问题，大数据平台等现代化信息手段仍处在起步建设阶段。

另一方面，在非政府力量协作过程中存在诸多障碍。一是在社会救助的各项事业中，很多地方政府一味强调国家责任主义，不允许非政府力量进入或者是设置一些障碍阻碍他们参与到社会救助中来；二是很多地方对于非政府组织的合法地位不认同，在具体项目合作中只是把非政府力量作为一种"附庸工具"，不让非政府力量过多涉入；三是双方缺乏有效的沟通机制，在信息共享方面更是存在巨大漏洞，非政府力量缺乏制度化参与渠道，只能与中国红十字会、中华慈善总会等合作。在具体的项目合作中没有充分发挥非政府力量的优势，导致很多合作没有达到预期的效果。

（四）兜底保障的激励功能不足

作为一种国家层面的正式制度设计，社会保障兜底机制在缓解相对贫困方面的激励功能明显不足。同时，由于社会保障兜底和扶贫开发仍属于两个相互割裂的制度，因而在实际运行当中制度的碎片化问题比较突出，在实践中表现为社会保障制度与扶贫开发的制度衔接上存在诸多矛盾。在相对贫困阶段，制度激励不足以及衔接不足将导致福利依赖风险增加，进而提升社会保障制度兜底的制度成本。

从农村扶贫开发与社会保障兜底在政策性质、瞄准对象、政策实施手段上看，二者存在较大差异。从工作机制上看，农村扶贫开发主要是基于主观评价对贫困人口的生存、生活状态进行打分，并通过发展生产、易地搬迁、生态补偿、教育、医疗保障、农村兜底保障、资产收入、就业创业等多种举措实现脱贫。城乡低保制度则主要面向特殊人群，保障困难群众"两不愁"，助推实现脱贫。基于两种制度的差异，扶贫开发对贫困人口的激励相对充分，而低保制度则由于资格认定和退出机制不完善，造成道德风险严重，争当低保户的现象比较突出。

区域经济发展差距较大强化了兜底保障的"马太效应"。受自然地理条件、经济社会状况等影响，区域间救助资源的分配不均衡问题突出。由于农村最低生活保障资金的统筹中需要村集体经济留存，因而不同区域的农村最低生活保障资金的差距较大。经济发展水平较高且农民数量较多的村庄的统筹资金所占农民收入的比重较低，其救助资源与能力较为充足；而经济发展水平较低、人口规模较小村庄的统筹资金在农民收入中所占比例较大，其救助资源与能力明显不足。另外，乡村地区救助水平普遍较低，其救助标准缺乏科学的动态调整机制，致使农村贫困人口的基本生存保障金和同时期的物价水平、人均消费水平不匹配，根据我国 2019 年国民经济和社会发展统计公报，2019 年，我国农民人均消费水平为 13328 元，而农村低保人均标准还不到前者的 40%。再加上家庭与土地的保障作用逐步弱化，当前设定的救助标准不能有效地满足贫困者的基本生存需求，无法准确地发挥其兜底的扶贫功效。

三、建立相对贫困地区社会保障兜底机制的对策建议

在全面建成小康社会和全面打赢脱贫攻坚战的大背景下，相对贫困地区社会保障兜底要更加注重制度的优化，制度建设的目标要定位在预防相对贫困、保障相对贫困人口基本收入、促进相对贫困人口能力提升，实现相对贫困阶段社会保障兜底机制的制度化、标准化、立体化和多元化。

（一）加快城乡兜底保障制度的整合及制度衔接

构建全面、科学、整合的社会保障兜底缓解贫困制度体系，提升制度协同的整体性，推进城乡社会保障制度与各类扶贫制度的有效衔接。

一是完善城乡兜底保障的系统化项目体系。关注相对贫困地区、相对贫困人口，精准确定保障对象，加快构建以最低生活保障和特困人员供养为核心、医疗救助和住房救助为重点、受灾人员救助和临时救助为补充的保障型救助项目体系。保障型救助项目主要面向不具备工作能力和部分可能具备工作能力的受助者，以实现"兜底保障"的社会救助目标。

二是促进社会保障兜底机制与相关政策的衔接。加强社会救助与脱贫攻坚、乡村振兴、就业创业等城乡公共服务体系衔接，分类织密相对贫困人口脱贫保障网络。促进社会救助政策体系不断完善，重点优化整合各项救助政策、扶贫开发政策、低保政策，同时促进基本医疗、医疗救助、大病医疗全面覆盖贫困人口。

三是建立城乡社会保障平滑机制。规避专项救助与低保产生的"悬崖效应"，基础生活保障主要面向绝对贫困群体，专项救助则面向有实际需求的绝对和相对贫困群体，以消除由救助叠加引发的"悬崖效应"。将农民工、失地农民、务农农民纳入城镇社会救助范畴，加大对这类弱势群体非缴费型社会保障制度的支出规模。

（二） 推动社会保障兜底精准识别实现精准保障

社会保障兜底保障的关键是提高兜底对象识别的准确性，要加快形成信息完整、动态更新的城乡低保、社会救助基础数据库，构建贫困人口精准识别机制，制定科学的贫困户评定机制，为开展精准关爱、精准服务提供有力支撑。

一是推动实现低保户识别标准由单一识别向多维识别转变。健全居民家庭经济状况核对机制，考虑救助申请家庭的劳动能力、健康状况、照护需求和教育需求等因素，重视类别定位和需求定位，提高救助措施的针对性和有效性。加快推进互联网、大数据、人工智能技术和社会救助工作的深度融合，推进城乡低保、大病救助、住房、社会服务、就业等专项兜底机制的信息化、网络化建设，推动实现救助信息的互联互通。建立与国际接轨的多维动态识别标准，推动相对贫困标准化，设置标准线合理浮动区间，并及时更新识别体系。

二是推进精准扶贫向精准救助转变。进一步加大对深度贫困地区转移支付力度，扩大社会救助各项目的支出。各地应利用脱贫攻坚中形成的有益经验，推动主观上的识别体系向制度化的救助标准转变。引入专业化的社会工作等非利益相关的第三方机构对相对贫困人口进行精准把脉，提出差异化救助订单需求。加强精准识别指标、识别程序、履职机构、运行程序的机制建设，为提高对象瞄准的精准度奠定坚实的基础。

三是破除低保与专项救助的捆绑叠加。在精准识别的基础上，在政策设计上将专项救助向有实际需求的相对贫困群体倾斜，推进社会救助的顶层设计和统一管理，注重整体规划，明确低保和各项救助的性质、目标对象、救助标准、救助方式、管理主体和经办方式，实现社会救助各项制度精准对接。

（三）推动建立发展型的社会保障兜底体系

在相对贫困阶段，多维度贫困需要多层次的兜底机制进行缓解，除因自身客观条件无力脱贫的群体仍需以"输血"的方式进行兜底外，其他相对贫困人口需要通过教育、医疗、就业、住房等专项救助服务增强自身内生发展动力和抵御风险冲击的自我保护能力。

一是树立积极、多元、包容的社会保障兜底理念。转变过去消极抵御社会风险的社会救助理念，由注重"输血"向以"造血"为主、"输血"为辅的积极助人自助理念转变。在相对贫困阶段，要弱化传统物质帮扶、现金帮扶的目标设定，注重向相对贫困人口提供多元化帮扶。

二是构建以"工作能力"为核心的兜底保障体系。按照贫困人口有无劳动能力，对现有贫困人口各项社会保障政策进行分类和调整。对适用于无劳动能力者的项目，在通过家计调查等手段严格甄别受益人资格条件的基础上，适当提高保障标准。对适用于有劳动能力者的项目，通过缩短资助时长、强制寻找工作、强制参加技能培训、地方享受项目人数总量控制等方式突出工作激励。有条件的地区可根据贫困人口特点，提供实用的非现金援助服务，如婴幼儿托育、儿童托管、交通补贴券等，提升其工作便利性，进一步激发贫困人群发展的内生动力。

三是注重发挥就业救助和教育救助的作用。就业救助是为具备工作能力和部分可能具备工作能力的受助者提供就业帮扶的核心措施，教育救助则是化解贫困代际传递的重要手段，通过完善教育救助和就业救助，将相对贫困人口的发展性需求纳入救助范畴，有助于实现"融入发展"的社会救助目标。

（四）提升多元化社会保障兜底供给能力

多元化的社会保障兜底是提升反贫困质量、激发社会各主体活力的必然举措，解决相对贫困需要发挥政府、市场、社会、家庭等多个支柱的融合效应，聚合社会保障兜底机制的多重合力。

一是充分发挥政府、市场、社会和家庭的积极作用。在政府层面，要发挥中国特色社会主义的制度优势，突出政府在缓解相对贫困中的主导地位。在市场方面，充分发挥市场主体创新优势，通过专项资金扶持、政府购买服务、公益创投、社会组织孵化培育等方式，培育减贫类社会组织发展，积极引导相关企业和社会组织到贫困地区开展公益活动和公益服务。在社会方面，鼓励社会参与，减少政府行政对社会的挤出，给予社会和志愿者组织充分的自主权。

二是强化社会救助项目的多元化发展。以提升相对贫困人口的个人人力资本为核心，在满足相对贫困人口基本生存条件的基础上，强化教育、就业、医疗、住房等支出型救助领域的帮扶力度，实现社会救助项目的多元化。

三是加强救助项目的质量评估。构建全方位、多层次的救助项目监督机制，强化社会组织、社会团体的监督作用，对社会救助工作进行监督审查，重点核查对象认定、待遇发放、待遇调整等环节，加大对滥用职权、失职渎职、贪污社会救助资金的工作人员的惩处力度，提升相对贫困人口的救助质量。

主要参考文献

[1] 苏华山，马梦婷，吕文慧. 中国居民多维贫困的现状与代际传递研究 [J]. 统计与决策，2020 (3).

[2] 李鹏. 兜底视域下社会救助瞄准机制审视：问题辨析与改革取向 [J]. 理论导刊，2020 (3).

[3] 刘玉安，徐琪新. 从精准扶贫看完善农村社会保障制度的紧迫性 [J]. 东岳论丛，2020 (2).

[4] 吕新博，赵伟. 多维贫困视角下农村相对贫困治理路径研究 [J].

山东农业大学学报（社会科学版），2019（4）.

[5] 叶兴庆，殷浩栋. 从消除绝对贫困到缓解相对贫困：中国减贫历程与2020年后的减贫战略 [J]. 改革，2019（12）.

[6] 袁金辉. 构建解决相对贫困的长效机制 [J]. 中国党政干部论坛，2019（12）.

[7] 武锦霞，余赵. 充分发挥社会救助在脱贫攻坚中的兜底作用 [J]. 新西部，2019（27）.

[8] 潘亚玲，杨阳. 德国"新贫困"问题研究 [J]. 当代世界社会主义问题，2019（3）.

[9] 张思锋，汤永刚，胡晗. 中国反贫困70年：制度保障、经济支持与社会政策 [J]. 西安交通大学学报（社会科学版），2019（5）.

[10] 张璟，许竹青. 扶贫与社会保障制度结合的减贫国际经验启示 [J]. 世界农业，2019（2）.

[11] 侯斌. 从救助到就业：发展型救助视角下城乡失业贫困人口的再就业影响研究 [J]. 哈尔滨商业大学学报（社会科学版），2019（1）.

[12] 贺雪峰. 中国农村反贫困战略中的扶贫政策与社会保障政策 [J]. 武汉大学学报（哲学社会科学版），2018（3）.

[13] 郑功成. 中国社会保障改革与经济发展：回顾与展望 [J]. 中国人民大学学报，2018（1）.

[14] 匡亚林. 论精准治贫与社会救助的整合治理 [J]. 华中科技大学学报（社会科学版），2018（1）.

[15] 林闽钢. 社会保障如何能成为国家治理之"重器"？——基于国家治理能力现代化视角的研究 [J]. 社会保障评论，2017（1）.

做好易地扶贫搬迁"后半篇文章"

——贵州省黔西南州"新市民"计划的经验与启示

内容提要：黔西南州通过深入实施"新市民"计划，聚焦保障搬迁群众新居住房、迁出地资源、市民身份、公共服务和劳动就业"五大权益"，全力构建融入和发展"五个体系"，将易地扶贫搬迁、城镇化建设、产业发展、生态保护"四项工作"有机联动，将易地搬迁脱贫、发展生产脱贫、生态补偿脱贫、发展教育脱贫、社会保障兜底"五个一批"深度融合，有效加快了搬迁安置进度，在贵州省"搬得出"阶段攻坚决战中率先取得全胜，为全国解决好易地扶贫搬迁"后半篇文章"树立了"黔西南样板"。面对资金短缺风险日益加大、产业配套能力难以完全满足需求、"支出型"贫困风险上升、防止返贫致贫监测机制不够完善等突出问题，未来还需要重点从多方筹措后续发展资金、加强扶贫产业谋划和扶贫资产管护、持续筑牢织密防贫兜底网、全面精准监测信息数据四个方面推动搬迁群众融入发展。

实施易地扶贫搬迁，通过"挪穷窝""换穷业""拔穷根"，从根本上解决"一方水土养不好一方人"问题，是脱贫攻坚"头号工程"和标志性工程。随着"十三五"时期易地搬迁建设任务全面完成，易地搬迁已转入以后续扶持为中心的新阶段，《中共中央关于制定国民经济和社会发展第十四个五年规划和二〇三五年远景目标的建议》明确要求要"做好易地扶贫搬迁后续帮扶工作"。贵州是我国易地扶贫搬迁任务最重的省（区），占全国建档立卡搬迁人口的 15%，而黔西南州又是贵州搬迁规模最大的地州

（市），占贵州的18%。"十三五"时期，黔西南州围绕着"搬得出、稳得住、快融入、能致富"积极开展探索，推出易地扶贫搬迁"新市民"计划，把易地扶贫搬迁、城镇化建设、产业发展和生态保护"四项工作"有机联动，把易地搬迁脱贫、发展生产脱贫、生态补偿脱贫、发展教育脱贫、社会保障兜底"五个一批"深度融合，有效帮助群众搬迁进城，入住新居，开启美好新生活，为全国解决好易地扶贫搬迁"后半篇文章"树立了"黔西南样板"。

2020年8月3日至7日，调研组一行6人先后到黔西南州的册亨县、安龙县、兴义市，就易地扶贫搬迁后续发展融入情况开展专题调研，深入多个搬迁安置社区、就业安置企业、医院、学校等考察搬迁群众的融入和发展情况，重点了解"新市民"计划的执行情况及其成效经验，掌握搬迁群众面临的突出问题，并就提升搬迁群众融入和发展能力提出政策建议，以期为"十四五"做好全国易地扶贫搬迁后续帮扶工作提供启示。

一、黔西南州易地扶贫搬迁基本情况

贵州省黔西南布依族苗族自治州（以下简称黔西南州）位于滇、黔、桂三省（区）接合部，下辖2市、6县、1区。2019年地区生产总值1272.80亿元，在全省9个地市（州）中排名第5，经济总量和常住人口分别占全省的7.59%和7.97%，经济社会发展落后于全省平均水平。黔西南州属滇黔桂石漠化集中连片特殊困难地区，是典型的喀斯特岩溶山区，石漠化面积占全州辖区面积的30%，是贵州石漠化等级程度最为严重、代表性最强、综合治理任务最为艰巨复杂的地区，也是全省脱贫攻坚的坚中之坚、难中之难。全州有册亨、望谟、晴隆3个深度贫困县，1008个村中有629个是贫困村，2014年农村建档立卡贫困人口58.29万人，占全省贫困人口的9.36%，贫困发生率18.48%，比全省高0.48个百分点，比全国高11.28个百分点（见图1）。

黔西南州贫困人口大多数居住山高、石多、土少、缺水区域，实施易地扶贫搬迁，是帮助贫困群众斩断穷根、实现脱贫致富的最佳选择。"十三五"期间，全州计划实施易地扶贫搬迁338506人，占全州常住人口的12%，

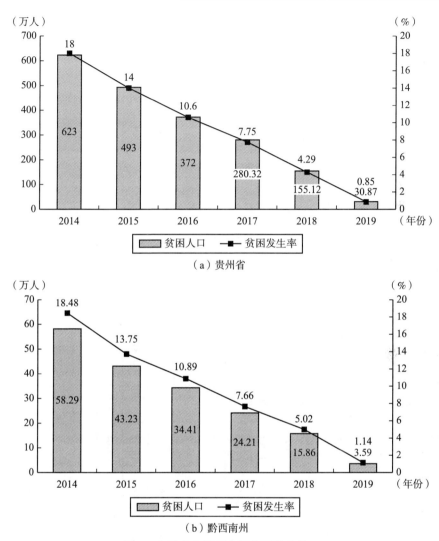

图1 贵州省和黔西南州贫困发生状况

资料来源：贵州省各年度统计公报、黔西南州各年度统计公报。

其中建档立卡贫困人口 224309 人，超过 2015 年末建档立卡贫困人口的一半，2362 个自然村寨整体搬迁。按照搬迁计划，搬迁任务分三年完成，2016 年、2017 年和 2018 年搬迁任务分别 69104 人、113105 人和 156297 人。课题组调研的册亨、安龙和兴义三地的安置任务分别为 77037 人、25526 人和 48153 人，占全州搬迁安置任务的 44.5%（见表1）。

表1　"十三五"期间黔西南州各市县易地扶贫搬迁安置任务

市、县	总规模			2016年			2017年			2018年		
	安置任务	建档立卡贫困人口	同步搬迁人口	安置任务	建档立卡贫困人口	同步搬迁人口	安置任务	建档立卡贫困人口	同步搬迁人口	安置任务	建档立卡贫困人口	同步搬迁人口
兴义市	48153	33053	15100	13570	11700	1870	23467	15352	8115	11116	6001	5115
兴仁县	19866	19866		9134	9134		8086	8086		2646	2646	
安龙县	25526	20873	4653	2006	1853	153	6620	6137	483	16900	12883	4017
贞丰县	46837	25128	21709	16207	10608	5599	16483	11304	5179	14147	3216	10931
普安县	20947	12197	8750	4405	3269	1136	6238	4461	1777	10304	4467	5837
晴隆县	29488	21605	7883	1089	1005	84	18273	14336	3937	10126	6264	3862
册亨县	77037	43141	33896	5915	4084	1831	13175	9266	3909	57947	29791	28156
望谟县	18942	14155	4787							18942	14155	4787
义龙试验区	51710	34291	17419	16778	12297	4481	20763	14730	6033	14169	7264	6905
全州总计	338506	224309	114197	69104	53950	15154	113105	83672	29433	156297	86687	69610

资料来源：黔西南州生态移民局提供。

黔西南州易地扶贫搬迁既有搬迁规模大、贫困覆盖面广的客观实际，又有自然村寨整体搬迁为主、城镇化集中安置、跨县行政区域搬迁的显著特点。作为打赢脱贫攻坚"头号工程"，黔西南州不仅将易地扶贫搬迁作为帮助贫困群众脱贫的有效途径，更是将其作为集政治、经济、文化、社会、生态等为一体的社会重建系统工程来抓。各市县按照搬迁方案，扎实推进搬迁安置工作，截至2019年6月20日，全州2018年度15.63万人搬迁入住任务全部完成，提前完成"十三五"期间搬迁入住任务。

二、"新市民"计划的主要内容和关键举措

为确保贫困群众"搬得出、稳得住、快融入、能致富"，黔西南州在2017年12月出台了《黔西南州新市民计划（试行）》，并配套制定了规划建设、产业发展、文化旅游、教育发展、就业创业等13项推进措施，构建了"新市民"计划"1+13"的政策体系。2019年，黔西南州又出台《易地扶贫搬迁"五个体系"新市民计划推进攻坚方案》，以"五个体系"为统揽，全面深入推进新市民计划实施（见图2）。

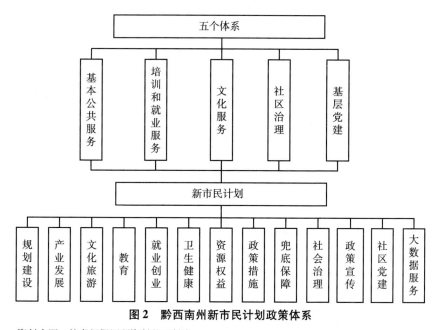

图2 黔西南州新市民计划政策体系

资料来源：笔者根据调研资料整理得出。

（一）聚焦保障搬迁群众"五大权益"

"新市民"计划全面统筹易地扶贫搬迁搬前、搬中、搬后相关工作，重点保障搬迁群众的新居住房、迁出地资源、市民身份、公共服务和劳动就业"五大权益"，系统地帮助搬迁群众融入城镇生活，向新市民角色转变。

1. 聚焦保障新居住房权益，为贫困群众加快搬迁注入一针"强心剂"

一是为搬迁入住特别是办理户口迁移或居住证的新市民办理新房的不动产证，让新市民依法享有新房的不动产权。二是建立新居住区专项维修基金制度，对搬出县增减挂钩节余指标流转交易的收益，经国家、省扣减后，拨付到地方的部分按比例留存，用于新居住区住宅共用部位、共用设施设备保修期满后的维修、更新、改造。三是建立新市民住房公积金制度，从2018年3月起将易地扶贫搬迁新市民纳入住房公积金制度保障范围。

2. 聚焦保障迁出地资源权益，为搬迁群众进城落户吃了一颗"定心丸"

对搬迁对象的承包地、宅基地、林业权属进行确权，保障其搬迁后土地权属不变、享受的各种补贴不变。组织搬迁对象在搬迁安置后一年的过渡期内拆除旧房，实施复垦复绿工程，并确权颁证。对新市民的土地、林地经营权进行及时收储、统一流转，让新市民持有确权证住在新居，享受土地和林地流转既得收益。对属于流转收储的土地和林地，优先享受"特惠贷"、小额贴息贷款等优惠政策。建立新市民享受搬出地集体资源资产权益机制，保障其参与集体决策、享受集体资源资产带来的红利。

3. 聚焦保障市民身份权益，为搬迁群众社会融入按下一记"快捷键"

按自愿的原则，对于搬迁后自愿将户口迁入安置地并转为城镇户口的，及时办理户口迁入手续。暂不愿意将户口迁移至安置点的，给予办理居住证，赋予居住证完全的市民权利，确保新市民同等享有享受城镇公共就业、教育、就医、社会保障、基础设施、文化服务 7 类 39 项合法权益。

4. 聚焦保障公共服务权益，为搬迁群众生产生活构筑一张"安全网"

一是确保教育服务。新市民的适龄子女按相对就近、统筹协调的原则全部安排入学，确保入园、入学率达 100%，原居住地享受的各种资助政策保持不变。二是确保健康服务。积极实施"六重医疗保障"制度、城乡居民基本医疗保险制度，对新市民中属于建档立卡的低保对象，民政部门按每人每年 30 元的标准资助参加医疗保险。三是确保老有所养。鼓励新市民参加新居住区城乡居民基本养老保险和城镇职工养老保险，参保新市民在年满 60 周岁后享受新户籍所在地城乡基本养老保险待遇。四是确保社保兜底。建立"农低保"转"城低保"制度，对于户籍迁移或办理居住证连续居住满 1 年的搬迁群众，原属于农村低保的直接转为城市低保，其他收入低于新居住区低保标准的，可以申请办理城市低保。

5. 聚焦保障劳动就业权益，为搬迁群众增收致富开启一台"发动机"

一是开展技能培训。针对州内外企业用工需求和新市民劳动力的特点开展培训，让尽可能多的新市民获得技能证书，提高其就业能力。二是加快充分就业。强化就业岗位开辟，拓宽劳务输出渠道，加强与州内外各类产业、工业园区对接，每季度至少开展一次就业岗位推送活动；制定专项就业帮扶计划，做到"一户一策、一人一策"，确保户均一人以上就业。三是加快自主创业。搭建创业平台，对新市民从事家庭绣娘、经商、自主经营等行为，给予贴息贷款、场租补贴等扶持政策；对新市民创办搬家、物业、保洁公司等，优先享受小微企业优惠政策，相关部门简化手续、上门服务、全程跟踪。

（二）建立后续发展融入"五个体系"

城镇化集中安置给搬迁民众的生产生活方式、思想观念、生活习惯带来重大改变，为融入和发展带来极大考验。为解决这些问题，黔西南州以"五个体系"为统领，推动实现全方位融入。

1. 建设基本公共服务体系，营造安居乐业幸福家园

教育方面，新建、改扩建易地扶贫搬迁教育配套学校 74 所，按照规定的 1：24 核定比配齐配足教师。医疗卫生方面，构建健康扶贫工作机制，新建成医疗卫生机构 57 个，医疗卫生编制按照搬迁人口 1.4‰核定划转到搬入地。社会保障方面，5.05 万新市民由"农低保"转为"城低保"，所需资金，按中央、省份 80% 和州、县 20% 的比例分配，纳入"城低保"后平均低保标准由 3889 元增加到 7020 元；按每人每年 20 元标准为易地扶贫搬迁建档立卡贫困户购买"安居险"，保费由州、县两级财政各承担 50%，惠及贫困户 23.78 万人。

2. 建设培训和就业服务体系，转变生产工作方式

围绕解决新市民就业问题，实施"劳务输出、园区产业、绣娘培训、坝区产业、旅游扶贫、公共服务"六大就业计划。在新市民居住区全部建立就业创业服务中心、劳务分公司（合作社），实施全员培训，保证每户至少 1 人熟练掌握 1 门实用技能。加大自主创业扶持，对创业连续正常经营 1 年以上并带动就业的，按规定给予一次性 3500 元创业补贴和 300 元/月场租补贴，每吸纳 1 名新市民中的贫困劳动力稳定就业半年以上的，由州、县财政部门一次性给予 1000 元/人的创业奖励。开发公益性岗位，在新市民居住区每 1000 人调配 2 个公益性岗位。设立新市民"就业险"，由政府按 30 元/人标准向商业保险机构购买"就业险"，保费由州和地方两级财政各承担 50%。截至 2020 年 6 月，累计实现就业 16.96 万人，为 18.15 万新市民劳动力购买了"就业险"，实现户均就业 1.8 人，有效消除了"零就业"家庭。

3. 建设文化服务体系，改变提升思想文化素质

加大对新市民生活习惯、文明习惯和社会主义核心价值观宣传教育，帮助居民适应城镇生活，提升社区文明素质。深入开展感恩教育，通过新旧房屋图片的对比，让群众直观感受到搬迁政策带来的实惠。实施公共文化建设工程，建设文体活动中心、室外文体活动场、民族文化纪念馆，指导设立文化创意产品生产（销售）点。加强文化队伍建设和文艺展演，组建新市民

舞蹈队、民间文艺队、花灯队等文体活动队伍，组织进行展演。挖掘保护传承民间传统工艺，成立州级绣娘平台公司，在册亨县、望谟县等地大力开展纯手工"绣娘"培训计划，通过培训提高编织、手绣等传统工艺能力，拓展创业思路。

4. 建设社会治理体系，推动村委治理迈向社区治理

一是推行社区居民自治，所有入住搬迁居住区全面落实居民自治要求，组建社区居委会 78 个，加强民主决策制度建设，完善居务公开制度和民主监督制度，建立社区协商机制。二是强化协同参与，在居住区每栋楼配备楼长、单元长（治安信息员），负责管理服务有关工作；在每个新市民居住区至少建成一个社会组织，引入社会组织黔西南州中和社会工作服务中心，推动社会组织参与社区社会治理，发挥社工在政府与群众、群众与社会之间的"桥梁"与"润滑剂"作用。三是深化治安防控，根据新市民居住区辖区面积、人口数量、治安状况等实际，配置各类警务资源。

5. 建设基层党建体系，强化居民组织动员能力

一是打造新居住区党建新模式，结合新市民居住区的规划建设标准和人数，成立街道党工委，纳入安置地所属乡镇（街道）党委统一管理；建立党总支、党支部等基层党组织，实现了安置点党组织建设全覆盖。二是健全工作机制，强化州、县、乡、社区、居民小组五级联动工作沟通，组织研究解决社区党建工作和基层治理问题。三是建立结对共建机制，县（市）、义龙新区机关事业单位党支部、新市民居住区附近先进党支部、搬出地党支部与新市民社区党组织结对共建。四是配强干部队伍，将政治素质过硬、熟悉扶贫政策、善做群众工作的党员干部选派到新市民社区工作。

三、"新市民"计划的实施经验

黔西南州"新市民"计划在安置地实现社会融合、重构社会关系网络以及搬迁群众的民心安稳和社会安稳等方面积极探索，取得了良好成效，也获得了国家认可，于 2020 年 4 月获批易地扶贫搬迁"新市民"计划基本公

共服务标准化专项试点。其具体经验包括五个方面：

一是通过全方位保障权益打消群众搬迁顾虑，有效加快搬迁安置进度。在"五个体系"建设引领下，"新市民"计划集中保障搬迁群众"五大权益"，使贫困群众发生了思想上的转变，原本处于观望态度的易地扶贫搬迁对象，由被动转为主动，全州 36 个安置小区搬迁人口快速增加，易地扶贫搬迁呈现出主动搬迁的良好态势。2019 年 6 月，黔西南州在全省率先提前完成"十三五"期间易地扶贫搬迁入住任务。2020 年 6 月，全州搬迁入住 7.5 万户 33.85 万人，入住率 100%，完成户口迁移 13.23 万人，其余搬迁对象均办理新市民居住证。

二是把搬迁安置和城镇建设、产业发展相结合，助推城镇化跨越式发展。城镇集中安置短期内大幅增加了城镇人口规模，有效助推了全州各市县城镇化进程的历史性跨越，超前实现了需要 10 年甚至更长时间才能完成的城镇化目标。册亨县 2015 年底城镇化率仅为 29.59%，2016～2018 年实施易地扶贫搬迁 87540 人，占农村总人口的 54%，占全县总人口的 1/3 以上，其中县城安置 4.43 万人，巧马、坡妹、冗渡、双江、秧坝 5 个中心集镇安置 3.27 万人，县域内城镇合计安置 7.7 万人，超过 2015 年全县城镇常住人口规模，直接推动 2018 年全县常住人口城镇化率超过 40%；安龙县把脱贫的所有政策当成县域经济发展的政策红利来考虑，借助易地扶贫搬迁集中安置政策，加速城镇化进程，以就业安置倒逼产业发展，建成区面积和城区人口实现倍增，城镇率由 43% 提高到 50.67%。

三是彻底改变搬迁群众生产生活条件，为未来增收致富打下良好基础。贫困群众走出大山，搬进城镇，彻底摆脱了"一方水养不好一方人"的生存、生产、生活环境，医疗卫生、教育等公共服务大为改善，直接提升了搬迁人口的人力资本水平。尽管一些搬迁群众特别是老年人对新的环境、新的生活方式一时难以适应，但通过培训和不断接触现代的新文化、新观念，不仅自身获得感、幸福感、安全感明显增强，2019 年 7 月随机入户的调查结果也显示，群众对搬迁政策、搬到城镇、生活环境、干部服务、政府后续扶持措施的满意度达 99.8% 以上。更重要的是，通过搬迁进城，贫困家庭子女能够享受城镇优质教育资源，彻底阻断了贫困代际传递。课题组在册亨县高洛安置区调研中了解到，搬迁户孩子上学可以在县内选择任何一所学校，比城镇居民的灵活性还大，绝大部分搬迁群众的子女在城镇接受到更好的教育后,可以在 2～3 年内明显改善认知状态,学习成绩获得普遍提高。

四是通过拉动投资、消费需求释放内需潜力,畅通区域市场循环。易地扶贫搬迁工程建设直接拉动投资超过 400 亿元,消化了大量钢材、水泥等建材产能,极大地带动了全州工业、建筑业、生产性服务业的发展,创造了大量就业岗位,增加了农民务工收入。与此同时,33.85 万搬迁群众入住城镇后,将形成强大的消费需求,可进一步促进生活型服务业的发展。

五是通过人口搬迁有效缓解资源环境压力,全面改善生态环境面貌。33.85 万人搬离"一方水土养不起一方人"的深山区、石山化、石漠化地区后,通过拆除旧房复垦复绿,大力开展退耕还林、国家储备林项目建设,将大幅提升全州森林覆盖率,有效地保护好生态环境。截至 2020 年 6 月,全州已拆除旧房 50633 户,拆旧率 100%,腾退出宅基地 2.3 万亩、林地48.16 万亩、承包地 30.48 万亩,已建设国家储备林 2.5 万亩,兴义市已实现 100% 复垦复绿,用实际行动和实际成效生动诠释了"绿水青山就是金山银山"的科学理念,为深入推进乡村振兴战略、推动经济高质量发展奠定了坚实基础。

"新市民"计划的启示在于,不把易地扶贫搬迁当成一项负担,而是作为实现区域跨越式发展的重大机遇,系统推进经济社会重建工程。一方面,搬迁安置、城镇化建设、区域产业发展、生态环境保护"四项工作"有机联动,通过集中安置推进城镇化跨越式发展,通过安置区扶贫产业培育和引进提升城镇地区人口和产业承载能力,通过大规模人口迁移减轻石漠化等生态脆弱地区自然环境压力,通过城镇集聚式发展实现点上开发、面上保护,实现生态环境整体保护,同时把生态保护产生的收益再用于搬迁群众的后期发展。另一方面,把易地搬迁脱贫一批与发展生产脱贫一批、生态补偿脱贫一批、发展教育脱贫一批、社会保障兜底一批等"五个一批"深度融合,通过培育和引进企业增加本地工作岗位,鼓励外出务工,形成稳定就业;把城乡建设用地增减挂钩节余指标流转交易的收益用于新居维护和贫困户帮扶;通过强化基础教育阻断贫困代际传递,通过技术培训提高搬迁群众就业能力;通过"农低保"转"城低保"等兜底保障措施,解决老年人和丧失劳动能力人口生活问题(见图 3)。

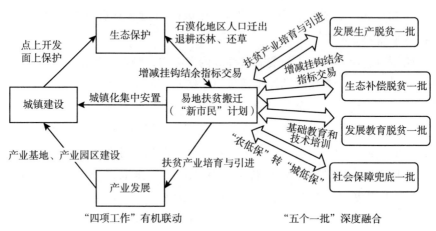

图3 "新市民"计划实现"四项工作"有机联动"五个一批"深度融合

四、搬迁群众融入和发展面临的突出问题

黔西南州通过深入实施"新市民"计划,"搬得出"阶段攻坚决战取得全胜,正式全面转入巩固提升、推进后续扶持发展阶段,探索走出了一条独具黔西南特色的易地扶贫搬迁路子。但不容忽视的是,在推动搬迁群众融入和发展方面还面临着一些突出问题,主要表现在以下四个方面。

一是资金短缺风险日益加大。国家和省级统贷统还的易地扶贫搬迁政策资金投入,主要满足搬迁住房建设和安置点内基础配套设施建设,而项目征地、勘察设计、基础、场平等前期工作投入,后续产业扶持、教育、卫生、交通、污水和垃圾处理以及盘活"三块地"的配套设施建设投入等,均由地方政府自筹解决,但目前配套建设资金筹措困难,配套设施建设欠账较多。课题组调研时发现,在现有搬迁安置方式下,搬迁一个人需要花费10万元左右资金,黔西南州一共需要300亿元的财政资金,但全州的财政收入仅有120亿元。册亨县表示除了省级统贷统还36.2亿元,县里需配套约30亿元,而2019年全县财政收入仅有不到7.2亿元。除了直接搬迁投入资金缺乏,支持搬迁群众发展产业的扶贫小额信贷资金的还款风险也有所增大。课题组在与州生态移民局座谈时获悉,2020年二季度,黔西南州到期贷款40436.54万元,其中"户贷企用"到期贷款3581.5万元,还款不及时就会突破逾期率3%的红线。

二是产业配套能力难以完全满足需求。在"新市民"计划中,完善的社会保障和亲民的管理措施固然有利于搬迁群众融入,但决定其长期发展和脱贫致富的关键在于安置地区产业发展带来的普遍就业机会。在调研中发现,黔西南州搬迁群众外出务工的比例普遍较高,有60%的青壮年劳动力在外就业,只需要为40%左右的劳动力在安置点周边提供就业岗位,实际上引进的产业也主要是蘑菇种植、农产品初加工、服装加工等劳动密集型产业,部分地区存在产业科技含量低、产业链条短、品牌建设滞后、利益联结比较松散等问题,还有部分扶贫资金项目安排不够精准,对劳动力的吸纳和带动发展能力比较有限。特别是受经贸摩擦和新冠肺炎疫情影响,很多以往在东南沿海地区就业的搬迁群众无法顺利外出务工,而安置点附近又无法提供合适的就业岗位,失业带来的返贫风险大大增加。

三是搬迁群众面临的"支出型"贫困风险上升。在搬迁之前,贫困群体多是因为自然环境和个人能力原因,缺乏就业能力和收入来源,主要表现为"收入型"贫困。在搬迁进城以后,虽然生产生活条件改善带来了收入增加,但贫困群众的生活成本如食品、水、电等消费开支也快速增加,这些开支在搬迁前很少甚至没有,使得部分搬迁群众特别是丧失劳动能力的年老和病弱群众面临基本生活支出压力,有可能陷入"支出型"贫困。

四是防止返贫致贫监测机制不够完善。搬迁后的融入和发展是"新市民"计划重点解决的问题,及时、准确掌握搬迁群众的发展情况,是针对性提供帮扶措施的基础。目前尽管在"新市民"计划"1+13"工作体系中已经建立了大数据服务,但对于返贫致贫的监测工作还不到位,尚未形成制度化的常规监测。当前还有少部分剩余贫困人口家庭人均纯收入未达4000元的脱贫标准,刚脱贫的搬迁户也大都处于相对贫困阶段,都是需要监测的重点。另外,搬迁户防风险能力相对较弱,尽管有"安居险""就业险"等商业保险,但这些保险的赔付水平都比较低,基本上是以保最低需求为主,如何通过监测及时发现短板和问题,提前采取应对措施和帮扶,有效提高防范各种冲击的能力,确保脱贫群众不返贫,还需要进一步探索解决。

五、后续融入和发展的建议

为做好"十四五"时期易地扶贫搬迁后续帮扶工作，有必要在研究和推广黔西南州"新市民"计划的宝贵经验的同时，重点从四个方面强化搬迁群众融入和发展能力，巩固拓展脱贫攻坚成果。

一是多方筹措后续发展资金。在国家层面设立易地扶贫搬迁后续发展专项资金，用于安置点建设维护和基本公共服务设施建设，解决地方配套资金不足问题。地方层面盘活土地资源，畅通资源变资产渠道，用足城乡建设用地增减挂钩结余指标跨省交易政策，争取国家更大力度的退耕还林奖补。借鉴涉农资金整合经验，在搬迁后对原地区的扶贫资金进行县级统筹，重点用于安置点后续建设维护和周边产业发展。在西部地区脱贫县集中支持一批乡村振兴重点帮扶县，使用财政资金集中扶持改善基础发展条件，增强其巩固脱贫成果及内生发展动力。

二是加强扶贫产业谋划和扶贫资产管护。调整优化集中安置区与产业基地及产业园区关系，通过本地培育与招商引资，加快适宜产业集聚发展，延伸产业链条，形成规模效应，创造充足就业岗位，完善减贫产业与搬迁群体之间的利益联结机制，采取自主发展产业、异地产业扶贫、资产收益扶贫、跨界入股等方式拓宽新市民收入渠道。对扶贫资金形成的资产健全后续管护制度，做好扶贫资产管理，明晰产权及收益分配机制，综合用于社区基础设施维护、公共事务支出等，切实提升项目的实效性，提高扶贫资金使用效能。

三是持续筑牢织密防贫兜底网。坚持把防贫摆到更加重要的位置，强化对脱贫不稳定户、边缘户和人均纯收入低于国家、省扶贫标准1.5倍左右的家庭，以及因病、因残、因灾、因新冠肺炎疫情影响等引发的刚性支出明显超过上年度收入和收入大幅缩减的家庭的监测，提前发现并识别存在返贫致贫风险的人口，采取针对性的帮扶措施，防止脱贫人口返贫、边缘人口致贫。多渠道筹措社会帮扶资金，持续推进实施"农调扶贫险""安居险""就业险""防贫扶助险"和"农民扶助金""四险一金"机制，为监测对象购买保险，及时化解生活生产风险。

　　四是全面精准监测信息数据。按照"五个体系"建设和"新市民"计划政策体系要求，全面精准地建立各类后续工作台账。建好搬迁台账，确保与实际搬迁情况相符，建档立卡贫困搬迁人口与国务院扶贫开发系统的各类数据台账相符。建好各年度项目搬迁群众长期稳定入住和举家外出务工监测台账，对搬迁后的融入和发展进行长期跟踪监测。打破数据孤岛现象，确保各类台账之间数据相互有效衔接、逻辑缜密清楚。

调查研究报告二

以优势互补、互利共赢、多维提升推动东西部协作帮扶

——基于京张扶贫协作的调研

内容提要： 京张扶贫协作是东西部扶贫协作框架下京冀扶贫协作的重要组成，是张家口市打赢脱贫攻坚战、北京市拓展发展空间和腹地、两地协同推进生态文明等建设的重要力量和举措。京张扶贫协作实施五年来产生了良好的经济效益、社会效益、生态效益和政治效益，但在互利互惠、统筹协调、市场开发、内生发展、健康可持续等方面仍存在诸多问题。"十四五"及未来一段时期，京张协作帮扶对于张家口实现巩固拓展脱贫攻坚成果同乡村振兴有效衔接、京张两地协同推进社会主义现代化建设具有重要意义。对此，应优化和完善京张协作帮扶中的行政力量及其作用机制；加强以企业为主的市场和社会帮扶力量的参与，共同打造大协作格局；拓宽协作帮扶手段和内容，更加注重"输血"向"造血"的转变、单一经济帮扶向多维提升的转变；以优势互补、互利共赢为方向，提升协作帮扶的"合作"属性。

2020年10月9日至11日，国家发改委国土开发与地区经济研究所承担的2020年国家发改委宏观经济研究院重点课题"建立解决相对贫困的长效机制研究"课题组，由课题组长夏成、滕飞带领黄征学、谭永生、郑国楠、潘彪、赵斌、侯胜东一行8人赴河北省张家口市就张家口脱贫攻坚及2020年之后建立解决相对贫困的长效机制等问题开展专题调研，其中京张扶贫协作是本次调研的重点内容。调研组前往张家口扶贫开发重点区县详细了解脱贫攻坚情况，深入工厂、京张扶贫协作基地或园区、扶贫车间、易地

扶贫搬迁安置点等获取一手资料，并与市扶贫办等市直部门、区县有关领导和部门、重点企业等召开专题座谈会。通过专题研讨、群众走访、档案文献查阅等多种方式，重点了解了京张扶贫协作进展情况、存在的突出问题及对未来进一步完善的思考，以期为全国在"十四五"及未来一段时期坚持和完善东西部协作和对口支援、社会力量参与帮扶等机制提供决策参考。

一、京张扶贫协作基本情况

京张扶贫协作是东西部扶贫协作框架下京冀扶贫协作的重要组成。2016年12月，中共中央、国务院印发《关于进一步加强东西部扶贫协作工作的指导意见》，调整了东西部扶贫协作结对关系，其中增加了北京市帮扶河北省张家口市和保定市，天津市帮扶河北承德市，以落实京津冀协同发展中"扶持贫困地区发展"的任务。为了进一步落实京张扶贫协作，京张两市各区县之间建立了结对帮扶关系，具体为：东城区对口帮扶崇礼区，西城区对口帮扶张北县，朝阳区对口帮扶康保县、阳原县，海淀区对口帮扶赤城县，门头沟区对口帮扶涿鹿县，顺义区对口帮扶万全区、沽源县，昌平区对口帮扶尚义县，怀柔区对口帮扶怀安县，密云区对口帮扶蔚县，延庆区对口帮扶怀来县、宣化区（见表1）。

表1　　　　　　　　　　京张扶贫协作结对关系表

北京支援区	张家口受援县（区）
东城区	崇礼区
西城区	张北县
朝阳区	康保县、阳原县
海淀区	赤城县
门头沟区	涿鹿县
顺义区	沽源县、万全区
昌平区	尚义县
延庆区	怀来县、宣化区

续表

北京支援区	张家口受援县（区）
密云区	**蔚县**
怀柔区	**怀安县**

注：字体加粗的是 2018 年张家口新增的县区。

扶贫协作五年来，京张两地立足京津冀区域协调发展、协同发展、共同发展，守望相助奔小康，坚定不移地推动扶贫协作任务落实，积极主动对接衔接，用足用好帮扶资源，开展了全方位、深层次协作合作。从单纯的政府推动到政府、企业、社会多层面交流对接，从单一的经济援助到社会事业多领域深度合作。五年来北京市累计投入财政援助资金 25.86 亿元，组织实施协作项目 998 个，涉及产业就业、基础设施、医疗健康等方方面面，55.15 万贫困人口受益，京张扶贫协作取得了丰硕成果，开创出一条独具特色的京张扶贫协作路子，为张家口打赢脱贫攻坚战注入了强劲动力，贫困地区发生了翻天覆地的变化。其中，2018 年和 2019 年东西部扶贫协作考核，京张扶贫协作连续两年进入全国"好"的行列。

（一）坚持高层推动与强化落实相统一，促进京张两地协作层次和合作成效发生了深刻变化

京张两地把东西部扶贫协作作为京津冀协同发展的重要内容和有力抓手，纳入经济社会发展全局统一安排、统一部署、统一落实，党政主要领导深入研究、大力推动，建立高层定期互访交流、高层联席会议、高层次人才交流和技术成果转化、社会主体与贫困村结对共建等机制，形成了高规格、深层次、全方位的良好协作格局。张家口市县党政领导到北京互访对接 509 人次，召开高层联席会议 156 次，选派 161 名干部、1437 名专业技术人员到北京挂职锻炼、交流学习，80 名北京干部前往张家口挂职交流、支援扶贫，最大限度释放了协作成效。

（二）坚持外部"输血"与内部"造血"相结合，促进受援县区发展动能和贫困群体自我发展能力发生了深刻变化

把增强贫困地区发展动能和激发贫困群众内生动力作为根本之策，采取

产业园区共建、引导产业转移、促进科技研发等一系列扎实举措，签订了科技协同发展战略合作、马铃薯产业战略合作等协议，截至 2020 年底累计投入 14.26 亿元，引进企业 182 家，共建产业园区 16 个，援建扶贫车间 95 个。借助北京科技人才优势，着力发展了京赤科技园、尚义昌平草莓种苗基地等一批科技含量高、带贫能力强、跨区域布局的高效扶贫产业示范园区。打造了张北马铃薯、宣化葡萄、崇礼彩椒等一批特色农产品品牌。依托北京双创中心、消费扶贫"三专"平台等载体，加快推动特色农产品进入北京市场，累计销售贫困县区农产品 49.11 亿元，有效带动 16.56 万贫困人口实现增收。

专栏 1

京张扶贫协作聚焦产业扶贫构建利益联结机制创新实践

张家口充分借助北京市项目、资金、人才、市场优势，探索"产销对接、互惠双赢"的产业合作模式。一是蔚县"集团 + 渠道、特色 + 品牌、返利 + 捐资"带贫模式。打造优质谷子基地 2 万亩，助推特色产业提质增效。"集团 + 渠道"就是引进世界 500 强企业益海嘉里集团，借助大集团、大企业的营销渠道打造市场。"特色 + 品牌"就是打造"桃花爱心小米""蔚州贡米"等 10 余款特色产品，把这些产品推向全国 5000 多家商超。"返利 + 捐资"就是企业积极履行社会责任，拿出利润 85 万元定向帮扶贫困群众，捐资 4200 万元建设益海小学和助学中心。通过推行"3 +"带贫模式，7 家小米种植合作社签订了近 3 万亩的谷子种植订单，覆盖蔚县 13 个乡镇、81 个村，使其成功走出"产品有市场、企业有利润、农户得反哺"的产业带贫路子。二是尚义"园区 + 企业 + 农户"带贫模式。借助昌平区草莓种苗繁育和鲜果生产优势，投入协作资金 3590 万元，打造"昌平—尚义扶贫协作草莓园区"，建设智能温室大棚 506 栋。推行"园区 + 龙头企业 + 农户"带贫模式，在获得土地流转、资产收益、务工收入的基础上，对有种植意愿的贫困户，企业将分红折算成草莓苗，通过培训农户参与草莓种植，企业高价回购销售，降低了农户经营风险。目前，园区一期已辐射带动周边 4 个乡镇、46 个村、3000 多名贫困人口人均年增收 6000 元；二期投产后，共可吸纳、带动 4500 余名贫困人口就业或受益。三是赤城"一站一网一基地"科技扶贫模式。利用海淀区帮扶资金 762 万元，张家口赤城县在样田乡建设了集现代农业技术和物联网应用技术于一体的京赤科技示范园。"一站"，即由赤城县和北京市科委、北京市海淀区合作共建科技扶贫工作站，布局种苗繁育中心、技术推广中心、电商销售中心、安全检测中心、实用人才培训中心"六个中心"，提升产业整体效益。"一网"，即建设科技扶贫物联网，将全县 18 个扶贫产业园区纳入物联网管理平台，实现对园区的统一监控和管理。"一基地"，建设京赤科技扶贫示范基地，种植番茄、辣椒等 7 大类 54 种蔬菜新品种，配套示范有机质栽培、漂浮板育苗、木醋液调节剂等 21 项新技术，成为张家口现代农业的样板田和新技术示范推广核心区，为当地贫困群众带来了农业发展的新理念、新思路。

资料来源：根据河北省张家口市委扶贫开发和脱贫工作领导小组提供的资料整理。

（三）坚持资源共享与合作共建相统筹，促进贫困地区基本公共服务和民生事业发生了深刻变化

张家口充分借助北京在人才、技术、管理、信息等方面的资源优势，共同建立健全有利于资源要素合理配置的体制机制，促进优质资源和非首都功能向贫困地区流动，为脱贫攻坚和乡村振兴注入了新动能。着力推进就业、医疗、教育资源共建共享，8.56 万名有劳动能力且有就业意愿的贫困人口实现转移就业，张家口在京稳定就业贫困人口达到 1.57 万人。张家口已与北京 129 所学校、159 所医院建立了长期合作关系，北京一零一国际学校、北京大学崇礼第三医院、北京海淀外国语实验学校等一批优质资源落地张家口，建设健康云平台、流动村卫生室、助残温馨家园，城乡公共服务水平落差逐步缩小，贫困群众切实享受到扶贫协作带来的成果与便利。

（四）坚持对口帮扶与双向协作相融合，促进京张两地多主体多领域协同发展发生了深刻变化

两地坚持把扶贫协作作为京张协同发展的重要驱动力，依托京张人缘、地缘、业缘的天然优势，抓住京津冀协同发展、筹办冬奥会、"首都两区"建设等重大战略机遇，持续深化街村结对帮扶、村企共建、院校结对共建，引导更多市场主体和社会组织到贫困乡村投资兴业、吸纳就业、捐资助教、发展产业等，形成了多元化的共建共享扶贫协作体系。2020 年，北京市 136 个经济强镇结对帮扶张家口 158 个贫困乡镇，321 个社区结对帮扶张家口 326 个贫困村，230 家北京企业结对帮扶张家口 242 个贫困村，130 个社会组织帮扶张家口 147 个贫困村，129 所学校结对帮扶张家口 142 所学校，159 所东部医院结对帮扶张家口 170 所医院。北京市社会各界累计援助张家口帮扶资金 2.64 亿元，积极开展合作办学、联合办医、捐资助学、助残康复等帮扶活动，帮扶力量延伸到乡村社区、企业、社会组织、学校、医院等各个领域，延伸到冰雪产业、乡村旅游、健康养生、科技合作等各个方面。

二、京张扶贫协作存在的问题

京张扶贫协作在促进张家口欠发达地区发展、贫困人口脱贫、北京拓展经济腹地、打造优美生态环境等方面发挥了积极的作用，产生了良好的经济效益、社会效益、生态效益和政治效益。当然，在互利互惠、统筹协调、市场开发、内生发展等方面仍存在诸多问题。

（一）优势互补挖掘不够，互惠互利体现不足，协作或支援的自主性、积极性和可持续性有待提升

长期以来，京张扶贫协作表现为扶贫有余而协作不足，单向支援比较明显，基于充分挖掘双方比较优势而合作开发、共建共享的互惠互利不足，尤其是合作收益对于北京方面来说相对较小。虽然作为支援方的北京十分重视这一工作，无论从领导重视、组织配套、人员选派以及资金技术投入等方面都做了大量的工作，但是仍然存在着这是一个短期的经济帮扶的认识，或者仅仅当作一项政治任务来完成，合作愿望并不强烈，一些帮扶计划没有充分认识到该项工作在全面建成小康社会以及社会主义现代化建设阶段作用的长期性的战略意义。这种理念和行动上的局限会损害援助方参与扶贫的主动性、积极性，以及协作或支援深化拓展的可持续性。这在经济下行压力下会更为凸显。

（二）重个体而轻统筹，地区间、部门间、政府与企业间缺乏协同，协作或支援的组织效率不高、资源浪费问题突出

京张扶贫协作包括一对多、多对一、多对多等各种协作或援助组合，协作或援助组织方不仅有各级政府，还有企事业单位，不仅有国有企业，还有民营企业和个体。在这样一个多主体、多方式的组织体系中，协同合作尤为重要。然而，当前的京张扶贫协作仍以"单兵作战"为主，组织协调性不高，政出多门、多头指挥所带来的相互掣肘，分散决策、零散布局所带来的低效浪费，以及重复投资等问题仍较为突出。

（三）重政府而轻市场，"计划"色彩过于浓厚，市场力量和机制引入不足，合作效益和自我发展激励不足

京张扶贫协作以政府推动为主，过于依赖行政命令，较少借助企业和市场力量，带有明显的计划经济特征。模式一般都是由北京和张家口两地政府运用行政手段制定计划并组织实施，而且实施的主体大多是各级地方政府，较少发挥市场调节作用，参与的企业也以国有企业为主，政治任务驱动明显。这种重政府作用、轻市场机制的现象，一方面导致资源配置效率低下，协作或援助过程中不同程度地存在着形式主义、走过场现象，重投入、轻产出，对基于成本—收益等市场化原则的效益和效率考虑不足；另一方面，计划性过强易于导致"依赖症"的出现，造成张家口干部群众抱有"等、靠、要"的思想，削弱了张家口及各区县自我发展的意愿和能力。

（四）以经济援助与技术合作为主的援助方式和内容已不适应多维贫困和能力贫困理念发展需要，对贫困地区和人群内生发展支撑不足

能力贫困理论认为，贫困必须被视为基本可行能力的被剥夺，而不仅仅

是收入低。从根本上说，贫穷是因为缺乏最基本的个人发展机会和选择权、缺乏有效参与社会的基本能力。从能力角度考虑，单纯增加收入并不一定能改变贫困者的贫困状况。良好的教育和技能水平、健康状况，与时俱进的理念观念等多元化因素都是贫困地区和贫困人群摆脱贫困、获得发展的必要条件，而且即使脱离了外力干预，也能自主发展。当前，京张扶贫协作内容和方式在适应这种需要方面仍较为欠缺。例如，产业合作方面，对张家口资源禀赋优势及配套的本地人才技能开发和培育不足；劳务协作方面，贫困人口在北京务工仍难以享受教育、医疗、住房等当地公共服务，难以融入当地社会并获得公平的长远发展机会；人才支援方面，互派干部挂职受期限较短、培训内容单一、水土不服等因素制约，对张家口提升人力资本有限，且非长久之策；资金支持方面，北京强大的产业资本优势服务张家口产业发展极为有限，且市场援助资金投向多以短期见效的经济项目为主，对教育、医疗卫生等方面的投资仍不足，对张家口经济社会整体发展的溢出效应不大。

三、"十四五"及未来一段时期
深化京张协作帮扶的建议

东西部协作帮扶机制是与我国社会主义发展的分阶段性相适应，并体现社会主义制度优越性的重要的减贫扶贫机制，"十四五"及未来一段时期仍将继续发挥重要的作用。作为东西部协作帮扶的良好典范之一，京张协作是张家口参与东西部协作帮扶的主要载体，也是北京市支援欠发达地区发展的重要抓手，对于张家口巩固拓展脱贫攻坚成果、北京拓展经济腹地、京张两地协同推进社会主义现代化建设意义重大。"十四五"及未来一段时期，应优化完善京张协作帮扶中的行政力量及其作用机制，积极引导和鼓励市场和社会力量参与，拓宽协作帮扶手段和内容，进一步推动京张两地高标准推进产业联动、教育联动、健康联动、劳务联动和社会联动，提升张家口"造血"能力和全面发展水平，并以优势互补、互利共赢为方向，提升协作帮扶的"合作"属性，推动京张协作与京津冀协同发展、首都"两区"建设、乡村振兴战略有效衔接、深度融合发展，真正实现区域协同发展，援受双方长期互利共赢。

（一）优化和完善京张协作中的行政力量及其作用机制

相对贫困阶段将是一个伴随经济社会发展的长期过程，基于我国区域发展差距的长期存在和中国特色社会主义的制度优势，行政力量参与的东西部帮扶协作和对口支援也将是相对贫困阶段减贫扶贫的长期重要举措。张家口和北京地缘相近、人缘相亲，经济发展差距大，京张协作在"十四五"及未来一段时期张家口巩固拓展脱贫攻坚成果、促进经济社会发展中仍将发挥不可替代的重要作用。

首先，应在京冀协作框架下，树立长期合作理念，加强京张中长期规划或方案对接。摒弃对东西部协作短期经济帮扶的认识和"等、靠、要"惰性思维，充分认识到该项工作在全面建设社会主义现代化阶段的长期战略意义。在京冀协作框架下，积极主动对接，用足用好北京强大的资源要素辐射和带动能力，以此为基础加强张家口与北京各区县之间发展战略、规划和方案对接，积极开展合作部署。一是立足于长期合作框架，深入分析京张双方发展实际和优劣势，积极争取调整优化协作帮扶结对关系，实现双方区县全覆盖，并构建动态调整机制，提升协作互补性，为合作的长期深度开展奠定基础。二是丰富帮扶协作结对形式，强化社会帮扶力量，采用一对一、一对多、多对一、多对多等多种灵活形式，打造大合作体系，便利合作空间和内容的拓展。三是加强沟通交流和实地调研，争取京张两地各有关方面共同研究制定能够体现和适应协作特点的中长期规划或方案，加强协作各方重要规划和发展战略的对接合作。同时，联动各方精心组织实施规划或方案，切实推动协作和帮扶工作有力有效有序开展。

其次，有效发挥政府的引导和激励作用，积极引入社会资本和市场机制。"十四五"及未来一段时期将更加注重协作帮扶机制的效率和可持续性，因而需更加重视向社会和市场"借力""引力"。一方面，通过政府与社会资本合作、产业投资引导基金等方式积极引入北京丰富的资本和要素，发挥财政资金"四两拨千斤"的作用，支持产业、基础设施、民生等领域重点项目建设。坚持市场化导向，加强政府间、政府与市场间交流合作，引导组建张家口籍人士在京企业联合会，加快构筑"政府搭台，企业唱戏"平台，促进京张企业之间的跨地区联合、扩张和要素流动。另一方面，通过投资补贴、税收优惠、用地保障、负面清单等手段支持北京企业和资本积极参与张家口发展建设；同时，借助政策倾斜和引导、重大项目布局等手段鼓励北京金融机构前往张家口设立分支机构或优先满足协作项目的资金需求。

再次，完善行政事业单位人才双向交流合作的激励机制，加强全面发展的人才支撑。一是完善双向交流人才的晋升和薪酬激励机制，京张两地择优选派行政事业单位人员互相挂职交流，并为挂职交流干部的生活和才能发挥提供便利、创造条件，营造"引得来、派得出、用得好、能干事"的良好氛围。根据工作性质适度延长挂职交流时间并给予一定灵活自由度，积极组织开展优秀挂职交流人才表彰活动。二是注重深入基层、深入一线，从实安排职务，明确职责分工，确保真挂实干、掌握真才实学，协同推进，提升人才双向交流成效。三是丰富人才双向交流形式和领域，引导和支持教育、医疗卫生等各领域人才深度交流合作。

最后，提升协作资金使用绩效和效率。强化责任意识，共同建立健全协作帮扶资金绩效评估体系，搭平台、建项目，优化支出结构和方式，汇闲散资金、抓关键领域、聚规模效应，真正做到"花一分钱见一分效"。

（二）加强以企业为主的市场和社会帮扶力量的参与，共同打造大协作格局

我国政府、市场和社会在绝对贫困阶段"三位一体"扶贫减贫的实践经验表明，政府的优势在于规划设计和组织动员，市场的优势在于配置资源和提升效率，而社会的优势体现在其专业性、灵活性上。政府、市场和社会协同推进的减贫合作格局，有助于充分发挥中国特有的政治优势、制度优势以及市场机制力量。"十四五"及未来一段时期的东西部帮扶协作，涉及的领域范围更宽，对可持续性的要求更高，因而更需要发挥企业主体作用，动员社会力量参与。北京拥有强大的市场体系、完善的社会组织结构，京张两地应积极引导、主动对接，做好社会和市场力量帮扶这篇文章，创新完善人人皆可为、人人皆能为的社会扶贫参与机制，动员更多社会力量接续助力协作帮扶事业与乡村振兴。

首先，尊重企业市场主体性质，持续发挥千企帮千村等帮扶主体先锋带动作用，壮大企业帮扶力量。一是以北京市国资委为桥梁，张家口方面应加强与北京市属国有企业对接，突出国有企业公共利益属性，壮大协作帮扶力量。二是尊重和顺应民营企业盈利性质，保障企业参与协作帮扶的合法权

益，既积极引导北京企业前往张家口投资和开拓市场，又鼓励张家口企业开拓北京市场、吸引北京产业要素集聚。其次，加快张家口社会团体、慈善机构等社会组织的培育和发展，以京张两地总工会、行业协会等合作为重点，积极对接北京相关社会组织和团体，支持和鼓励开展形式多样的协作帮扶活动。引导和鼓励北京爱心人士、志愿服务者等帮扶张家口低收入人口增收和欠发达地区发展。最后，充分挖掘和宣传张家口绿色产品和生态环境优势，推动张家口本地农产品进入北京地区机关企事业单位食堂和超市，积极打造北京"后花园"，充分利用北京市场强大的消费能力，通过消费扶贫、旅游扶贫等灵活多样的形式动员社会大众的广泛参与和积极行动。

（三）拓宽协作帮扶手段和内容，更加注重"输血"向"造血"的转变、单一经济帮扶向多维提升的转变

多维贫困理论和能力贫困理论均认为，贫困不是仅指经济层面的收入低，而是基本可行能力的被剥夺，受教育水平、健康状况（包括心理健康）、个人发展机会和能力、社会融入等都是贫困的重要方面，考虑到衣、食、住、基本教育和医疗等生存问题在绝对贫困阶段都得到解决之后，京张协作帮扶手段和内容更应该体现多维贫困和能力贫困理念，既要解决收入等经济层面"贫"的问题，也要解决公共服务、教育健康、发展能力等领域"困"的问题。不仅对于被帮扶人群，对被帮扶地区来说也同样如此。如果不解决欠发达地区自我发展能力不足的问题，就很可能陷入"贫穷—援助—贫穷"的恶性循环陷阱而无法跳出。因此，"十四五"及未来一段时期应注重拓宽京张协作帮扶的手段和内容，张家口应善用北京帮扶这一重要的外部力量，从协作中提升自身"造血"能力，促进辖区低收入人口和欠发达地区的全面发展。

首先，通过建立约束与退出机制、媒体宣传以及政府鼓励等各种方式充分调动张家口低收入人群的积极性、主动性。加强京张协作，通过产业培育、人才培养、就业创造等方式助力低收入人群和欠发达地区挖掘发展潜力、激发内生发展动力。张家口在接受北京资金、人才等"输血"的基础上应不断增强"造血"能力，协同推动京张协作由"输血"向"造血"的转变。其次，就业问题始终是协作帮扶的核心内容，张家口应联手北京聚力志智双扶行动，加强教育培训，联合建立和完善劳务输转平台，及时了解北

京地区劳动力市场需求，推动就业意愿、就业技能与岗位需求精准对接，引导北京帮扶力量创造更多本地就业岗位，通过劳务协作、就近吸纳等多种手段促进低收入人群就业创业。最后，以多维贫困理念为指引，注重协作帮扶的"赋权提能"，引导帮扶力量更多投向公共服务均等化，北京方面应加大扶持力度，支持张家口在京外出务工人员更好地享受当地公共服务，为低收入人群营造公平的成长、生活和工作环境，助力其更好地融入生活、融入社会，实现由侧重于物质基础的经济帮扶转向"软硬兼帮、多维共举"推动低收入人群和欠发达地区全面发展。

（四）以优势互补、互利共赢为方向，提升协作帮扶的"合作"属性

绝对贫困阶段的区域减贫协作，更多的是一种单向输出，即相对发达地区政府或企业基于自身发展优势向贫困地区输出资金、技术、人才等核心要素，双方之间更多的是一种被动型、非对等的协作关系，以发达地区的优势弥补贫困地区的短板，贫困地区从中获得的收益远大于其成本，发达地区则正好相反。"十四五"及未来一段时期，这种非对等、非互补和非共赢的区域帮扶关系必然要转向优势互补、互利共赢的合作关系。一是因为前者的不可持续性；二是这种转变有助于充分挖掘、利用和提升欠发达地区的优势和自我发展能力；三是能够提升相对发达地区政府或企业的积极性、主动性，促使区域协作帮扶长期性与相对贫困阶段的长久性相匹配。

首先，京张两地要转变观念，变被动为主动、变消极为积极，形成互利共赢的协作帮扶理念，充分认识和评估自身的优劣势，寻求互利共赢的合作机遇。其次，加强优势互补，推动产业深度合作，促进京张之间形成发展空间拓展与后发地区开发、产品需求与市场供给、产业迭代升级与产业承接、研发与产业化等形式多样的良性互动关系，实现互惠互利。以联合举办冬奥会为契机，推动冰雪经济产业协同发展，以资源换市场，带动文化旅游、健康养生等产业联动发展。利用好北京的数字经济和研发创新优势及产业基础，促进新型能源、数字经济、高端制造等产业加快发展，拓展北京相关产业发展空间。促进特色农牧产业高质量发展，有效满足北京地区健康食品需求，带动本地农民增收。再次，重视市场力量和机制发挥作用，推动互利共

赢帮扶合作向纵深推进。营造宽松自由的发展环境，加快张家口农村地区市场主体导入，充分发挥市场机制挖掘合作优势、追求合作利益的天然属性，以促进企业等市场主体合作便利化为目标，建平台、优机制、定政策，提升京张协作帮扶的"合作"属性。最后，京张两地协同推进张家口首都水源涵养功能区和生态环境支撑区建设，为北京天蓝地绿水清的生态环境和高质量发展贡献张家口力量，厚植京张协作基础。